올바르게
승리하라

# 올바르게 승리하라

—

2022년 6월 1일 초판 1쇄 발행

—

**지은이** 론 애드너
**옮긴이** 박선령
**펴낸이** 김정수, 강준규
**책임편집** 유형일
**마케팅** 추영대
**마케팅지원** 배진경, 임혜솔, 송지유

—

**펴낸곳** ㈜로크미디어
**출판등록** 2003년 3월 24일
**주소** 서울시 마포구 성암로 330 DMC첨단산업센터 318호
**전화** 02-3273-5135
**팩스** 02-3273-5134
**편집** 070-7863-0333
**홈페이지** http://rokmedia.com
**이메일** rokmedia@empas.com

—

**ISBN** 979-11-354-7872-7 (03320)
책값은 표지 뒷면에 적혀 있습니다.

—

잘못 만들어진 책은 구입하신 서점에서 교환해 드립니다.

WINNING THE RIGHT GAME

# 올바르게 승리하라

## 복잡하고 파괴적인 생태계 세상에서
### 판도를 바꿀 7가지 경영 전략

론 애드너 지음 | 박선령 옮김

ROK
MEDIA

더 나은 세상을 만들기 위해 노력하는 모든 이들에게
이 책을 바친다.

저자 · 론 애드너

론 애드너는 다트머스 대학교 터크 경영대학원의 경영학 교수이자 전략 및 기업가정신 교수다. 또한 복잡한 생태계 안팎에서 강력하고 탄탄한 시장 진출Go-To-Market 전략을 수립할 수 있도록 지원하는 스트래티지 인사이트 그룹Strategy Insight Group의 설립자이기도 하다. 쿠퍼 유니언 대학교에서 기계공학 학사 및 석사 학위를 받았으며, 펜실베이니아 대학교 와튼 스쿨에서 경영학 석사, 박사 학위를 취득했다. 터크 경영대학원에서 가르치기 전에는 인시아드 경영대학원에서 전략경영 교수로 10년간 재직했다. 그는 터크 경영대학원과 인시아드 경영대학원에서 학생 투표를 통해 수여하는 우수 교수상을 7차례 수상하기도 했다. 애드너는 생태계 붕괴로 인해 경계가 무너졌을 때의 가치 창출과 경쟁에 대한 새로운 관점을 제시한 2020년 논문 〈혁신 생태계에서의 가치 창출Value creation in innovation ecosystems〉로 댄 앤 메리 루 쉰델 최고 논문상Dan and Mary Lou Schendel Best Paper Prize을 수상했다. 2006년《하버드 비즈니스 리뷰》에 발표한 논문〈혁신 생태계와 혁신 전략을 일치시키는 법Match Your Innovation Strategy to Your Innovation Ecosystem〉은 큰 화제를 모았고 여러 경영대학원 수업의 필독 자료로 활용됐다. 뛰어난 전략을 제시하는 애드너에게 파괴적 혁신 이론의 주창자이자 최고 권위자였던 클레이튼 크리스텐슨 교수는 "새로운 길을 개척했다"고 평했으며, 세계 최고의 경영 구루 중 하나인 짐 콜린스는 "21세기의 가장 중요한 전략적 사상가 중 한 명"이라 극찬했다. 그는《경영 아카데미 리뷰Academy of Management Review》,《경영과학Management Science》,《전략경영 저널Strategic Management Journal》,《전략과학Strategy Science》등 영향력 있는 학술지의 편집진과 이사직을 역임했으며,《하버드 비즈니스 리뷰》,《애틀랜틱》,《패스트 컴퍼니》,《포브스》,《와이어드》,《파이낸셜 타임스》,《월스트리트 저널》등 다양한 매체에 경영과 전략에 관한 글을 기고하고 있다. 그는 전 세계 스타트업 및 포춘 500대 기업의 조언가로 활약하고 있다.


**역자 · 박선령**

세종대학교 영어영문학과를 졸업하고 MBC방송문화원 영상번역과정을 수료하였다. 현재 번역 에이전시 엔터스코리아에서 출판기획 및 전문 번역가로 활동하고 있다. 주요 역서로는《북유럽 신화》,《타이탄의 도구들》,《앤디 워홀 이야기》,《업스트림》,《거대한 가속》,《억만장자 시크릿》,《파이낸셜 프리덤》,《똑똑하게 생존하기》,《새로운 전쟁》,《작은 것의 힘》등이 있다.

# 생태계 붕괴:
# 경계가 무너질 때 경쟁하는 방법

경쟁의 근간이 흔들리고 있다. 당신은 준비가 돼 있는가? 특정한 제품과 서비스를 제공하던 경계가 뚜렷한 산업에서 포괄적 가치(자동차에서 모빌리티 솔루션으로, 은행에서 핀테크 플랫폼으로, 약국에서 건강관리 센터로, 생산 라인에서 지능형 공장으로 전환)를 제안하는 광범위한 생태계로 경쟁 판도가 바뀌고 있다. 어느 곳에서나 산업 경계가 무너지고 있으며 그 추세는 가속화하고 있다.

이 책은 경영진들에게 또 다른 각성을 촉구하려는 책이 아니다. 오늘날의 리더들은 이미 잠을 못 자 불면증까지 걸릴 지경이다. 하지만 많은 사람들이 이렇게 말짱한 정신으로 깨어 있는데도 불구하고 상황이 명료해지기는커녕 오히려 혼란만 커지고 있다. 왜일까? 경쟁이 기존의 경계를 넘어 확장됨에 따라 이들의 전략적 과제가 기존의 전략적 프레임워크에는 맞지 않게 됐기 때문이다.

과거의 붕괴는 산업 붕괴였다. 오늘날의 붕괴는 생태계 붕괴다.

생태계 붕괴는 새로운 가치 제안이 업계 전체의 경쟁에 영향을 미쳐 산업의 경계를 지우고 구조를 전복하면서 일어난다. 과거 경쟁자들은 똑같은 보상을 추구했고 누가 승자고 누가 패자인지 명확했지만 요즘 도전자들은 다양한 목표를 추구하며 공격을 가할 때 서로 다른 지표에 초점을 맞춘다. 과거 경쟁자들은 비용과 품질 면에서 이점을 얻기 위해 자체 제작에 집중했지만 요즘 도전자들은 개별 기업이 제공할 수 없는 가치를 창출하기 위해 새로운 파트너와 협력한다.

생태계 교란자들은 단순히 경쟁만 늘리는 게 아니라 경쟁의 토대까지 재정의해 그 판도를 바꾸고 있다. 새로운 시장을 공략하든 아니면 현재 위치에서 이런 공격을 물리치든 경쟁과 성장, 영향력에 대한 새로운 시각이 필요하다. 이제는 단순히 '승리'하는 것만 중요한 게 아니라 올바른 게임에서 승리해야만 성공할 수 있다.

이 책에서는 새로운 생태계에서 어떻게 경기해야 승리할

수 있는지 자세히 알려줄 것이다. 이는 기술이나 비전, 리스크 감수에 관한 얘기가 아니다. 물론 이들이 중요한 역할을 하는 건 분명하지만 말이다. 대신 경계가 바뀌고 규칙이 달라질 때 필요한 전략에 접근하는 새로운 방식, 새로운 공략법에 관해 얘기할 것이다. 정답이 무엇인지 이미 알고 있더라도 이 책에서 제시하는 개념과 언어는 점점이 흩어져 있는 당신의 직관을 연결하는 데 도움이 될 것이다. 그리고 더 중요하게는 다른 사람을 위해 그 점들을 연결하는 데도 도움을 줌으로써 그들이 당신의 논리와 리더십을 더 쉽게 따라갈 수 있게 한다는 것이다.

생태계 전략의 핵심은 파트너 동맹이다. 고객 통찰과 뛰어난 실행력은 성공의 필수 요소긴 하지만 충분한 원동력은 되지 못한다. 가치 제안이 협업에 더 의존하게 됨에 따라 파트너들과 업무를 조율할 방법을 찾는 일이 매우 중요해졌다. 산업 영역에서 파트너와 협력한다는 건 공급망과 유통 채널을 장악한다는 뜻이며 모두가 각자의 역할과 위치를 알고 있다는 뜻이었다. 하지만 생태계에서는 누가 어떤 일을 할 것인가에 대한 비전이 서로 많이 다른 주요 파트너들과의 의견을 조율하는 일이 큰 과제다.

이 말은 곧 승리라는 개념 자체가 더 미묘해졌다는 뜻이다. 산업 영역에서는 승자들이 정상을 차지하고 있다. 생태계에서는 승자가 다양한 위치에서 가치를 창출하고 포착할 수 있으며 승부를 겨룰 장소를 정하는 것이 무엇을, 언제, 어떻게 할 것인지만큼이나 중요하다.

산업 영역에서는 수월하게 추정할 수 있었던 것들 대부분이 오늘날의 생태계에서는 전복돼 있다. 하지만 관점을 바꾸면 게임 보드에서 새로운 차원을 발견해 새로운 질문을 하고 새로운 접근법을 고안할 수 있다.

- 생태계를 교란하고 파트너를 경쟁자로 바꾸고 경쟁 우위를 약화시키는 변화를 어떻게 알 수 있을까?
- 어떻게 생태계 붕괴를 주도해야 경계를 허물고 기존 경쟁 업체를 능가할 수 있을까?
- 생태계 거인에 맞서 자신의 입지를 지키고 그들의 공격 앞에서도 잘 성장하려면 어떻게 해야 할까?
- 생태계 게임을 벌일 때 기성 기업의 고유한 이점은 무엇인가?
- 기회의 창이 열리고 닫히는 때를 비롯해 생태계 붕괴가 발생하는 시기를 어떻게 예측할 수 있을까?
- 생태계에서 자신의 역할을 보호하고 자아계의 함정을 피하려면 어떻게 해야 할까?
- 생태계 측면에서 볼 때 개별 리더를 선택하고 성장시키는

방식이 어떻게 바뀌어야 할까?

　스타트업의 경우 이 질문을 잘못 이해하면 고통스러운 강령이 된다. 성공 열쇠는 남다른 가치를 제안하는 게 아니라 그 제안에 활력이 붙도록 파트너들을 조율할 좋은 방법을 찾는 것이란 사실을 이해하지 못한 채 시장에서 본인들의 입지를 바꾸려고 하기 때문이다. 대기업의 경우에는 이 오해가 끝없는 시범 사업 형태로 나타난다. 시험 현장에서는 새로운 가치 창출에 성공하더라도 파트너가 당신이 구상한 조건대로 바꾸길 거부하면 상업 시장에서는 실패할 수밖에 없다. 그러면 뛰어난 인재들이 열심히 노력해도 필요한 추진력을 얻지 못한다.

　더 광범위하게 보면 이제는 조직이 가치 창출에 전체론적으로 접근해야 하는 시대에 접어들었다. 이해관계자 자본주의 Stakeholder Capitalism가 부상하면서 기업은 공동체와 사회 전반에서 자신의 역할과 책임을 인식하지 않을 수 없게 됐다. 과제를 해결하고 요구 사항을 기회로 전환하려면 생태계를 기반으로 하는 접근 방식이 필요하다.

　이어질 내용에서 효과적인 생태계 전략 개발을 위한 새로운 관점과 새로운 원칙을 살펴볼 것이다. 기회와 위협이 더는 기존 규칙이나 경계를 따르지 않을 때 어떻게 경쟁하고, 협업하고, 공존할 수 있는지에 초점을 맞춘다. 이런 원칙의 의미와 뉘앙스를 이해하기 위해 친숙한 기술 기업부터 탄탄한 기성 기업, 민첩한 스타트업에 이르기까지 다양한 사례를 살펴볼 생각이다. 이들 사례는 사건의 전개 과정을 보여줄 것이다. 그리고 프레임워크는 사건이 그렇게 전개된 이유를 이해할 수 있는 논리적 근거를 제공하고 비슷한 상황에 처했을 때 대안을 찾을 수 있게 해줄 것이다.

우리가 살펴보는 모든 사례에는 처음부터 디지털 기업으로 태어났거나 기성 기업 가운데 이미 디지털 혁신을 수용한 기업이 포함돼 있다. 이들은 왜 생태계 붕괴 문제를 해결하면 단순히 "디지털화"만 가능한 게 아니라 그다음 단계에도 능숙하게 대처할 수 있는지를 보여주는 긍정적·부정적 교훈을 제공한다. 이 책의 구성은 〈표 I.1〉에 요약돼 있다. 또 모든 출처는 책 말미에 정리해 놓았다.

조직마다 세부 사항이 다르므로 전략에 대한 답이 보편적으로 옳거나 그른 경우는 거의 없다. 한 조직에는 더없이 좋은 전략이 다른 조직에는 처참한 결과를 안겨줄 수도 있다. 그러나 일관성이나 적합성 측면에서 보면 분명 더 좋거나 나쁜 전략이 있다. 따라서 중요한 건 자기 회사에 맞는 전략을 수립하고 조직 전체가 일관된 방향으로 움직이도록 설득력 있게 전하는 것이다.

이 책에서 소개하는 도구와 방법은 생태계 환경에서 전략을 이해하고 명확하게 표현할 수 있는 언어를 제공한다. 이는 10년에 걸친 연구와 실행의 산물이며 신생 기업부터《포춘 Fortune》100대 기업, 비영리 단체, 정부 기관에 이르기까지 수많은 클라이언트의 참여를 통해 시험되고 검증됐다. 이 개념을 상황에 맞게 적극적으로 활용하면 아주 강력한 힘을 발휘할 수 있다. 책을 읽으면서 사례를 그냥 대충 넘기지 말고 그 상황이 자신의 조직에는 어떤 영향을 미칠지 적극적으로 생각해 보는 게 중요하다. 그 이야기에서 당신은 누구의 입장인가? 당신의 원칙과 일치하는 전략은 무엇인가? 모순되는 부분이 있는가? 가장 편한 혹은 불편한 부분은 무엇인가? 무엇보다 팀과 조직이 전부 동일한 수준의 이해에 도달하려면 뭘 해

| 장 | 1장.<br>잘못된 게임에서<br>이기는 건 진 것이나<br>다름없다 | 2장.<br>생태계 방어는 집단<br>적으로 이뤄진다 | 3장.<br>생태계 공격 | |
|---|---|---|---|---|
| 주요 사례 | · 코닥 | · 웨이페어 대 아마존<br>· 톰톰 대 구글<br>· 스포티파이 대 애플 | · 아마존 알렉사<br>· 오프라 윈프리<br>· 아사아블로이 | |
| 도구 | · 가치 아키텍처<br>· 가치 전환 | · 생태계 방어 3원칙 | · MVE<br>· 단계적 확장<br>· 생태계 이관 | |

**표 I.1** 이 책의 구성

야 하는가?

누구나 이기기 위해 게임을 한다. 중요한 건 올바른 게임에서 이기려고 노력하는 것이다.

※ www.ronadner.com에서 토론 가이드, 용어집, 수치 등 추가 자료(무료)를 이용할 수 있다.

※ 각 장 말미에 번역된 토론 가이드가 배치되어 있으며, 번역된 용어집은 책 말미에서 확인할 수 있다.

| 4장.<br>생태계<br>붕괴 타이밍 | 5장.<br>자아계의<br>함정 | 6장.<br>사고방식의<br>중요성 | 7장.<br>전략적 명확성은<br>종합적 문제다 |
|---|---|---|---|
| · 테슬라와 자율 주행차<br>· 볼터스 클뤼버르<br>· 23앤드미<br>· 지브라테크놀로지스 | · 애플과 모바일 결제<br>· 전자책<br>· GE 프레딕스<br>· 전자건강기록<br>· 마이크로소프트 대 IBM | · 마이크로 소프트 애저 | |
| · 궤적도<br>· 타이밍 프레임워크 | · 리더십 리트머스 시험<br>· 승자 계층구조 | · 생태계 주기 | |

# 차례

006    저자·역자 소개

008    들어가며 | 생태계 붕괴: 경계가 무너질 때 경쟁하는 방법


017    |1장| 잘못된 게임에서 이기는 건 진 것이나 다름없다

077    |2장| 생태계 방어는 집단적으로 이뤄진다

137    |3장| 생태계 공격: 경쟁 추가에서 경쟁 변화로

199    |4장| 생태계 붕괴 타이밍: 너무 빠른 건 너무 늦는 것보다

          나쁠 수 있다

247    |5장| 자아계의 함정

291    |6장| 사고방식의 중요성: 리더십 확립과 리더십 발휘는

          다르다

337    |7장| 전략적 명확성은 종합적 문제다


352    나가며 | 민간 부문 너머의 생태계 붕괴에 맞서다

356    감사의 글

359    미주

371    참고문헌

410    용어집

# 1 장

## 잘못된 게임에서 이기는 건 진 것이나 다름없다

Winning the Wrong Game Means Losing

우리가 곤경에 빠지는 건
무지 때문이 아니라 잘못된 확신 때문이다.

- 마크 트웨인Mark Twain

그건 왕의 장례식이었다. 미국의 혁신 아이콘 코닥이 2012년 1월 파산 보호를 신청하자 전 세계는 세피아 톤의 슬픔에 잠겼다. 1975년 세계 최초로 디지털카메라를 발명했지만 근시안적인 관리자들은 교만해진 회사가 타성에 빠진 채 절벽에서 떠밀리도록 내버려 뒀다. 코닥은 높은 수익을 올릴 수 있는 아날로그 사진 사업에 굳은 기반을 두고 있었다. 소니와 휴렛 팩커드가 디지털카메라와 디지털 프린터 분야에서 자신들을 추월해도 손 놓고 있더니 결국 후속 대응에도 실패해 무너지고 말았다.

오늘날 코닥은 변화 앞에서의 무능함의 상징이자 현 상태에 안주하지 말라는 강력한 경고가 됐다. 코닥은 기존 사업에 갇혀 새로운 환경에 적응하지 않거나 자원, 역량, 인력, 문화 등이 새로운 요구와 너무 동떨어져 적응하지 못하는 기업으로 그려진다. 우리는 '이렇게 되리라는 걸 왜 몰랐을까?' 하고 궁금해하면서 우리 자신의 변화 역량에도 의구심을 품게 된다. 결국 팀원들에게 "미래를 받아들이지 않으면 코닥처럼 된다!"고 경고하면서 행동에 박차를 가하게 한다.

코닥은 실패했다. 하지만 당신이 생각하는 이유 때문이 아니다. 이 이야기는 디지털 시대에 가장 과장된 이야기 중 하나다. 또 내용도 잘못됐다. 이 점은 코닥을 위해서가 아니라 격동의 시대에 그런 이야기에 의지해 회사 경영을 이끌려고 하는 이들을 위해서 중요하다. 앞으로 살펴보겠지만 변화가 닥쳤을 때 실패한 사례에서 얻는 일반적인 교훈, 즉 더 과감하게 혁신을 받아들이고 게임에서 이기기 위해 더 많은 위험을 감수하라는 교훈에는 득보다 실이 많을 수도 있다. 코닥의 실패가 이렇게 오해받는 근본 원인을 알면 전략 개발이나 효과적인 혁신 추진에 새로운 방식으로 다가설 수 있다. 만약 그러지 않는다면 우리는 똑같이 고통스러운 길을 가게 될 위험을 감수해야 한다.

코닥의 진짜 이야기는 이들이 (매우 실제적인) 초기의 어려움을 성공적으로 극복하고 전형적인 혼란에 대처하는 오랜 규칙에 따라 모든 일을 제대로 해냈음을 보여준다. 코닥은 기술 변화를 이뤄내고 조직을 변화시키고 목표를 달성했으며 디지털 인쇄 분야의 선두 주자가 됐다. 그러나 이들이 디지털 인쇄 사업에 익숙해질 무렵 인쇄는 디지털 감상digital viewing으로 대체되기 시작했다. 스크린이 인화지를 대체하고 스마트폰이 사진 앨범을 대체하고 소셜 미디어 게시물이 중복 인화를 대체하자 코닥의 세계가 무너졌다.

그렇다면 코닥이 관리자들에게 던져야 하는 중요한 질문은 "어떻게 해야 혁신 속도를 끌어올릴 수 있는가?"가 아니라 "어떻게 해야 혁신 방향이 올바른지 확인할 수 있는가?"다.

코닥이 놓친 건 현대적 혼란, 즉 생태계 붕괴에 적용되는 새로운 규칙이다. 이는 새로운 벤처 기업을 성장시키거나 100년 된 기업을 경영하는 사람, 투자 펀드를 운용하는 사람, 정부 정책을 수립하는 사람, 변화하는 비즈니스 상황이 궁금한 사람, 산업이 생태계로 전환하는 과정을 이해해야 성공할 수 있는 사람 등 발전에 관심이 있는 모든 이들에게 중요한 문제다.

고전적인 산업 기반이 혼란에 빠졌을 때 생기는 위협은 시장에 은밀하게 진입한 기업이 "충분히" 성장해 당신의 핵심 시장점유율을 가로채는 것, 즉 원래 당신 몫이던 파이를 가져가는 것이다. 반면 생태계 붕괴로 생기는 위협은 도움을 주던 파트너가 "너무 훌륭하게" 성장해 당신 회사의 가치 창출 기반을 파괴하는 것, 즉 파이 자체를 없애버리는 것이다.

코닥이 주는 진정한 교훈은 가장 큰 위험을 이겨내기 위해 온갖 노력을 다 기울였지만 결국 엉뚱한 게임에서 이겼음을 알게 된 것이다. 오래된 규칙도 여전히 중요하지만 이제 그것만으로는 충분하지 않다. 2차원적 전략은 3차원세계에는 적합하지 않다. 기회와 위협, 경쟁자와 파트너, 가치 창출 기반 구축과 타이밍에 대한 관점을 확대하지 않으면 실패한다.

이 장에서는 코닥의 사례를 활용해 새로운 전략 수립 방법을 소개한다. 생태계의 개념(그게 의미하는 것과 의미하지 않는 것, 생태계 사이클 등), 생태계가 산업으로 성숙하는 방식, 산업이 생태계로 녹아드는 방식을 정확하게 정의한다. 그런 다음 우리 목표와 환경을 새로운 방식으로 특성화할 수 있는 가치 아키텍처라는 새로운 개념을 전개할 생각이다. 이를 통해 생태계 붕괴의 토대가 무엇인지 명확히 밝히고 생태계 파트너가 경쟁자가 되고 보완 요소가 대체 요소가 되며 승자가 패자가 될 수 있는 완전히 새로운 경쟁 역학(가치 역전)을 예측할 수 있다. 이는 우리가 이 책 전체에서 확장해 나갈, 또 당신이 앞으로의 노력에 적용해야 할 새로운 관점과 도구를 제공해 준다.

1장.
_____
잘못된 게임에서 이기는 건 진 것이나 다름없다

## 코닥의 기적적인 변신

1975년 스티브 새슨Steve Sasson이라는 코닥 엔지니어가 디지털카메라를 발명하자 디지털 사진을 회사의 상업적 운영 부문에 통합할 것인지, 통합한다면 언제, 어떻게 할 것인지를 놓고 향후 25년간 계속된 내부 논쟁의 장이 열렸다. 코닥은 기술 부문에서 확고한 의지와 효율성을 보여줬다. 1980~90년까지 연구 개발 예산의 45퍼센트인 약 50억 달러를 디지털 사진에 투자했고 새로운 공장과 인력에 막대한 돈을 쏟았으며 2000년까지 1,000건 이상의 디지털 이미지 특허를 취득했다.

이렇게 기술 기반은 탄탄했지만 1990년대 내내 디지털 사업에 관한 코닥의 의사 결정은 일관성이 없고 빈틈이 많았다. 진부한 사고방식, 내부 정치, 경쟁사들의 압박이 어떻게 코닥의 디지털 전환을 방해했는지 논하는 기사가 무수히 많다. 이런 사안은 변화 관리의 보편 과제를 강조한다. 이 문제들은 분명 사실이고 또 중요하다. 하지만 이것이 2012년 코닥이 파산하게 된 주요 원인은 아니었다. 만약 여기에 집중한다면 이야기의 엉뚱한 부분에 집중하는 것이다.*

코닥은 2000년 CEO가 바뀌면서 새로운 디지털 시대의 막

---

* 　　코닥은 2013년 기업 회생 절차를 밟은 뒤 과거의 그림자에서 벗어났다. 이들의 이후 여정은 이 책에서 다룰 문제는 아니다.

을 열었다. 선견지명은 있었지만 회사 내부의 사고방식을 전환하지는 못한 외부인 조지 피셔George Fisher가 물러나고 디지털 비전을 지지하면서 이를 추진할 내부 정통성까지 갖춘 믿음직한 30년 근속 직원 댄 카프Dan Carp가 새 CEO가 된 것이다. 카프는 "오늘날 선진 시장에서는 전통적 필름 및 제지 사업에 구조적 변화가 일어나고 있다"라고 선언했다. "이런 변화에 대처하기 위해 우리는 실용적이고 대담한 혁신을 시작했다. 우리는 이 새로운 디지털 시장에서 승리하기로 결심했으며 성공할 준비가 된 코닥을 만들어가고 있다."

카프는 코닥을 디지털 시장의 챔피언으로 만든 10년간의 기적적이고 성공적인 변화의 문을 열었다. 2001년 오포토닷컴 Ofoto.com(나중에 코닥 갤러리Kodak Gallery로 개명)을 인수해 사용자가 디지털 사진을 저장, 공유, 인쇄할 수 있는 온라인 상거래 플랫폼을 구축한 데서 알 수 있듯이 그는 외부에서 만든 기능을 수용하는 일도 두려워하지 않았다. 심지어 코닥은 상당히 초기부터 클라우드 기반의 소셜 비즈니스를 운영했다. 2002년까지 이 사업은 매달 12퍼센트씩 성장했다. 블룸버그는 코닥을 '디지털 성공의 화신'이라고 부르기도 했다.

2005년 코닥은 미국 디지털카메라 판매량 1위(전 세계 3위)를 차지하며 경쟁사인 캐논과 소니를 앞질렀다. 디지털 세계에 적응하는 고통을 감수하고 2006년에는 전 세계 필름 공장

잘못된 게임에서 이기는 건 진 것이나 다름없다

을 폐쇄, 직원 2만 7,000명을 해고했다. 코닥은 디지털 분야에 전념하기 위해 2007년 수익성 높은 의료 영상 사업을 23억 5,000만 달러에 매각했다. 카프의 후임 CEO인 안토니오 페레즈Antonio Perez의 말을 빌리면 "일반 사진과 전문 사진, 그래픽 커뮤니케이션 분야에서 우리 회사의 중요한 디지털 성장 기회에 관심을 집중하기 위해" 현금을 투입했다고 한다. 페레즈는 과거 휴렛 팩커드에서 대형 프린터 사업부를 담당했으므로 코닥에서 그를 채용하고 승진시킨 건 디지털 인쇄 사업에 대한 회사의 의지를 보여주는 또 다른 증거였다. 페레즈는 말했다. "머지않아 필름에 관한 질문에는 답을 하지 않을 것이다. 나도 모르니까. 내가 관여하기에는 규모가 너무 작다."

코닥이 디지털 인쇄를 받아들인 건 두 가지 중요한 깨달음 때문이었다. 첫째, 회사는 가정용 인쇄 소모품의 이윤이 매우 높다는 사실을 알게 됐다. 검은색 프린터 잉크 가격은 1갤런 당 2,700달러로 BBC가 선정한 '2018년 세계에서 가장 비싼 10대 액체' 순위에서 8위를 차지했다. 그보다 순위가 높은 액체는 전갈 독, 인슐린, 샤넬 No.5 등이었다. 2000년 전 HP 임원이 말한 것처럼 "디지털카메라를 소유한 사람들은 모두 자기 사진과 웹페이지를 인쇄하고 싶어 할 테고 그러면 프린터와 잉크가 엄청나게 팔릴 것이다". 여기에 이윤이 높은 인화지까지 판매하면 디지털 인쇄 수익 영역은 더 넓어질 것이었다.

둘째, 코닥은 자사의 핵심 기능 중 많은 부분이 새로운 디지털 세계로 이진될 수 있다는 사실을 깨달았다. 사진을 현상할 수 있게 해주는 이미지 처리 기술은 디지털카메라에도 매우 중요하고 뛰어난 화학 처리 기술은 잉크와 인화지 코팅의 장점을 강화했다. 심지어 슈퍼마켓이나 드러그스토어 등 주변 어디에나 있는 현상소처럼 코닥이 한 세기 동안 쌓아온 B2B 관계에서의 강점도 디지털 시대로 매끄럽게 이어졌다. 2004년 코닥은 세계 최고의 포토 키오스크 판매업체로 4억 달러의 매출을 올렸다. 독자적인 건식 인쇄 기술을 바탕으로 한 뛰어난 제품을 보유한 코닥은 2005년 4,859개의 월그린 매장에서 최대 라이벌인 후지를 몰아내고 이윤이 높은 소매점의 사진 인화 키오스크 사업을 인수했다. 2006년까지 월마트, 케이마트, 타깃, CVS가 소매 영업점에 추가됐고 각 매장에서는 클릭 한 번으로 수익성 높은 잉크와 인화지가 팔려나갔다. 한 소형 소매업체는 단 4대의 키오스크에서 1년에 20만 장의 디지털 프린트가 판매된다고 보고했다. 표준 크기 프린트 한 장에 39~49센트니 단 몇 평방피트 공간에서 엄청난 수익을 올리는 셈이었다. 2007년에는 말 그대로 돈을 찍어내는 9만 개의 소매 키오스크가 미국 전역에 설치돼 코닥이 이 분야를 장악했다.

어떻게 후지 같은 최고 경쟁사를 월그린 같은 최고 고객사에서 밀어낼 수 있었을까? 현실에 안주하는 회사나 능력이 없는 회사라면 불가능했을 것이다. 우수한 제품과 서비스를 갖춘 훌륭한 팀이 뛰어난 실행 능력을 발휘해야만 이런 일을 해낼 수 있다.

코닥 리더들은 소모품 판매로 큰 이익을 얻은 필름 사업의 비즈니스 모델을 디지털 사진 인화 분야로 그대로 옮겨 갈 수 있다는 사실을 깨닫고는 경쟁에 동참했다. 2010년 코닥은 휴렛 팩커드, 렉스마크, 캐논 같은 회사들이 활동하는 잉크젯 프린터 시장에서 분투해 업계 4위까지 올라갔다. 페레즈는 2011년 투자 분석가들에게 "(디지털 인쇄) 사업이 이 회사에서 아주 멋진 사업으로 자리 잡는 모습을 보게 될 것"이라고 주장했다. 그리고 한동안은 그의 말이 옳았다.

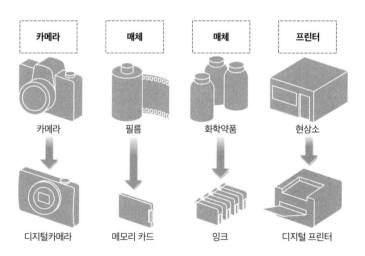

**그림 1.1** 광학 사진에서 디지털 사진으로의 전환을 뒷받침한 기술 변화

코닥이 디지털 시대의 도래를 '놓치지' 않았다는 증거는 명확하다. 세상 사람들은 〈그림 1.1〉 같은 급격한 기술 도약은 불가능하다고 주장했지만 코닥은 불가능한 일이 현실이 될 수도 있음을 보여줬다. 경영진은 수익 기반을 아날로그 인쇄에서 디지털 인쇄로 전환하기 위해 엄청난 노력을 기울였다. 그리고 성공했다. 하지만 여전히 결과는 실패였다.

### 뭐가 잘못된 걸까?

그들은 엉뚱한 게임에서 승리했다. 코닥은 디지털 인쇄 시장에서 일류 기업이 되겠다는 목표를 달성했다. 그러나 디지털 기술이 사진을 캡처하고 인쇄하는 방법뿐만 아니라 소비하는 방식에까지 영향을 미치면서 디지털 인쇄 시장 자체가 붕괴하고 말았다. 코닥이 무너진 건 디지털 인쇄업체로의 탈바꿈에 성공하지 못했기 때문이 아니라 디지털 감상과 공유가 증가하면서 디지털 인쇄가 무의미해졌기 때문이다. 코닥의 가치 창출은 경쟁사나 직접적인 대체품이 아니라 생태계의 다른 지점에서 발생한 변화 때문에 무너졌다. 가치 역전이라는 생태계 역학의 희생양이 된 것이다.

현대의 소비자들은 어디에 사진을 보관해 뒀다가 꺼내 볼까? 앨범도, 신발 상자도, 지갑도 아니다. 그럼 이미지를 어떻게 볼까? 이제 종이에 인쇄해서 보지 않는다. 종이 인쇄물은 디지털 화면으로, 사진 앨범은 주머니 속 휴대폰과 클라우드 라이브러리로 대체됐다. 한때 유명했던 '코닥 모멘트Kodak Moment'는 '인스타그램 모멘트'로 바뀌었고 액자에 사진을 끼워두는 대신 인터넷에 사진을 올리면서 고객들의 가치 제안이 새로워졌다. 2019년까지 500억 장 이상의 사진이 인스타그램에 업로드됐는데 사람들은 공유는 무수히 많이 하면서도 인쇄는 거의 하지 않았다.

간단히 말해 코닥은 힘든 싸움에서 이겨 디지털 인쇄 회사가 됐지만 디지털 감상 때문에 무너졌다. 이건 다른 종류의 붕괴다.


## ••• 새로운 접근법의 필요성

코닥은 기술 체제 전반에 걸친 이행을 완전히 통제하면서 기술적 붕괴를 막는 데 주력했다. 이들이 놓친 건 생태계 붕괴, 즉 가치 창출의 근본적인 변화였다.

코닥 사례를 주목할 만한 이유는 생태계 변화 앞에서 고전적 전략이 어디에서, 어떻게, 왜 무너지는지 완벽하게 보여주기 때문이다. 누구나 하던 일을 멈추고 고민하게 한다. 코닥 경영진은 왜 틀렸을까? 사람들이 이 이야기를 근본적으로 오해하는 이유는 무엇일까? 가장 중요한 질문은 이것이다. 당신의 조직은 뭘 놓칠 수 있는가?

이제 와 생각해 보면 모든 게 명확하다. 그러나 현실적으로 이 상황을 당신 회사에 대입하면 당신과 경영진이 이 모든 움직임에 대비할 미래 지향적 전략을 수립할 수 있을까? 그렇게 높은 수준의 통찰력을 요구하는 게 온당한가? 회사가 관리해야 하는 다른 모든 요구 사항과 과제를 고려할 때 그게 합리적인 일인가?

그렇다. 대답은 전부 '그렇다'다. 준비만 됐다면 충분히 현실적이고 온당하고 합리적인 기대다. 생태계 전략을 수립하려면 기존 경계가 무너지고 새로운 가치가 대두될 때의 역학을 이해하기 위한 다른 관점과 새로운 개념, 새로운 도구가 필요하다.

그럼 시작해 보자.


**산업 경계가 무너지면 산업 기반 전략이 무너진다**

코닥은 다른 프린터 제조사에 패배한 게 아니라 스크린의 부상으로 패배했다. 노키아는 전통적인 단말기 제조사에 패배한 게 아니라 모바일 소프트웨어 애플리케이션의 등장으로 패배했다. 그리고 택시 업계는 다른 운수 회사에 패배한 게 아니라 승차 공유 플랫폼의 부상으로 좌절을 겪고 있다. 경쟁의 본질과 경쟁자의 성격이 바뀌고 있는 것이다.

고전적 산업 분석에서는 가치사슬, 즉 공급업체부터 핵심 산업 기업, 구매자로 이어지는 투입산출 순서에서 어느 지점에 있느냐를 기준으로 산업을 정의한다. 실리콘 웨이퍼 생산자(예: 섬코)를 핵심 반도체 제조업체(예: 인텔)나 컴퓨터 조립업체(예: 레노버)와 연결해 생각해 보자. 이 흐름은 방향성이 분명하고 경계도 명확하다. 초점을 바꾸면 순서도 바뀐다. 오른쪽으로 한 걸음 움직여 반도체 제조업체와 컴퓨터 조립업체 그리고 유통업체(예: 베스트 바이)를 생각해 보자. 이렇게 개념화하면 사업 전략은 각 산업 내에서 어떻게 경쟁할 것인가에, 기업 전략은 어떤 산업 분야를 선택할 것인가에 초점이 맞춰진다. 기업들은 이런 산업 분야에서 비용과 품질을 다양하게 결합해 이익을 얻으려고 경쟁한다. 포드는 자동차 구매자를 많이 확보하기 위해 제너럴 모터스와 싸우고 켈로그는 아침에 시리얼을 먹는 소비자를 많이 확보하기 위해 제너럴 밀스와 싸우며 ABC는 저녁 뉴스 시청자를 더 많이 확보하려고 NBC와 싸운다. 이들의 가치 포착 능력은 마이클 포터Michael Porter의 유명한 5세력Five Forces 프레임워크에서 특징지은 것처럼 경쟁 관계를 관리하고 구매자 및 공급자와 흥정하며 대체 위협에 맞서고 신규 진입자와 경쟁하는 능력에 따라 결정된다.[1]

산업 분석의 '고전적 교란', 즉 클레이튼 크리스텐슨Clayton Christensen의 강력한 기습 공격 모델은 고려 범위를 확대해 직접적인 경쟁사를 넘어 저렴한 비용과 가격을 토대로 시장점유율을 확보하려는 신규 진입업체의 위협에 초점을 맞춘다. 정규 항공사들을 공격하는 사우스웨스트 같은 저가 항공사, 일관제 철소를 교란하는 뉴코 같은 소규모 철강 회사, 5¼인치짜리 대용량 하드디스크 세대를 대체한 코너의 3½인치 저용량 하드디스크 드라이브 등이 그 예다. 처음에는 초기의 기술적 한계 때문에 이런 진입업체들이 규모가 작은 구매자 부문에만 서비스를 제공할 수 있지만 기술이 향상되고 제품이 '충분히 좋아지면' 점유율이 높아지면서 주류 시장을 흔들어 놓는다.

이 고전적 교란자들은 게임 진행 방식은 바뀌도 게임 자체를 바꾸지는 않았다. 생산 방법은 다르지만 제공하는 제품과 목표는 업계 경계에 잘 들어맞았다. 사우스웨스트는 여전히 항공권을 팔고 뉴코는 강철을 팔고 코너는 디스크드라이브를 팔았다. 신기술로 업계의 기성 기업을 무너뜨렸지만 여전히 같은 보상을 놓고 같은 게임을 벌였다. 그러니 산업 분야는 그대로 유지됐다.

산업 분석의 근본적인 문제는 '산업'을 구성하는 요소가 무엇인지 가정한다는 것이다. 산업이라는 개념은 믿을 수 없을 정도로 모호하다. 그래서 활동이 시작되고 끝나는 지점에 대한 공통된 생각, 경쟁자들이 어떤 고객을 놓고 경쟁을 벌이고 있고 그 고객을 어떻게 세분화할지에 대한 이해, 무엇이 중심이고 무엇이 주변인지에 대한 일관된 관점에 의존한다.

잘못된 게임에서 이기는 건 진 것이나 다름없다

과거에는 참가자들이 비교적 일관된 방식으로 행동했기 때문에 이런 모호함을 무시할 수 있었다. CVS, 월그린, 지역 약국은 조직 체계나 규모, 전략은 천차만별이지만 다들 성공적인 상품 판매와 약 조제를 사업 기반으로 삼았다. 그래서 '소매 약국업'에 뛰어든다고 가정하고 경쟁 전략을 세울 수 있었다. 그러나 CVS 헬스로 리브랜딩한 오늘날의 CVS는 단순한 소매업체(2014년 건강 중심 사업으로 혁신하면서 모든 담배 제품 판매를 중단함으로써 20억 달러의 연 매출을 자발적으로 포기했다)가 아니라 미닛 클리닉Minute Clinic(기본적인 의료 서비스를 제공하는 소매점으로 예약이 필요 없는 진료소), 케어마크Caremark(보험에 가입한 9,400만 명의 환자들을 위해 약제비 환급 보험을 관리하는 미국 최대 의약품 급여 관리사), 애트나Aetna(3,790만 명의 생명보험 가입자를 보유한 미국 최대 의료보험사 중 하나) 같은 회사까지 거느리고 있다. 다양한 활동과 상품을 한데 엮은 CVS 헬스는 단순한 사업 다각화를 넘어 게임을 재정의하려고 한다. 잘 정의된 '소매 약국업'이라는 개념은 이 회사의 업무가 처방약 조제에서 건강 및 웰빙 관리로 전환되면서 허물어졌다. CEO인 래리 멀로Larry Merlo는 이를 "건강관리의 소매화"라고 부른다. CVS 헬스는 최종 고객을 위한 가치 제안뿐만 아니라 고객 가치를 실현하는 기본 방식까지 재정의하려고 한다. 이를 위해 개별 산업 분야에서의 경쟁에서 벗어나 새로운 생태계를 조성하는 쪽으로 노력을 전환하고 있다.

이곳은 다른 세상이다. 시장 경계가 명확하고 경쟁 상대의 목표가 일관되고 참여자 간의 상호작용 패턴이 잘 확립돼 있으면서 논쟁의 여지가 없을 때는 "업계를 가정하고 일을 진행하라"는 지침이 효과적이었다. 그러나 구조가 바뀌고 다면적 가치 제안이 대두되자 이 지침은 효과가 없어졌다.

산업이라는 렌즈를 끼고 바라보면 해당 산업 분야에서 진행되는 발전 궤도를 볼 수 있고 그 안에서 우리 자리를 대신하려고 하는 직접적인 대체품의 위협도 확인할 수 있다. 그러나 이 렌즈를 끼고 있으면 기존의 틀 바깥에서 우리가 지닌 가치의 타당성에 영향을 미치는 힘은 볼 수가 없다. 산업용 렌즈를 끼면 피처폰의 기능이 개선되거나 그것이 스마트폰으로 대체되리라는 생각은 해도 휴대폰이 프린터를 대체하리라는 생각은 절대 하지 못한다(바로 이런 오판 때문에 코닥이 무너졌다). 이와 비슷한 오판은 또 있다. 더 좋은 트랙터가 발명되면 종자와 비료 산업에 이득이 될 것이다(틀린 생각이다. 오늘날의 지능형 트랙터는 씨앗을 일일이 세서 아주 정밀하게 파종하기 때문에 버려지는 씨앗이 없어 종자와 비료 수요가 줄었다). 더 효율적이고 손쉬운 배달 옵션은 식당 주인들에게 도움이 될 것이다(이것도 틀렸다. 우버 이츠와 도어대시 같은 서비스가 고객 관계 관리를 대신하게 되자 식당 간 차별점이 사라졌다).

기존의 산업 기반 전략이 한계에 이르고 생태계 전략의 필요성이 대두되면 산업 경계를 둘러싼 경합이 벌어지고 경계가 재편된다. 기존 전략은 문제의 엉뚱한 부분에 집중하게 할 위험이 있어서 코닥처럼 기술 전환 전투에서는 승리했지만 적합성 전쟁에서는 패배하는 상황이 벌어진다. 과거의 전략적 도구는 이 새로운 해역을 항해할 수 있도록 설계되지 않았다. 그리고 아니나 다를까, 그들은 항해에 실패했다.

경쟁의 경계가 바뀌면 경쟁 규제 방식도 바뀌어야 한다. 경계를 허무는 기업 앞에서는 기존의 시장 지배력과 시장 집중 대책이 점점 힘을 잃는다. 2장과 3장에서는 공격과 방어에 관해 논의하면서 생태계 교란자들의 힘을 과대평가하거나 과소평가할 가능성을 모두 살펴볼 예정이다.


## 무엇이 생태계고 무엇이 아닌가

산업 경계는 경계 자체가 바뀌고 있을 때는 전략의 안내자가 될 수 없다. 그렇다면 대안은 무엇일까? 변화하는 환경을 헤쳐나가려면 앞으로 생성될 가치를 정의하는 가치 제안부터 시작해야 한다.

**정의: 가치 제안**이란 최종 소비자가 당신의 노력을 통해 얻게

될 이익이다.

가치 제안 결정은 생태계를 이해하는 데 중요한 첫 단계다. 가치 제안은 생태계의 집단적 노력이 창출할 이익을 분명히 설명하고 그에 따르는 활동과 협력의 방향을 정한다. 예를 들어 코닥의 가치 제안은 코닥 모멘트, 즉 '이미지를 통해 추억을 되살리고 공유하는 것'이었다.

이뿐 아니라 가치 제안은 최종 소비자도 명시한다. 파트너와 중개자가 여럿인 상황에서는 최종 소비자를 정하는 것 자체가 전략적 선택이다. 코닥의 경우 국내 시장의 최종 소비자는 어떤 순간을 사진에 포착한 뒤 앨범을 뒤적이거나 벽난로 선반에 올려놓은 사진을 감상하면서 그 순간을 되새기는 사람이다. 사진 현상 전문가나 소매업체 같은 다른 관계자들도 가치를 창출하는 데 결정적인 역할을 하지만 코닥 모멘트의 최종 소비자는 아니다.

매력적인 가치 제안은 성공을 위한 첫 단계다. 여기서 우리는 고객에 대한 통찰력을 발휘해 '해야 할 일'의 핵심 특성을 파악하고 '고객만 생각하라'는 지혜를 따른다.

당신의 가치 제안을 생각해 보라. 거기에 얼마나 자신이 있는가? 그걸 얼마나 명확하게 전달하고 있는가? 당신 팀의 설명과 당신의 설명이 일치하는가? 고객의 설명과도?

그러나 고객 통찰과 올바른 가치 제안은 시작에 불과하다.

통찰력이 있다고 바로 행동으로 전환되지는 않는다. 중요한 건 결국 무엇을 전달하느냐다. 우리 방식의 핵심은 그 가치 제안을 당신 조직이나 파트너 조직 내에서 가치 제안을 유발하는 활동이나 가치 구축을 생각하는 방식과 연결하는 것이다. 이것이 우리를 생태계에 집중하게 하는 원동력이다.

그렇다면 생태계란 무엇일까? '생태계'라는 용어는 지난 10년 동안 전략을 학문적으로 연구하거나 활용하는 과정에서 널리 사용됐다. 사용이 늘어나다 못해 남용되는 말은 무의미해질 위험이 있다. 현재 대부분의 비즈니스 대화에서 '생태계'라는 말을 '뒤죽박죽'이라는 말로 바꿔도 의미가 별로 달라지지 않는다. 이 말의 남용은 경영진이 다른 관계자들을 전략에 포함해야 할 필요성에 익숙해졌다는 뜻이다. 하지만 의미가 모호하기 때문에 설명이 꼭 필요하다.

내 경우 다음과 같은 정의가 생태계에 관한 생각을 정리하는 데 가장 도움이 됐다. 이는 이 책에서 채택할 개념적 접근 방식의 기초가 될 것이다.

**정의: 생태계**란 파트너들이 상호작용하면서 최종 소비자에게 가치 제안을 전달하는 구조다.

이 정의에는 세 가지 핵심적인 측면이 있다.[2]

- 첫째, 가치 제안이 닻 역할을 한다. 가치 창출 목표를 중심으로 생태계를 발전시키면 단일 기업이나 단일 기술의 관점에 갇히지 않을 수 있다.
- 둘째, 가치 제안을 만들기 위해 상호작용하기로 한, 식별 가능한 특정 파트너 집합이 있다. 생태계는 다자 관계다. 단순히 일련의 구매자-공급자 양자 관계로 구분해서는 이해할 수가 없다(이게 가능하려면 내부에 관리나 협상을 위한 새로운 도구가 필요 없는 복합적 공급망이 존재해야 한다).
- 셋째, 생태계에는 구조가 있다. 관계자들은 내부에서 정의한 역할과 위치, 흐름에 따라 협업할 수 있는 방식으로 조정된다. 이해관계자 목록만 살피면 그 구조의 중요한 역할을 놓치게 되고 더 많은 계열사를 플랫폼에 끌어들이는 데만 관심을 두면 이런 조정이 하는 중요한 역할을 놓치게 될 것이다. 생태계 전략의 핵심은 (i) 당신이 원하고 (ii) 파트너들이 기꺼이 속하고 싶어 하는 구조적 배치에 맞게 파트너를 조정할 방법을 찾는 것이다.

이 책 전체에서 이 정의가 다시 나올 것이다. 특히 생태계에서 남들을 이끈다는 게 뭘 의미하는지 생각할 때 지침을 제공해 줄 것이다(5장과 6장).

1장.
─────────
잘못된 게임에서 이기는 건 진 것이나 다름없다

## 생태계 순환

가치 창출은 언제나 협업 및 상호의존과 관련이 있다. 가치를 창출하는 파트너 사이의 안정적이고 일상적인 역할과 상호작용 형식을 확립하기 위한 조정 작업이 진행돼야 한다. 그래서 생태계 전략은 산업계 전략과 다르다. 이런 조정이 이뤄지기 전에 기업이 전략적으로 초점을 맞춰야 하는 부분은 가치 제안을 전달할 파트너십 구조와 협업 구조를 확립하는 것이다. 조정이 끝난 후에는 현재 확립된 구조 내에서 교환과 유리한 조건을 협상하는 쪽으로 초점이 전환된다.

이는 생태계가 구축되면 우리가 산업으로 인식하는 안정적이고 구조적으로 내재된 교환 형태로 발달한다는 뜻이다. 반대로 이 형태가 무너지면 구조화된 상호작용의 새로운 형태를 찾아야 하는 중대한 필요성 때문에 산업은 다시 생태계 모드로 전환된다. 이것이 생태계 순환이다. 생태계 렌즈는 유동적인 산업을 이해할 수 있게 해준다.[3]

그래서 1905년 자동차 생태계를 구축할 때는 '철마', 연료 유통업체, 유지·보수 서비스 제공업체, 위험관리자 등의 사이에 상호 합의된 역할과 위치, 공급 유형을 정착시켜야 했다. 이 구조가 안정된 뒤에야 비로소 경계를 식별하게 됐고 자동차 산업, 자동차 정비 산업, 자동차보험 산업, 규제 기관 등의 산업적 측면을 생각하게 됐다. 오늘날에는 자율 주행 차량이 우버, 리프트 같은 주문형 모빌리티 서비스와 함께 부상하면서 기존 구조에 의문이 제기되고 있다. 참가자들은 '모빌리티 생태계'의 의미와 구조를 확립하기 위해 씨름하면서 현재의 산업 경계를 다시 논의해야 하는 상황이다.

생태계라는 개념은 새로운 게 아니다. 상호의존적인 활동 조정은 고대인들이 도로망, 수도관, 통치 방식 등을 만들어야 했던 인류 문명 초기부터 매우 중요한 과제였다. 그러나 기업이 새로운 생태계를 만들려고 하는 빈도와 그들이 참여하려고 하는(혹은 그래야만 하는) 생태계 수가 지난 10년 사이 현저히 달라졌다. 이런 변화는 디지털 혁명 때문에 더욱 빨라졌다. 게다가 쉽게 사그라들 것 같지도 않다.

조정 상태 변화를 추진하거나 이에 대응해야 할 필요성은 당신의 전략적 목표 중 어느 부분에 영향을 미치는가? 생태계 역학을 파악하고 관리할 방법을 계획할 때는 이런 맥락을 염두에 둬야 한다.

...

## 가치 아키텍처를 통한 생태계 이해

생태계 붕괴는 변화가 어떤 산업이나 기술 분야의 경계를 벗어나 시스템 전체에 반향을 일으킬 때 일어난다. 이를 이해하려면 기술 및 산업 수준의 변화와 가치 제안 수준의 변화를 구분할 방법이 필요하다. 이를 위해 가치 아키텍처라는 새로운 개념을 소개하려고 한다.

**정의: 가치 아키텍처**는 가치 제안을 창출하기 위해 결합된 요소다.

가치 아키텍처는 최종 소비자에게 제공하는 이익의 기본 개념인 가치 요소를 나타내고 구성하는 도식이다. 이 요소들은 가치 제안의 결합 방식을 생각하기 위한 구성 요소로 쓰이는 추상적 개념(범주화 항목)이다.

가치 아키텍처는 조직이 "우리의 가치 제안을 구성하는 요소는 무엇인가?"라는 중요한 질문의 답을 구조화하는 방법이다. 앞으로 알게 되겠지만 가치 요소에 생각을 집중하면 기업과 기술, 산업의 경계를 넘어 더 먼 곳을 바라보면서 새로운 분석을 할 수 있다.

가치 아키텍처를 개발하려면 먼저 독자적인 고객 통찰에서 시작해 그 통찰을 다루는 가치 제안의 전반적 개념을 명확히 한 다음 이를 가치의 기본 요소로 분해해야 한다.

예를 들어 코닥의 가치 제안인 '이미지를 통해 추억을 되살리고 공유한다'의 경우 순간 포착, 이미지 제작, 추억을 되살리

**그림 1.2** '이미지를 통해 추억을 되살리고 공유한다'는 코닥의 기본 가치 제안의 가치 아키텍처

기 위한 이미지 감상, 다른 사람과 이미지 공유(《그림 1.2》)라는 네 가지 가치 요소를 확인할 수 있다.

가치 아키텍처는 고정돼 있지 않으며 발전할 수 있는 전략적 선택이다. 예를 들어 2장에서는 온라인 가구 소매업체 웨이페어가 이 분야로 진출한 아마존에 대응하기 위해 어떻게 가치 아키텍처를 조정했는지 살펴볼 것이다. "인터넷에서 가구를 판매한다"(이때의 핵심 가치 요소는 선택, 거래, 배달이다)라는 가치 제안을 "내 마음에 드는 집을 만든다"(발견과 숙고라는 새로운 요소가 추가됐다)로 전환한 게 핵심이었다. 웨이페어의 가치 아키텍처 요소는 파트너, 활동, 기술(서버 팜sever farm, 검색 알고리즘, 재고 관리 시스템 등)을 통해 구현된다. 하지만 가치 제안을 구체화하는 건 기술이 아니라 가치 요소다.

이 가치 아키텍처가 분명해진 뒤에 더 세부적인 가시 활동으로 넘어가야 한다. 작업, 구성 요소, 기술 및 생태계 파트너 등은 우리를 개념 단계에서 현실 세계와의 상호작용으로 이동시킨다. 이 단계가 돼야 가치사슬, 공급 사슬, 자원, 역량을 고

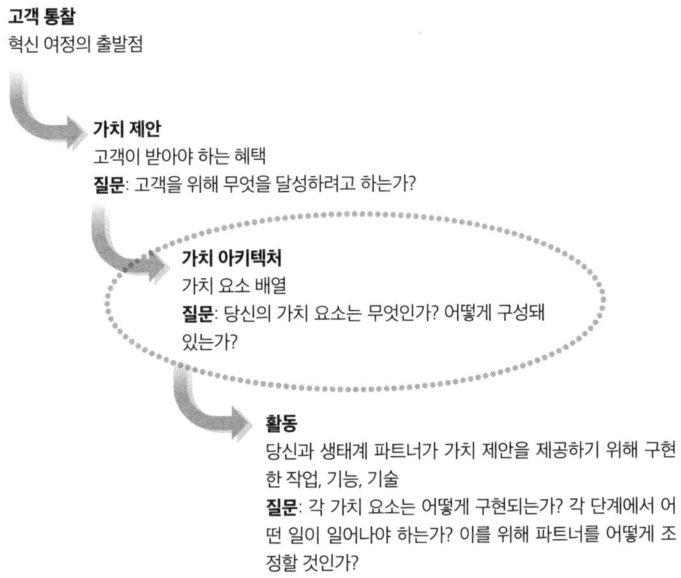

**고객 통찰**
혁신 여정의 출발점

**가치 제안**
고객이 받아야 하는 혜택
**질문**: 고객을 위해 무엇을 달성하려고 하는가?

**가치 아키텍처**
가치 요소 배열
**질문**: 당신의 가치 요소는 무엇인가? 어떻게 구성돼
있는가?

**활동**
당신과 생태계 파트너가 가치 제안을 제공하기 위해 구현
한 작업, 기능, 기술
**질문**: 각 가치 요소는 어떻게 구현되는가? 각 단계에서 어
떤 일이 일어나야 하는가? 이를 위해 파트너를 어떻게 조
정할 것인가?

**그림 1.3** 고객 통찰, 가치 제안, 가치 아키텍처, 활동의 주요 요소 간 관계는 새로운
수준의 분석으로서 가치 아키텍처를 강조한다.

려할 수 있다. 생태계의 가치 청사진 지도도 이 단계에서 운용
된다(〈그림 1.3〉).*

가치 아키텍처라는 개념은 우리가 전략 영역에서 익숙해
진 것과는 다른 단위와 수준의 분석을 제시한다.**4**

---

\*          가치 제안을 활동과 연계하는 가치 요소의 구성체가 곧 가치 아키텍처라는 개념과
정의는 모두 여기서 처음 소개하는 것이다. 이전에 쓴 《혁신은 천 개의 가닥으로 이어져 있다》라
는 책에서 가치 청사진의 개념과 방법론을 소개했다. 가치 청사진은 관계자 간 상호의존 구조를
명시하고 전략상 사각지대를 만드는 채택 과제나 공동 혁신 과제의 위치를 확인하는 생태계 지
도다. 〈그림 1.3〉에서는 가치 청사진이 '활동' 단계 도구의 일부다.

- 가치 아키텍처는 기술, 물리적 구성 요소, 활동 또는 이를 연결히는 공학 관세에서 정의되지 않는다.
- 가치 아키텍처는 비즈니스 모델이 아니다. 비즈니스 모델은 고객에게 돈을 받기 위한 운영 방식에 초점을 맞추는 반면 가치 아키텍처는 고객에게 당신이 제공하는 것에 돈을 지불하고자 하는 마음이 들게 하는 가치 구성 방식에 초점을 맞춘다.[5]
- 아키텍처의 가치 요소는 가치사슬, 활동 시스템, 가치 흐름의 단계가 아니다. 활동과 사물의 흐름 경로를 추적할 필요가 없다.
- 아키텍처의 가치 요소는 소비자가 제품이나 서비스를 평가할 때 염두에 두는 속성이나 선호도로 정의되지 않는다. 따라서 가치 제안을 창출하기 위해 종합한 개별 요소들이 반드시 최종 고객이 세상을 바라보는 방식과 일치하지는 않는다.

가치 아키텍처에 초점을 맞추면 기술적 형태와 인공물(공급 측면)을 기반으로 한 분석에 얽매이지 않아도 되고 가치 창출 요소(수요 측면) 관점에서 개념화할 수 있다. 이를 통해 전통적 영역 안에서 발생하는 특정 요소들의 변화(활동이 이뤄지는 방식)와 가치 요소 전반에 영향을 미치는 변화(활동이 가치 제안에 기여하는 방식)를 구분할 수 있다.

당신과 당신 조직에는 가치 제안의 토대를 논의하기 위한 체계적인 규칙이 있는가? 일정한 가치 아키텍처 접근 방식이 있는가? 대부분의 조직에는 정해진 규칙이 없다. 대신 가치 창출에 관해 생각할 때 마치 전략서처럼 가치 제안을 명확히 한 후 활동, 기술 선택, 조직 구조 측면에서 생각하도록 기본값이 정해져 있다. 그러나 이 때문에 변화를 관리하는 능력이 제한된다. 즉, 활동, 기술, 조직 구조가 사각지대를 규정한다.

코닥의 사례를 다시 살펴보면서 어떻게 하면 가치 아키텍처 관점을 활용해 생태계 붕괴 과정을 체계적으로 이해할 수 있는지 알아보자.

**코닥의 가치 아키텍처: 더 선명한 사진**

가치 아키텍처를 이용해 생태계 붕괴 역학을 평가하려면 우선 가치 요소를 살펴본 다음 특정한 가치 요소 내에서는 활동 변화가 어떻게 다른 요소에 영향을 미칠 수 있는지 생각해 봐야 한다. 우리가 분석한 코닥 가치 아키텍처에서는 구시대의 화학 사진 세계(1세대라고 함)를 볼 수 있다. 광학 카메라와 필름으로 순간을 '포착'한 뒤 현상소에서 화학 현상액으로 사진을 '제작'한다. 이를 사용자가 좋아하는 고급 용지에 인쇄해서 '감상'하고 사본을 만들어 친구나 가족과 '공유'한다(〈그림 1.4〉).

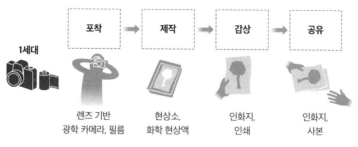

**그림 1.4** 코닥의 1세대 가치 아키텍처

    디지털 사진(2세대)으로 전환되면서 '포착'과 '제작' 과정에 변화가 생겼다. '포착'의 경우 렌즈와 필름을 사용하는 광학 카메라가 센서와 솔리드스테이트 메모리 카드를 사용하는 디지털카메라로 대체됐다. 센서 해상도에 따라 포착 가능한 이미지의 화질이 정해지고 메모리 카드 용량으로 저장 가능한 사진 수가 정해졌다. 이런 변화는 급진적이고 역량을 파괴하는 기술적 변화를 의미한다. '제작'의 경우 현상소와 화학 현상액이 디지털 프린터와 잉크 카트리지로 대체됐다. 이 역시 급진적 변화였다(《그림 1.5》).

    그러나 모든 요소가 급진적인 영향을 받은 건 아니다. 제작 기술은 바뀌었지만 '감상'은 여전히 사진을 벽난로 선반 위 액자에 꽂거나 지갑에 넣고 다니거나 가족 앨범에 정리할 수 있는 고품질 인화지를 통해 이뤄졌다.

    디지털 사진으로 전환되면서 '공유' 요소에 의미 있는 변화

| 포착 | 제작 | 감상 | 공유 |

**1세대**

렌즈 기반
광학 카메라, 필름

현상소,
화학 현상액

인화지,
인쇄

인화지,
사본

**2세대**

센서 기반
디지털카메라,
메모리 카드

디지털 프린터,
잉크 카트리지

변화 없음

인화지 사본,
이메일 전송

**그림1.5** 코닥의 가치 아키텍처 내 1세대에서 2세대로의 전환

가 생겼고 친구와 가족은 사진을 찍은 사람에게 직접 인화된 사본이 아니라 인터넷으로 사진을 받을 수 있게 됐다. 그러나 사진 인화에 관심 있는 기업 관점에서 볼 때 이 변화는 매우 긍정적이었다. 이메일을 통해 더 많은 이들이 이미지 파일을 공유하면 이미지를 인쇄할 가능성도 높아지고 따라서 종이와 잉크 수익이 늘어날 것이었다. 실제로 코닥이 오포토닷컴을 인수한 배경에는 당시 인쇄할 사진을 디지털로 쉽게 공유할 수 있다는 이유가 있었다. 이런 점에서 마이스페이스(2003년 설립), 페이스북(2004), 플리커(2004) 같은 사진 중심의 소셜 네트워크가 부상한 것도 공유와 인쇄에 긍정적 영향을 미쳤다고

볼 수 있다. 그러나 4세대에 우수한 디스플레이가 도입되면서 이 긍정적 관계가 급격하게 변했다.

이 영역에 전형적인 산업 수준의 혼란이 발생했지만 아직 전체적인 영향이 미치지는 않았다. 내부 전환은 관리하기 어렵긴 하지만 당면 과제는 쉽게 이해할 수 있다. 실제로 앞서 살펴봤듯이 코닥도 이 문제에는 잘 대처했다.

디지털 사진(3세대)이 계속 발전하면서 센서와 메모리 기술이 향상되고 가격이 저렴해져 휴대폰에 카메라를 통합할 수 있게 되자 '포착'은 또 다른 전환을 맞았다. 이는 전형적인 대체였다(〈그림 1.6〉). 독립형 카메라 판매사에는 끔찍한 소식이지만 휴대폰 제조사에는 좋은 소식이었다. 생태계의 다른 모든 이들에게도 그랬다. 메모리 용량이 크고 해상도가 높으면서 사용하기도 쉬운 카메라가 늘어난다면 멋진 사진을 더 많이 찍어서 더 많이 인쇄하고 공유하게 될 것이다. "이미지를 통해 추억을 되살리고 공유"하는 것은 여전히 설득력 있는 가치 제안이었다. 이런 점에서 보면 디지털 수익 엔진의 중심으로 디지털카메라가 아닌 인쇄 소모품에 주력하기로 한 코닥의 결정은 선견지명이 있었던 셈이다. 실제로 앞날을 정확하게 점친 코닥은 독립형 디지털카메라를 계속 판매하면서도 모든 생산 라인을 자체 공장에서 계약업체로 이전해 카메라폰이 독립형 카메라 시장을 거의 소멸시키려 할 때쯤 이 자본집약적 사업 부문에서 빠져나왔다.

구성 요소가 더 개선되면서 스마트폰(4세대)이 탄생했다. 2007년 애플의 아이폰과 대형 터치스크린이 출시되자 사용자들이 휴대폰 기반의 애플리케이션과 상호작용하는 방식이 바뀌었다. 촉각을 이용한 앵그리 버드 인터페이스가 탄생하고 '오른쪽으로 밀기'가 문화적 밈이 됐다. 처음에는 소비자들

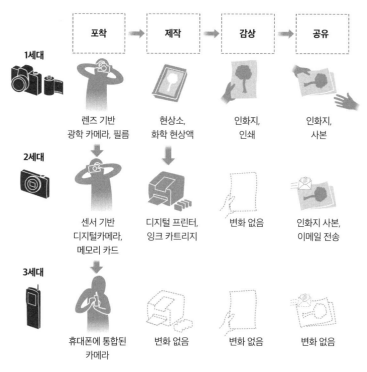

**그림 1.6** 코닥 가치 아키텍처 내 3세대로의 전환

이 더 나은 카메라와 부품을 갖춘 스마트폰으로 모여들어 더 질 좋은 사진을 많이 찍게 된 것이 사진 인화 부문에 희소식이었다.

그러나 화면이 충분히 크고 선명해지자(애플은 "망막 수준의 기능을 자랑하는 디스플레이"라는 선전 문구를 썼다) 극적인 상황이 벌어졌다. 이제 사진을 찍은 순간이나 다운로드할 사진을 선택할 때만 휴대폰으로 사진을 확인하는 게 아니었다. 스마트폰이 디스플레이 역할까지 하면서 스마트폰 화면이 종이에 인쇄된 사진의 대용품이 됐다. '포착' 과정에서 사용되는 장치를 개선하자 '감상'에도 영향을 미치기 시작한 것이다.

그리고 이렇게 하나의 가치 요소가 다른 가치 요소에까지 파급 효과를 발휘하면서 해당 영역 전체가 발전하자 생태계 붕괴가 일어났다. '감상' 과정의 대변혁이 시스템 전체에 반향을 일으켰다. 첫째, 사진을 볼 때 종이가 필요 없어지자 '제작'에도 영향이 갔다. 요소들 사이의 경계가 무너지면 프린터, 종이, 잉크의 가치와 코닥이 '제작' 부문에서 기대한 크고 아름다운 이익이 모두 사라질 것이다. 둘째, '감상' 변화가 '공유' 변화로 이어졌다. 이제 사람들은 공유한 이미지를 인쇄하지 않을 뿐만 아니라 소셜 미디어의 부상으로 과거에는 가까운 사람끼리 시각적 추억을 공유하던 것이 친구는 물론이고 낯선 사람에게까지 자신의 소중한 순간을 공유하며 '좋아요'를 요청하는 식으로 개념 자체가 확장됐다.

디지털 사진 분야에서 처음 두 차례의 전환이 발생했을 때는 이 영역이 온전한 상태를 유지했다. 모든 작업은 〈그림 1.6〉의 수직 화살표 방향으로 진행됐다. 따라서 이런 전환은 모두 고전적 교란과 기술 대체라는 틀에 잘 맞았다. 코닥은 기존 전략으로 침착하게 상황을 관리할 수 있었다. 생태계 붕괴의 역학 관계가 드러난 건 〈그림 1.7〉의 수평 화살표 방향으로 진행된 마지막 전환 때다. 이 전환이 영역 전체에 영향을 미쳤기 때문이다. 생태계 붕괴는 하나의 가치 요소에서 발생한 변화가 다른 요소의 게임을 변화시킬 때 일어난다.

종이를 쓰지 않는 세상이라는 개념은 오랫동안 이론적으로 논의돼 왔지만 실제로 실현된 적은 없었다. 편집과 검색을 위한 디지털 이미지와 소프트웨어도 수십 년 동안 널리 사용됐지만 이 역시 결국은 인쇄할 이미지를 선택하고 개선하는 작업에 사용된 것이었다. 어디서나 사용 가능하고 품질이 뛰어나며 인터넷 연결이 가능한 디스플레이가 부상한 뒤에야 비로소 사진을 실제로 인쇄하는 작업이 중단됐다. 이를 통해 소프트웨어가 어떻게 세상을 집어삼켰는지 알 수 있지만 이것도 다 하드웨어가 자리를 잡은 뒤에야 가능한 일이다.

**그림 1.7** 코닥 가치 아키텍처 내에서 발생한 네 가지 디지털 사진 전환은 4세대에서 이 영역 전체에 수평적으로 발생한 역학 관계의 영향을 강조한다.

## 가치 아키텍처가 관점을 형성한다

명시적 가치 아키텍처를 분명하게 설명하는 것은 생태계

1장.

잘못된 게임에서 이기는 건 진 것이나 다름없다

붕괴 맥락에서 매우 중요하다.

코닥과 투자 분석가들은 왜 생태계 붕괴 역학을 눈치채지 못했을까? 제품과 기술 공급 전환이라는 관점에서 세상을 정의했기 때문이다. 〈그림 1.1〉을 생각해 보자. 여기서는 전형적인 내부 교란이 발생한 세계에서 성공하는 데 필요한 도약만 강조했다. 그러나 기술 렌즈를 끼고 있으면 영역 전체의 역학 관계를 보지 못하므로 카메라는 절대 프린터를 대체할 수 없다고 확신하게 된다. 이런 관점에서는 카메라 구성 요소가 어떻게 인쇄에 위협이 되는지 알 수 없다.

명시적 가치 아키텍처가 있으면 특정 요소들로 이뤄진 전통적 산업 영역의 경계를 존중하는 전환(고전적 교란, 즉 활동을 수행하는 방식 변화)과 가치 요소에 영향을 미치는 전환(생태계 붕괴, 즉 가치 제안의 기반인 가치 요소에 활동이 기여하는 방식 변화)을 구별할 수 있다.

가치 아키텍처는 매우 중요한 선택이다. 동일한 가치 제안을 완전히 다른 가치 아키텍처와 요소로 특징지을 수도 있다. 이렇게 다른 아키텍처는 어떤 가치 제안에 접근하는 방식에 대한 서로 다른 철학을 반영한다. 따라서 이를 옳고 그름의 절대적 척도로 판단할 수는 없다. 그보다는 도움이 되는 것과 되지 않는 것, 확장하는 것과 한정하는 것, 공통성과 특수성 같은 스펙트럼에서만 평가할 수 있다. 그러나 구체적인 가치 아키텍처 선택은 기업이 환경 변화를 해석하는 방식, 기회를 추구하는 방식, 파트너를 조정하는 방식, 궁극적인 가치 제안을 전달하는 방식 등에 큰 영향을 미치기 때문에 매우 중요하다. 실제로 가치 아키텍처는 차별화라는 막연한 개념에 의미 있는 형태를 부여하는 방법이자 소비자가 기꺼이 돈을 지불하게 하는 동인이기도 하다.

가치 아키텍처 렌즈는 가치 구축에 초점을 두기 때문에 이렇게 단일 영역을 넘어 생태계 전체에 반향을 일으키는 변화를 표면화한다. 이 책에서는 계속 이 렌즈를 통해 전략, 조직, 리더십에 대한 이해를 높여주는 역학 관계를 탐색할 것이다. 그럼 도움이 되던 파트너가 어떻게 경쟁자로 탈바꿈하는지부터 짚고 넘어가자.

···
## 가치 반전: 친구가 적으로 변해 생태계를 무너뜨리다

코닥 사례는 불편하면서도 유익하다. 불편한 이유는 코닥이 기존 경쟁사에 패한 것도 아니고(후지는 필름 분야에서 코닥을 능가하지 못했다) 신기술을 습득하지 못해 무릎 꿇은 것도 아니며(코닥은 디지털 인쇄업계 강자가 됐다) 고객 통찰에 실패한 것도 아니기(이 회사의 핵심 가치 제안인 '이미지를 통해 추억을 되살리고 공유하는 코닥 모멘트'는 여전히 시장에서 통했다) 때문이다. 유익한 이유는 자기 영역에 갇혀 기술 중심 관점에만 매달리는 조직은 중요한 변화를 보지 못한다는 사실을 알려주기 때문이다. 결국 사각지대가 생긴다.

고전적 교란은 새로운 기술이나 활동 방식이 다른 기술을 직접적으로 대체할 때 발생한다. 디지털카메라는 광학 카메라의 일을 대신하고 디지털 프린터는 화학 현상소가 하던 일을 대신한다. 한 영역 안에서 변화가 일어나 그 안에만 계속 머무르기 때문에 카메라는 여전히 카메라고 프린터는 여전히 프린터다.

생태계 붕괴는 완전히 다른 문제다. 이때는 한 부분에서 발생한 변화가 다른 부분에까지 영향을 미친다. 즉, 카메라가 인화지가 하던 일을 대신하기 시작하니 프린터가 필요 없어진다. 이는 단순한 대체가 아니라 가치를 재정의하는 격변이다. 어떻게 해야 이를 알아채는 능력을 키울 수 있을까?

생태계 붕괴의 역학 관계를 이해하려면 가치 요소에 사고를 고정해야 한다. 그러면 한 요소에서 발생한 변화가 가치 아키텍처 전체의 다른 요소에 어떤 영향을 미치는지 명확하게 파악할 수 있다. 당신 조직이 원래 요소에 관계돼 있는지 여부와 상관없이 해당 요소가 아키텍처의 일부라면 그것이 당신에게 미칠 수 있는 영향을 적극적으로 고려해야 한다.

어떤 요소에 영향을 미치는 변화를 관찰할 때는 더 포괄적인 질문을 던져야 한다. 그것이 모든 요소에 어떤 영향을 미치는가? 당신 계획에 어떤 영향을 미치는가?

이 말이 일반 분석보다 집요하게 들린다면 그 생각이 맞는다. 그러나 이런 분석을 하지 않았을 때 발생하는 비극적이고도 피할 수 있는 희생이 뭔지 알려면 표면화할 수 있었던 '알려지지 않은 기지의 사실' 때문에 벌어진 코닥의 붕괴를 떠올리기만 하면 된다. 인텔의 전설적 CEO 앤디 그로브Andy Grove는 "편집증 환자만 살아남는다"라는 말로 유명하다. 가치 아키텍처를 자세히 살펴보는 일은 편집증을 생산성으로 전환하는 방법이다.

고전적 교란과 생태계 붕괴의 중요한 차이는 위협의 근원이 처음부터 적이었던 게 아니라 원래는 함께 가치를 만들어가던 선량한 동료라는 점이다. 이를 이해하려면 가치 창출과 가치 파괴로 이어지는 상호작용을 다시 살펴봐야 한다.

기본 경제학에서는 핵심 조직(당신)과 관련된 세 가지 유형의 관계자를 경쟁자, 대체재, 보완재로 구분한다.

· 고전적 경쟁자들은 기본적으로 같은 경주에서 같은 방식으로 이기려고 한다. 당신이 소니 플레이스테이션이라면

비디오게임 콘솔 시장의 직접적 경쟁자는 마이크로소프트 엑스박스다. 경쟁업체의 효율성이 향상되면 당신의 부가가치는 줄어들고 상황도 절대적으로 나빠진다(〈그림 1.8〉 왼쪽).

- 고전적 대체재도 당신과 같은 경주에서 이기려고 하지만 경기 방식은 다르다. 당신이 소니 플레이스테이션이라면 잠재적 대체재에는 스마트폰과 사용자들이 특수한 하드웨어 없이도 비디오게임을 할 수 있게 해주는 스팀이나 구글 스테이디어 같은 온라인 게임 플랫폼도 포함된다. 대체재의 효율성이 향상될수록 당신의 상황은 절대적으로 나빠진다(〈그림 1.8〉 왼쪽).

- 그에 반해 고전적 보완재는 가치를 높인다. 보완재는 자기 색이 분명한 것을 내놓고 이를 통해 당신의 주력 제품의 가치를 높인다. 당신이 소니 플레이스테이션이라면 보완재에는 콘솔용으로 개발된 게임이나 게이머들을 연결하는 온라인 토론 커뮤니티 등이 포함된다. 보완재 기능이 향상되면 당신 제품이 창출하는 가치가 커지고 상황은 절대적으로 좋아진다. 실제로 이것이 보완성에 대한 경제학의 공식 정의다(〈그림 1.8〉 오른쪽).

보완재는 세 가지 방법으로 핵심 기업을 붕괴시킬 수 있

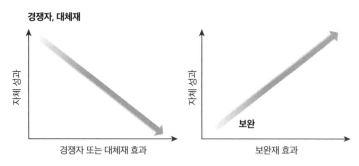

**그림 1.8** 핵심 기업의 자체 성과와 경쟁자, 대체재(왼쪽), 보완재(오른쪽)의 효율성 사이에 나타나는 일반적 특성

다. 첫째, 핵심 시장을 상용화한다(예: 마이크로소프트-인텔의 윈텔 표준은 IBM 같은 컴퓨터 조립업체를 상용화했다). 둘째, 수직적 또는 수평적 통합을 통해 직접적 경쟁자로 핵심 시장에 진출할 수 있다(예: 넷플릭스의 영상물 제작 시장 진출). 그러나 우리의 주된 관심사는 셋째 가치 반전이다. 앞의 두 가지는 이윤이나 시장점유율이 감소하는 반면 세 번째는 관련성이 약화되기 때문에 훨씬 파괴적인 위협이다(시장을 잃는 건 이윤이 감소하는 것보다 심각한 일이다).[6]

생태계 붕괴를 이해하려면 보완을 바라보는 관점을 대대적으로 수정해야 한다. 모든 보완 요소는 초기에는 당연히 긍정적 기여를 하지만 계속 발전하는 과정에서 매우 독자적인 경로를 형성할 수 있다(〈그림 1.9〉). 어떤 보완 요소는 개선되는 동안 계속해서 핵심 제품의 가치를 향상한다(지속적 시너지 효

잘못된 게임에서 이기는 건 진 것이나 다름없다

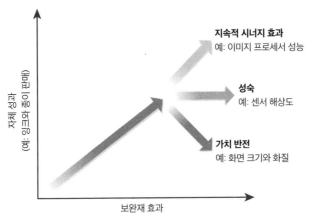

지속적 시너지 효과
예: 이미지 프로세서 성능

성숙
예: 센서 해상도

가치 반전
예: 화면 크기와 화질

자체 성과
(예: 잉크와 종이 판매)

보완재 효과

**그림 1.9** 보완재 효과와 핵심 기업의 자체 성과 사이에 존재 가능한 세 가지 관계(디지털 인쇄 소모품을 통한 이익 창출에 주력한 핵심 기업 사례)

과). 어떤 요소는 계속 개선돼도 핵심 제품에 더는 영향을 미치지 않는 지점에 도달한다(성숙). 생태계 붕괴를 이해하는 데 가장 중요한 부분은 세 번째 궤적(가치 반전)으로 보완재의 지속적 개선이 특정 지점을 넘어서면 그 효과가 반전돼 핵심 제품의 가치가 저하되기 시작한다. 이는 보완재가 대체재로 뒤바뀌는 역학 관계로 당신의 파트너가 이제는 위협 요소가 된 것이다.

보완재가 '너무 좋아지는' 바람에 당신의 가치 창출을 방해할 수도 있다는 깨달음을 얻게 된다. 게다가 이런 현상은 보완재의 방향성이나 의도에 아무 변화가 없어도 일어날 수 있다. 고전적 교란의 경우 대체재가 너무 훌륭해지는 바람에 가치를 창출하는 당신의 기술이 쓸모없어질 위험이 있다. 생태계 붕괴의 경우 너무 훌륭해진 보완재가 당신이 창출하는 가치 자체를 쓸모없게 만들기도 한다. 이는 근본적으로 다른 종류의 도전이다.

### 보완재의 세 가지 궤적

디지털 사진의 '제작' 요소를 제공하는 잉크, 종이, 프린터 판매를 수익 기반으로 삼은 코닥을 통해 이 궤적을 살펴보자.

기본 관계는 디지털카메라가 장착된 스마트폰은 디지털 인쇄의 보완재라는 것이다. 카메라 성능이 개선된 휴대폰이 점점 더 보편화되고 사용하기 쉬워지면서 사진 촬영 횟수가 증가했다. 덕분에 인쇄할 이미지 수가 증가하고 실제로 이미지를 인쇄하는 이들도 증가하자 잉크와 종이 사용량이 늘어나 코닥이 계획한 디지털 수익으로 이어졌다.

주목할 점은 코닥이 자체적인 카메라 판매를 중단했음에도 '제작'은 코닥 모멘트라는 전체 가치 제안에 결정적인 영향을 미치기 때문에 '포착'이 여전히 가치 아키텍처의 중요 요소로 남아 있었다는 사실이다.

스마트폰 카메라 개선에 기여한 세 가지 구성 요소를 생각해 보자. 지능형 초점과 잔상 감소 같은 기능을 지원하는 이미지 프로세서, 이미지 해상도를 결정하는 센서, 사용자가 눈을 가늘게 뜨고 작은 뷰파인더를 들여다보지 않고도 찍은 사진을 확인하거나 구도를 잡을 수 있게 해주는 스크린 등이 있다.

이 세 가지 구성 요소에 쓰인 기술은 지속적 시너지 효과, 성숙, 가치 반전 등 보완재가 따라갈 수 있는 다양한 궤적을 설명한다.

**궤적 1: 지속적 시너지 효과.** 우리는 보완재가 항상 이로운 효과만 발휘한다고 생각한다. 파트너의 성과가 좋아질수록 파트너십도 좋아지고 구성 요소가 발전하면 제품도 발전할 거라고 말이다. 코닥의 경우 이미지 프로세서는 순수한 시너지 효과를 발휘했다. 이미지 제어 기능이 개선되면 사진 화질이 좋아지고 그러면 사진을 많이 찍게 돼 인쇄할 사진도 늘어난다.

**궤적 2: 성숙.** 일부 보완재는 성능이 향상되면 한계효용 감소의 영향을 받는다. 즉, 특정 성능 수준을 넘어서면 지속적 개선의 중요성이 점점 떨어지기 시작한다. 예를 들어 디지털 사진 초기에는 센서의 픽셀 밀도를 높이는 것이 가치 제안에 매우 중요했다. 200만 화소 카메라로는 선명하지 않은 저해상도 사진만 찍을 수 있었다. 그러다 센서 기능이 개선돼 400만, 600만, 800만 화소가 제공되자 사진 품질이 대폭 향상됐고 인쇄한 이미지 품질도 4×6인치나 심지어 8×10인치 같은 큰 판형에서도 기존 화학 인쇄 품질과 일치했다. 그러나 어느 지점을 넘어선 뒤부터는 해상도를 더 향상하는 게 중요치 않아졌다. 2,000만 화소 카메라와 3,000만 화소 카메라의 차이는 대부분의 사용자와는 무관한 벽면 크기의 인쇄물을 위한 요소일 뿐이다. 고객이 성능 개선의 가치를 더는 중요시하지 않는 이런 상황에서는 보완재 생산자들은 상용화되지만 핵심 기업은 아무 피해도 입지 않는다.

**궤적 3: 가치 반전.** 가치 반전은 보완재와 핵심 제품 사이의 유익한 관계가 역전되는 것이다. 이는 핵심 제품의 가치 창출 토대가 훼손돼 시장에서 핵심 제안을 대체하는 결과를 초래한다. 이런 역학 관계는 가치 요소 전반에서 가장 중요하지만 간과하기 쉽다.

여기서 소개하는 가치 반전 개념은 기존 전략서에서는 생소한 것으로 심오한 의미가 담겨 있다. 가치 반전은 코닥의 몰락을 초래한 생태계 붕괴의 근간이다. 한 요소(포착)에서는 가치 창출에 기여한 보완재가 다른 요소(제작)에서는 가치 창출을 저해하는 힘으로 작용한다. 스크린 성능 향상은 처음에는 인쇄 회사 입장에서도 더없이 긍정적인 요소였다. 크기와 해상도가 증가한 덕분에 더 좋은 사진을 쉽고 자신 있게 찍을 수 있게 됐기 때문이다.

그러나 전용 카메라 뒤쪽에 달려 있던 스크린이 모든 스마트폰의 전면으로 이동하면서 해상도가 높아지고 크기도 커지자 스마트폰 화면으로 보는 사진 품질이 인쇄된 사진 품질과 일치하게 됐다. 핵심 제품(사진 인화)과 보완재(카메라)의 가치 관계가 긍정적 관계에서 부정적 관계로 바뀌기 시작했다. '포착' 요소를 강화하기 위해 추구한 스크린과 카메라 성능 개선이 갑자기 '감상'이라는 새로운 위치에서 가치 창출에 영향을 미쳤다. 스마트폰 카메라가 새로운 장소에서 새로운 방식으로 가치 창출에 영향을 주기 시작한 것이다. 이것이 가치 반전의 시작이다. 〈그림 1.9〉의 변곡점은 스마트폰 카메라가 인쇄 보완재에서 인쇄 대체재로 전환됐음을 보여준다.

저장 용량 증가나 이미지 관리 같은 카메라의 기타 기능 개선 덕분에 그 효과는 더욱 커졌다. 연결성 향상, 모바일 클라우드 출현, 소셜 미디어 네트워크 부상 등으로 생태계 붕괴의 영향력이 더 강해지면서 한층 큰 격변의 발판이 마련됐다.

당신 회사의 모든 파트너는 보완재로 회사 가치 창출에 도움이 된다. 이 여정을 시작할 때의 관계는 당연히 긍정적이다. 그러나 시간이 흐르면서 이 관계가 극적으로 달라질 수 있다. 기존 공격자와 다르게 파괴적 보완재는 업계에 새로 진입한 회사가 아니다. 그들은 이미 생태계에서 한자리를 차지하고 파트너나 고객과의 관계에서 얻을 수 있는 모든 이점을 누리고 있다. 따라서 경쟁 상황을 제대로 평가하려면 그들이 어떤 궤적에 올라 있는지 알아야 한다. 각 궤적에서 파트너를 수용하기 위한 전략을 세울 수도 있지만 그들이 세 가지 궤적 중 어느 궤적에 있느냐에 따라 계획은 크게 달라진다. 그러므로 파트너의 성과 개선이 당신의 가치 아키텍처에 반영되는지 반드시 확인해야 한다.

### 가치 반전 예측: 알려지지 않은 기지의 사실 표면화

'알려지지 않은 미지의 사실'을 놓쳐서 생기는 실존적 위협은 극복할 수 없지만 사실 기업들은 '알려지지 않은 기지의 사실', 즉 알아낼 수 있지만 더 큰 맥락 안에서 부적절하게 구성된 정보를 놓치는 경우가 너무 많다. 그래서 새로운 질문을 던지고 새로운 관점을 제시하면 성공할 가능성이 크게 높아진다.

가치 반전은 산업 분야 사이의 경계를 허물고 생태계를 무너뜨린다. 파괴적 힘은 위협이나 숨겨진 잠재적 상태가 아니라 눈에 잘 보이고 (처음에는) 도움이 되는 생산적인 기여자의 모습으로 생태계에 상주하고 있다. 이렇듯 초반에는 기여자 역할을 하므로 기존 전략 도구로는 너무 늦어버릴 때까지 가치 반전을 알아차릴 수가 없다. 그래서 생태계 붕괴는 가치 구축에서 출발하는 관점을 통해서만 이해할 수 있다. 기업이 생태계 붕괴를 둔화시키기 위해 가치 아키텍처를 조정하는 방법(2장)이나 가치 아키텍처를 구축하고 파괴적 혁신을 추진하기 위해 파트너와의 관계를 조율할 때 유리한 위치를 차지하는 방식(3장)에서 이를 확인할 수 있다.

가치 반전의 씨앗은 지나치기 쉽지만 그렇다고 발견이 불가능한 건 아니다. 초기 신호는 약할지 모르나 사고실험을 통해 그것의 미래 효과를 미리 증폭할 수 있다. 어떤 파트너의 성과가 10배 높아지고 가격이 10배 저렴해진다면 내 가치 아키텍처에는 어떤 영향을 미칠지 생각해 보자.

돈을 들이지 않고도 성능을 무한히 향상할 수 있다는 데 만족한다면 당신은 가치 반전으로 위험에 처할 우려가 없다. 하지만 걱정이 된다면 계속 진실을 캐봐야 한다.

여기 가슴 아픈 아이러니가 있다. 코닥의 인쇄 전략은 점점 발전하는 스크린의 함축적 의미를 알아차리지 못했지만 이들은 당시 탄광의 가스 누출 위험을 감지하는 카나리아 같은 제품, 즉 인터넷과 연결된 독립형 디지털 사진 액자로 성공을 누리고 있었다. 사용자는 용도가 하나뿐인 이 전용 스크린을 이용해 사진을 업로드하고 바로 감상할 수 있어 사진을 인쇄할 필요가 없어졌다. 미국에서 디지털 액자 판매액은 2006년 1억 8,000만 달러에서 2010년 9억 400만 달러로 증가했으며 코닥은 한동안 시장을 선도했다. 그러나 디지털 액자는 참신함 때문에 반짝 인기를 누린 상품으로 치부됐다. "사용이 복잡하고 귀찮아서 아무도 사진을 업데이트하지 않는다." 다 맞는 말이다. 그리고 독립형 디지털 액자는 오늘날에도 대부분의 가정에 진열돼 있는 벽난로 위 종이 사진을 대체하지 못했다. 그러나 새로운 걸 무시하다 보면 그 영향력까지 무시할 위험이 있다.

생태계 붕괴를 찾아내는 방법을 안다면 디지털 액자의 다른 의미도 알 수 있을 것이다. 이를 위해서는 다음과 같이 해야 한다.

(1) 성능과 가격이 극단적으로 증가한다고 생각해 보자. 두 배 정도가 아니라 10배, 20배씩 증가하는 것이다.
(2) 현재 위치뿐만 아니라 가치 아키텍처의 모든 요소에 시사하는 바가 무엇인지 의문을 품어야 한다.

이런 관점에서 교차 요소의 대체 가능성을 발견하기 시작할 수 있다. 종이의 가치 창출 역할을 떠맡은 스크린과 앨범 역할을 하는 디지털 저장 공간, 사본을 인쇄할 필요가 없는 디지털 전송 기능을 볼 수 있다. 그리고 주변을 살펴보면 스마트폰의 등장과 함께 저렴하고 성능 좋은 스크린이 보편화되는 모습도 볼 수 있다. 저장 공간과 연결성이 계속 확대되는 스크린 중심의 휴대폰이 강력한 디지털 액자가 돼 결국 인쇄를 대체할 가능성을 확인하고 설명할 수 있는 체계적인 방법도 있다.

물론 미래를 보여주는 수정 구슬 같은 건 없다. 하지만 현재를 바탕으로 올바른 단서를 찾는 법을 안다면 미래를 꽤 많이 내다볼 수 있다.

## ··· 관점의 힘: 렉스마크의 사전 대응 사례

생태계 붕괴를 정말 예측할 수 있을까? 프린터 제조업체인 렉스마크의 대응 방식은 (1) 불길한 징조는 알아차릴 수 있고 (2) 흐름은 바꿀 수 없더라도 사전 대비는 가능함을 명확하게 보여준다.

렉스마크는 사진 인화보다 문서 인쇄에 주력하던 회사지만 코닥과 거의 비슷한 상황에 처했다. 문서 인쇄에 힘을 실어주던 컴퓨터와 스크린이 점점 더 보편화돼 휴대성과 연결성이 향상되자 디지털 사무실이 종이 없는 사무실이 될 조짐이 보이면서 렉스마크의 미래에 가치 반전이 일어난 것이다.

CEO인 폴 루크Paul Rooke는 렉스마크의 2010년 연례 보고서에서 "렉스마크의 고객들이 … 출력한 문서의 물리적 처리, 이동, 저장을 줄일 뿐만 아니라 불필요한 인쇄 낭비까지 줄일 수 있는" 긴박한 상황임을 밝혔다. 이를 달리 표현하면 가치 아키텍처가 붕괴되고, '보기'와 '공유' 요소가 변하고, 스크린이 종이를 대체하며 가치 반전이 가까워졌다는 얘기인데 렉스마크의 운명이 곧 그렇게 될 참이었다.

이런 흐름을 놓칠 수 없다는 사실을 인식한 렉스마크의 대응 방식은 아키텍처를 재검토해 다시 세우는 것이었다. 디지털 정보가 새로운 가치 창출 기회임을 절감한 것이다. 그래서 아직 건재한 주식을 팔아 다른 기업을 대거 인수하고 프린터 하드웨어 사업을 매각한 뒤 그 수익금을 문서 및 업무 시스템화 관리에 투자했다. 루크는 "우리는 스캐너가 내장된 다기능 장치를 관리하면서 종이에 담긴 콘텐츠를 캡처해 디지털 인프라로 옮기고 있다는 걸 알게 됐다. 앞으로는 이런 작업을 더 많이 할 생각이다. 문서 내용을 자세히 해석한 뒤 그 내용에 따라 미리 지정해 둔 경로로 자동 전송하는 것이다." 렉스마크는 종이 인쇄에서 디지털 문서 관리로 초점을 전환했다. 이들은 프린터의 지속 불가능한 위치를 인식하고 이를 받아들인 덕분에 제때 방향을 전환할 수 있었다. 물론 중요한 건 아직 어느 정도 힘이 남아 있는 상태에서 이 길로 나서기 시작했다는 점이다.

렉스마크는 2010년 2억 8,000만 달러에 퍼셉티브 소프트웨어를 매입한 것을 시작으로 총 14개의 소프트웨어 회사를 인수해 역량과 시장 지배력을 키웠다. 그 결과는? 렉스마크는 2016년 11월 한 사모펀드 컨소시엄에 40억 달러에 인수됐다. 전환 과정을 시작하기 전인 2009년 11월 기업 가치가 17억 달

잘못된 게임에서 이기는 건 진 것이나 다름없다

러였음을 생각하면 잉크 판매에 의존해 연명하는 순수 디지털 인쇄 회사로 파산하는 것보다 훨씬 나은 운명을 맞은 셈이다.

## ··· 생태계 붕괴에 대응하기

코닥 사례에서 스마트폰 카메라, 스크린, 저장 장치가 보여준 궤적은 보완재가 대체재가 되면서 경쟁을 초토화한 강력한 예다. 코닥은 전략적 의도가 없어도 이런 일이 일어날 수 있음을 알려준다. 아이폰은 사진 인화 시장을 잠식하기 위해 개발되지 않았고, 스크린 제조사는 인화지 시장을 장악하겠다는 꿈을 꾸지 않았다. 파트너와 동맹 입장에서 여정을 시작한 회사들 때문에 우연찮게 발생한 손실로 부수적 피해를 입은 것이다. 이는 진정한 의미의 지각변동이다. 지진은 엄청난 피해를 입히지만 고의로 우리를 공격하지 않는다. '그냥' 일어난 것뿐이다.

분명 코닥은 디지털 이미지가 디지털 소비로 전환되는 과정과 그에 따른 인쇄 사업의 붕괴를 막을 수 있는 입장은 아니었다. 그럴 수 있었던 사람은 아무도 없다. 그러나 생태계 붕괴의 역학 관계를 알았다면 방향을 바꿀 수도 있었을 것이다. 게다가 코닥 경영진이 생태계 붕괴가 가진 잠재적 힘을 알았

다면 여러 가지 다른 방법을 추구했을 수도 있다. 여기에는 다음과 같은 방법이 포함된다.[7]

**전문화.** 디지털 사진 분야에서 경쟁하되 구성 요소 개선을 통해 계속 이익을 얻을 수 있는 분야에 집중하는 것이다. 소비자들이 유비쿼터스 스마트폰 카메라로 찍고 저장하는 디지털 사진 수가 기하급수로 증가하리라고 코닥이 예상했다면 자체 개발해 1,100개가 넘는 특허를 보유한 방대한 첨단 센서 및 이미지 처리 기술을 기반으로 수십억 달러의 인허가 수익을 올릴 수 있었을 것이다(코닥은 자사 특허 '218개'를 이용하는 대가로 삼성에서 5억 5,000만 달러, LG에서 4억 1,400만 달러를 받았다). 이 회사가 다른 분야를 선택해 집중하거나 판돈을 나누기만 했어도 오늘날 소니가 수십억 달러를 벌어들이는 센서 시장에서 우위를 차지할 수 있었을 것이다. 전문화 쪽으로 나아가려면 내부 강점을 기반으로 삼아야 하지만 렉스마크의 경우처럼 목표 기업을 인수하는 방법으로도 전문성을 키울 수 있다.

**확장.** 어떤 부수 사업이 중앙 무대로 이동할 수 있는지 생각해 보자. 코닥은 클라우드 기반 사진 관리 분야의 선구적 기업이었는데 이는 오포토를 인수한 덕에 가능했다. 그러나 코닥은 소셜 네트워크라는 새로운 트렌드를 받아들이기보다 사진 인화를 촉진하기 위해 사진 공유를 장려하는 데만 초점을 맞췄다. 이미지 저장, 관리, 공유 문제를 좀 더 진지하게 고민했다면 무한에 가까운 저장 공간이 있으면 스마트 검색이나 검색 옵션의 필요성이 증가하리란 점을 깨닫고 '공유' 요소를 우선시하거나 '보관' 같은 새로운 요소를 만들었을 수도 있다.

**다각화**. 자신의 위치가 취약하다는 사실을 인식하고 한 분야에 모든 걸 다 걸지 말아야 한다. 코닥 경영진은 디지털 인쇄 사업을 추진하겠다는 열망 때문에 회사의 매력적 부문인 의료 영상 사업을 매각했다. 생태계의 위험을 제대로 인지했다면 인쇄라는 바구니 하나에 코닥의 달걀을 그렇게 많이 담지는 않았을 것이다. 비슷한 상황에 직면했던 숙적 후지는 사업 다각화를 선택해 사진 사업보다는 다른 시장, 특히 의약품 개발과 생산 혁신 분야에 화학적 역량을 투입했다.

**틈새 발견**. 긍정적인 행동 방침이 떠오르지 않는다면 생각날 때까지 자원을 아껴두자. 최악의 경우 방어 가능한 틈새시장에 자원을 재배치해 새로운 계획을 시도할 수도 있다. 사진 인화 기회가 완전히 사라지지는 않았지만 과거 4×6인치 사진의 다량 인화에서 이제는 전문적인 포토북 인쇄나 벽면 예술, 개인 맞춤 선물, 상업용 프린터를 이용한 특수 이미지 인쇄 등으로 바뀌었다.

코닥 내부에서도 분명 이 대안을 논의했다. 그러나 생태계 역학 관계에 대한 완전한 이해와 불안한 직감을 명확하게 표현할 수 있는 전략 언어가 없으면 이런 우려도 제대로 주목을 받지 못한다. 그래서 곧 사라질 디지털 사진 인화 시장에 회사의 미래를 걸겠다는 처참한 결정을 내린 것이다. 코닥은 디지털 프린터 개발에 막대한 자금을 낭비하는 바람에 결국 특허 기반을 적절히 방어할 자본도 남지 않았다.

## ⋯ 올바른 게임에서 승리하자

생태계 변화에 직면했을 때 선택할 수 있는 전략적 선택지는 무수히 많다. 그러나 그 변화를 더 큰 맥락에서 이해해야만 선택에 확신을 갖고 이를 효과적으로 추진할 수 있다. 코닥의 사례는 변화를 활동과 기술 관점에서만 해석할 때의 위험성을 보여준다. 이를 당신의 고유한 상황에 적용했을 때 얻을 수 있는 교훈은 변화의 동인, 즉 새로운 진입자, 새로운 기술, 사회적 압력 등과 관계없이 그것이 해당 분야 전체에 미치는 의미를 이해해야만 그로 인해 생긴 과제와 기회를 효과적으로 관리할 수 있다는 것이다. 가치 창출 방식과 지속적인 관련성을 보호하려면 혁신 이후의 상황을 지켜보면서 혁신이 가치 요소의 정의에 어떤 영향을 미치는지 알아내야 한다.

가치 아키텍처는 또 자신의 역할을 더 넓은 맥락에서 고려할 수 있는 렌즈기도 하다. 이해관계자 자본주의가 부상하면서 기업의 사명이 규모와 효율성, 주주 가치를 극대화하는 것 이상으로 확대되고 있다. 그와 동시에 생태계의 부상은 가치 제안과 경쟁 상황뿐 아니라 이를 뒷받침하는 근본적 관계까지 재해석할 수 있는 기회를 준다. 가치 창출의 기초가 되는 가정을 정리하고 선택한 목표와 다양한 제약 조건을 신중하게 평가해 보면 가치 아키텍처는 이해당사자의 요구를 전략과 연결하고 전략을 이해당사자의 요구와 연결하는 로드맵을 제공한다. 이어지는 장에서 가치 아키텍처를 혁신하고 파트너를 조정하는 방법을 고려할 때 이런 아이디어를 상호의존적 환경 전반에 적용하면 상업 시장을 훨씬 뛰어넘는 수준까지 효율성을 높일 수 있다.

새로운 영역에서 효과적으로 경쟁하려면 새로운 관점이 필요하다. 그러려면 우리 제품이나 회사, 산업 수준이 아니라 활동 중인 생태계 수준까지 문제를 확대해 검토해야 한다. 그러지 않으면 코닥과 같은 운명에 처해 힘든 싸움에서 이기긴 했지만 실은 잘못된 게임에서 이겼다는 사실을 너무 뒤늦게 깨닫고 말 것이다.

게임을 이해한다는 건 가치 제안과 이를 구성하는 기초 요소인 가치 아키텍처를 명확하게 이해한다는 뜻이다.

가치 아키텍처는 생태계 게임의 움직임을 이해하고 탐색하고 시작할 수 있는 중요한 렌즈가 된다. 전통적 경쟁과 고전적 교란도 여전히 매우 중요하지만 이들은 영역 안에서 위협을 야기한다. 그러나 가치 반전과 생태계 붕괴는 영역 바깥의 다양한 차원에서 작동하는 일련의 새로운 과제(및 기회)를 만든다. 판에 대한 시각이 확대되면 더 강력하고 성공적인 생태계 전략을 수립할 수 있는 명징한 눈이 생긴다.

이런 토대가 마련된 상태에서 능동적으로 게임을 진행하는 방법, 생태계 붕괴가 일어났을 때 감지만 하는 게 아니라 대처 방안을 세우는 방법도 생각해 보자. 먼저 생태계 공격(3장)을 잘 이해하게 도와주는 생태계 방어(2장)부터 집중적으로 살펴 보려고 한다.

1장.

잘못된 게임에서 이기는 건 진 것이나 다름없다

## 생태계를 교란하고 파트너를 경쟁자로 바꾸고 귀사의 성공 능력을 저해하는 변화를 어떻게 식별할 수 있는가?

| 장 | 1장. 잘못된 게임에서 이기는 건 진 것이나 다름없다 | | |
|---|---|---|---|
| 주요 사례 | · 코닥 | 도구 | · 가치 아키텍처<br>· 가치 전환 |

① 앞으로 5년을 내다볼 때 귀사 환경에서 내부 대 외부의 위협과 기회는 어떻게 균형을 이루고 있는가?

② 귀사의 가치 아키텍처는 어떤 요소로 이뤄져 있는가? 환경이 변하면 각 구성 요소가 어떤 영향을 받는가? 이것이 생태계 붕괴 경로에 관해 무엇을 알려주는가?

③ 파트너를 생각해 보자. 그들은 3개의 보완재 궤적 중 어디에 위치해 있는가?(〈그림 1.9〉) 가치가 반전될 위협에 노출된 곳은 어디인가? 가치 반전을 노릴 기회가 있는 곳은 어디인가?

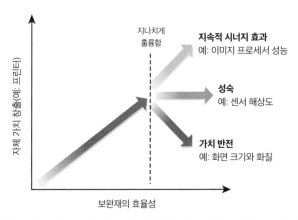

**그림 1.9** 보완재의 효율성과 핵심 기업의 자체 성과 사이에 존재할 수 있는 세 가지 관계(디지털 인쇄 소모품을 통한 이익 창출에 주력하는 핵심 기업 사례)

**2**

장

# 생태계 방어는 집단적으로 이뤄진다

Ecosystem Defense Is Collective

모든 것을 방어하는 사람은
아무것도 방어하지 않는 것이나 마찬가지다.

- 프리드리히 대왕

몇 년 동안 산업을 혁신하기 위한 비전을 키워왔다고 상상해
보자. 투자자들을 설득해 말도 안 되는 여정을 계속 이어가고
마침내 파트너들을 구슬려 당신의 가치 제안을 뒷받침하는 협
력을 얻어내고 제품을 출시해 첫 번째 성공까지 맛봤는데 목
표로 했던 생태계가 붕괴하는 상황에 처했다고 상상해 보자.

코닥은 생태계 내 다른 지점에서 보완재가 발전하면서 생
긴 부수적 피해 때문에 무너졌다. 그러나 생태계 붕괴는 전략
으로 이뤄지는 경우가 많다. 당신 자리를 차지하기로 마음먹
은 회사들의 집중적인 노력에서 비롯되는 것이다. 생태계 교

란자는 신생 기업부터 대기업에 이르기까지 다양하다. 그들은 충분히 성장한 모습으로 인접 시장에서 지원과 추진력을 끌어모으고는 살며시 문을 노크하는 게 아니라 대뜸 공성 망치를 들고 벽을 부순다. 그럼 이제 어떻게 해야 할까?

당신이 스포티파이의 음악 스트리밍 서비스를 실행 가능한 비즈니스 모델로 만들기 위해 9년간 고군분투한 다니엘 에크Daniel Ek라고 생각해 보자. 2015년 마침내 모두가 한자리에 모였는데 애플이 애플 뮤직을 전면적으로 밀어주면서 당신 파티를 망친다면 어떨까?

당신이 웨이페어를 인터넷 최고의 가정용 가구 소매업체 자리에 올려놓은 니라즈 샤Niraj Shah와 스티브 코닌Steve Conine이라면 2017년 4월 어느 화창한 아침에 일어나 아마존이 다음에 최우선으로 추진할 사업이 가구 사업이라는 발표를 들었을 때 어떤 기분이 들까?

당신이 네덜란드의 위성항법 분야 대기업 톰톰을 이끄는 하롤트 호딘Harold Goddijn인데 바로 어제까지만 해도 지도 데이터 서비스의 최대 단일 고객이었던 구글이 2008년 갑자기 모든 사람이 무료로 이용할 수 있는 구글 지도를 경쟁 서비스로 출시하는 악몽을 겪는다면 어떨까? 모든 스마트폰이 당신의 핵심 사업인 GPS 장비를 무료로 대체할 뿐만 아니라 구글의 개방적 데이터 접근 방식 덕에 과거 당신의 회사로부터 비용을 지불하고 구입하던 회사들이 이제는 무료로 자료를 얻을 수 있게 된 것이다.

이 기업들은 모두 '디지털 태생'이며 '산업 교란자' 역할을 맡고 있었다. 그러나 이제는 다른 기업의 타도 대상이 되면서 본인들의 혁신 의제로 무장한 더 큰 경쟁자를 맞닥뜨렸다. 애플, 아마존, 구글은 엄청난 힘과 자원, 야망이 있다. 서류상으로만 보면 스포티파이, 웨이페어, 톰톰은 이미 무너졌어야 한다. 그들이 산업 경쟁의 오랜 규칙을 따랐다면 아마 그렇게 됐을 것이다. 하지만 생태계 거인들의 몇 년에 걸친 지속적인 공격에도 그들은 여전히 생존하고 있고, 번창하는 기업도 있다.

생태계 교란자와 맞닥뜨렸을 때 똑똑한 방어자는 자기 생태계의 여러 부분을 동원해 집단적 보호막을 만들어야 한다. 우리는 이 기업들이 일반적인 정면 대응 대신 어떻게 확장 게임을 했는지 살펴볼 것이다. 그들은 생태계 방어 원칙에 따라 가치 아키텍처를 강화하고 파트너 연합을 조정했다. 생태계 방어는 집단 방어다. 혼자 방어하고 있다면 잘못된 것이다.

거인을 상대하는 수비수가 승리하려면 공격수를 무너뜨리는 게 아니라 성공적이고 수익성 있는 공존 기반을 찾아야 한다. 분명 이 세 회사의 운명은 좋든 나쁘든 시간이 지나면서 바뀔 것이다. 하지만 생태계 방어 원칙을 설명할 때의 관련성은 미래 결과와 관계없이 지속된다.

## 생태계 방어 3원칙

효과적인 수비 태세를 갖추려면 자신이 방어하려는 대상을 확실하게 알아야 한다.

전통적 경쟁자는 유사한 가치 아키텍처를 추구하는 경향이 있다. 1장에서 살펴본 것처럼 이는 산업 경계 개념의 기초가 된다. 생태계 교란자들의 차이점은 기존과 다른 방식으로 경쟁하기 위해 색다른 요소들을 동원한다는 것이다. 그런 비대칭적 경쟁자들을 방어하려면 자신의 가치 아키텍처에 뛰어들어 공격받고 있는 구체적인 가치 요소를 식별하고 효과적인 대응 방안을 마련해야 한다.

생태계 방어 원리를 이해하면 3장에서 살펴볼 생태계 공격을 이해할 수 있는 기반도 마련된다. 생태계 공격 논리는 파트너를 정렬된 구조로 조립하는 데 초점을 맞추고 방어 논리는 중요한 파트너 연합을 유지하는 데 초점을 맞춘다. 공격자는 새로운 가치 아키텍처를 구축하려고 하는 반면 방어자는 완전한 가치 아키텍처를 시작점(방어해야 하는 사업)으로 선택한 뒤 이를 수정할 방법을 고려한다.

곧 보겠지만 가치 아키텍처는 어떻게 가치가 창출되는지 개념화하는 방법일 뿐만 아니라 가치 창출이 위협받는 방식과 보호하는 방식을 해석하는 프리즘이기도 하다. 가치 요소와 그들의 관계를 명확히 밝히면 위협에 대한 해석과 전략적 대응을 위한 논리를 좀 더 일관되게 유지할 수 있다. 이런 대응은 생태계 방어의 세 가지 원칙에 따라 이뤄진다.

**원칙 1**: 파트너를 모집하고 재배치해 가치 아키텍처를 수정한다.
사례: 웨이페어 대 아마존
**원칙 2**: 마음 맞는 파트너를 찾아 방어 기반을 파악한다.
사례: 톰톰 대 구글
**원칙 3**: 방어 연합을 유지하기 위해 의기투합한다.
사례: 스포티파이 대 애플

이 원칙은 상호 보완적이다. 함께 작동하지만 무엇이 강조되는지는 상황에 따라 다르다. 웨이페어, 톰톰, 스포티파이 사례에서 이를 생생하게 확인할 수 있다. 이들 기업은 생태계 교란자 역할을 맡아 각 시장에서 새로운 아키텍처를 개척했으나 나중에는 규모가 더 큰 혁신 대기업들의 표적이 됐다. 단순한 방어를 넘어 이 원칙이 어떻게 가치 아키텍처의 전반적인 재창조를 촉진하고 교란자 겸 방어자의 원래 제안을 회복하는지 알아보자.

생태계 공격에 직면했을 때 가장 자연스러운 대응 방안은 현재의 전략을 실행하는 데 두 배의 노력을 기울이는 것이다. 실존적 위협에 직면했을 때 한발 뒤로 물러나 '큰 그림을 생각하는' 건 별로 자연스러운 일이 아니다. 그러나 바로 이 지점에서 새로운 사고방식이 꼭 필요하다.

## ⋯ 원칙 1: 파트너를 모집하고 재배치해 가치 아키텍처를 수정한다

가치 아키텍처를 수정하려면 가치 제안을 구성하는 구체적인 요소들을 바꿔야 한다. 변화하는 경쟁 상황에 맞춰 가치 창출 이론을 업데이트하는 것이다. 가치 요소는 다른 이들과의 협업을 통해 존재하므로 이를 수정한다는 것은 곧 파트너 전략을 조정한다는 뜻이 된다.

방어자들은 자기는 잘 이해할 수 있지만 공격자는 이해하기 힘든 방식으로 가치 아키텍처를 수정할 기회를 찾아야 한다. 즉, 자신들의 독보적인 영역에서 더 어려운 작업에 집중함으로써 전문성을 자산화해야 한다.

시장에 새로 진입한 스타트업이 생태계를 교란할 수도 있지만 다른 생태계에서 자리를 잡으면서 확보한 자원과 관계가 새로운 생태계에서도 계속 이어질 때가 가장 위협적이다. 그러나 이렇게 입지를 넓히는 기성 기업들은 이들의 계산과 우선순위가 시장의 스페셜리스트들보다 더 넓은 범위에 맞춰져 있다는 중요한 제약에 직면한다. 제너럴리스트인 이들은 시장 전체에 폭넓게 적용할 수 있는 기능을 개발하는 데 자원을 투자하려는 의욕이 강하다. 그래서 특정 시장에서만 활용 가능한 협소한 역량에 투자하려는 동기나 절박함이 스페셜리스트보다 적다.

이런 변화가 정말 생산적이라면 왜 그 변화를 추진하는 데 파괴적인 공격이 필요할까? 쉬운 길은 안주하는 것이다. 하지만 쉬운 것과 옳은 것은 다르다. 어떤 수비는 공격이 있을 때만 의미가 있다. 지금부터 살펴볼 기업들은 자기만족적 수동성과는 거리가 먼, 혁신적이고 역동적인 기업이다. 그들은 기존 아키텍처 내에서 성장을 추진하는 데 전력을 다했다. 경쟁자의 시장 진입은 잠자고 있던 그들을 깨운 게 아니라 절충점과 우선순위를 바꾸는 역할을 했다. 그런 변화에 대한 개방성을 당연하게 여기면 안 된다.

### 웨이페어 대 아마존

얼마 전까지만 해도 새로운 소파나 부엌용 가구를 사려는 사람들은 모두 오프라인 매장에 가야만 했다. 이케아나 포터리 반의 제품 전시장, 아니면 가족끼리 경영하는 동네 작은 매장에 가서 물건을 사기 전에 직접 플러시 천을 만져보거나 매트리스의 견고함을 시험했다. 가정용 가구는 온라인 판매가 가장 마지막까지 미뤄진 소매 품목 중 하나로 그 이유는 쉽게 알 수 있다. 매장에서는 직접 만져보고 살 수 있다는 이점이 있고 유명한 가구 브랜드가 상대적으로 적으며 부피가 크고 망가지기 쉬운 값비싼 품목을 배송해야 하는 물류 문제 때문에 다른 분야의 온라인 판매가 급증하는 동안에도 온라인 가구 판매는 계속 좌절을 겪었다.

2002년 닷컴 버블이 꺼진 뒤 웨이페어 설립자인 샤와 코닌이 전자 상거래에 발을 담그려고 틈새시장을 공략하는 웹사이트(랙스앤드스탠즈닷컴RacksandStands.com, 올바스툴스닷컴AllBarStools.com, 저스트섀그러그스닷컴JustShagRugs.com)를 개설했을 때도 상황은 마찬가지였다. 이들은 '사진, 가격, 상품'이라는 고전적 운영 원칙을 내세웠다. 특정한 틈새시장에서 활동하는 다양한 공급업체를 통해 많은 종류의 상품을 모으고 웹사이트에 제품 사진과 정보를 게시해 고객 주문을 받은 다음 공급업체가 최종 고객에게 직접 상품을 배송하게 한 것이다. 구매자와 판매자를 연결하는 플랫폼 역할을 하면서 중개 수수료를 받아 돈을 벌겠다는 생각이었다(〈그림 2.1〉).

2006년까지 샤와 코닌은 150개의 사이트를 운영했다. 그러나 새로운 온라인 상점이 생길 때마다 선택 폭이 커지면서

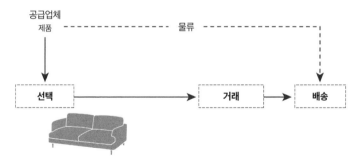

공급업체
제품 - - - - - - - - - - - - - - 물류

선택 ──────────→ 거래 ──→ 배송

**그림 2.1** 웨이페어의 초기 가치 아키텍처

물류상 어려움도 커졌다. 가구 생산업체는 규모가 작고 가족 사업인 경우가 많으며 대부분 전통적인 방법으로 제품을 생산하고 관리했다. 웨이페어의 최고 기술 책임자인 존 멀리컨 John Mulliken은 "우리는 먼 길을 달려왔고 생산자 직송 방식을 이용하는 다른 어떤 업체보다 우수했지만 고객들의 기대는 점점 더 높아졌다"고 말했다. 불완전 주문율이 15~20퍼센트에 달하자 웨이페어는 사업 방식을 개선해야 했다. 어떻게? 회사의 가치 아키텍처를 수정하고 강화하면서 회사 내부 프로세스에서 벗어나 데이터와 기술을 바탕으로 공급업체의 운송 및 재고 관리 방법을 개선했다. 이는 공급업체를 거래 상대에서 비즈니스 파트너로 전환하는 초기 단계였다. 2010년에는 파트너들의 업무 효율을 높이기 위해 전담 컨설턴트 팀을 구성해 파트너 회사 창고의 문제점을 파악하고 모범 사례를 교육했다.

한 초기 투자자는 "이게 수천 개의 중소형 제조업체와 대형 제조업체가 직배송 업무를 그렇게 잘힐 수 있었던 비결 같다"고 말했다. "덕분에 엔진 뒤에 있는 진짜 엔진이 작동할 수 있었다."

2011년 이 회사는 200개 사이트를 웨이페어 브랜드로 통합했다. 온라인 목적지가 하나로 합쳐진 웨이페어는 이제 공급업체의 업무 프로세스를 더 일관성 있게 살피면서 심미적인 통일성을 살리고 고객 충성도를 높이며 교차 판매 기회를 만들 수 있었다(제품별 사이트에서는 시계를 사려는 소비자가 침실용 탁자를 판매하는 사이트까지 갈 가능성이 낮다). 하지만 사이트가 통합되자 고객이 방대한 선택 항목을 좀 더 효과적으로 분류할 수 있도록 도와줘야 했다. 웨이페어의 초기 가치 아키텍처는 선택, 거래, 배송에 중점을 뒀지만 이제는 고객이 방대한 제품 중 원하는 걸 선택할 수 있게 도와줘야 이렇게 많은 제품을 갖춰놓은 의미가 있음을 깨닫고는 가치 요소에 '발견'을 추가했다.

2014년이 되자 멋진 온라인 구매 경험을 하게 해준 요소에 대한 소비자들의 기대가 한 단계 더 높아졌다. 성공적인 기업공개IPO로 현금이 넘쳐나던 웨이페어는 전체 미국인의 95퍼센트가 2일 안에 제품을 배송받을 수 있는 캐슬게이트 풀필먼트CastleGate Fulfillment라는 창고 네트워크 서비스를 시작했다. 아마존의 제3자 물류 모델을 흉내 낸 이 서비스는 공급업체들

2장.
생태계 방어는 집단적으로 이뤄진다

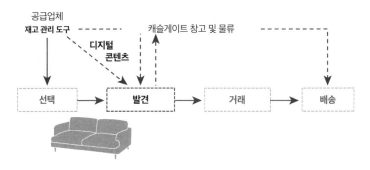

**그림 2.2** 2014년경 웨이페어의 가치 아키텍처에는 '발견'이 새로운 가치 요소로 추가됐고 새로운 연결 고리(볼드체로 표시)도 생겼다.

이 전략적 위치에 있는 웨이페어 창고에 제품을 '미리 보내놓고' 주문이 들어올 때까지 재고에 대한 소유권을 유지한다. 이렇게 물류와 데이터의 관계가 긴밀해지자 웨이페어는 대차대조표상의 재고는 적게 유지하면서 배송 작업은 더 효율적으로 진행하게 됐고 공급업체는 판매 손실을 초래하는 배송 지연이나 품절을 방지할 수 있었다.

IPO 이후 처음 진행된 웨이페어의 실적 발표에서 CEO 샤는 이 회사의 독특한 고객 서비스를 다음과 같이 요약했다. "우리가 사는 집은 우리 자아와 정체성이 그대로 표현되는 곳이다. 침대 옆에 둘 탁자나 샹들리에를 선택할 때는 독특하고 독창적인 디자인을 바라고 방대한 제품 종류뿐 아니라 구매 결정을 내리는 데 도움이 되는 흥미로운 콘텐츠도 필요로 하기 때문에 고객들이 이 시장에 접근할 때의 태도는 다른 시장들과는 사뭇 다르다. 또 이 분야에는 사실상 브랜드가 존재하지 않아 고객들은 시가적 영감을 더 중요하게 여긴다." 1만 개이상의 공급업체에서 800만 개의 제품을 공급받은 웨이페어는 2017년 3월 31일까지 12개월 동안 36억 달러의 매출을 올렸다. 성공.

여기까지 웨이페어의 여정은 가치 아키텍처를 엮어 전통적 경쟁자를 무너뜨리고 온라인 가구 판매 시장을 정의하는 것이었다. 지금부터의 여정은 이 아키텍처 내에 요소를 추가하고 개선하는 방향으로 진행될 것이다.

**문 앞의 늑대** 성공은 관심을 끌고 경쟁을 불러온다.

2017년 4월 늑대가 찾아왔다. 아마존이 새로운 가구 판매 프로그램을 발표한 것이다. 한 투자 분석가는 이를 가리켜 "그들이 아직 진출하지 않았던 시장의 냄새를 맡았다"고 표현했다. 전자 상거래계 거물은 부피가 큰 품목을 위한 새로운 주문처리 센터를 만들고 자체 가구 브랜드를 출시하기 위해 경쟁을 벌였다. 이때 아마존은 웨이페어의 시장 공략 방식 일부를 그대로 베껴 와 외부 소매업체가 직접 판매 지역을 선택하고 고급 배송 서비스인 화이트 글러브 배송white glove delivery 같은 다양한 옵션을 선택적으로 제공할 수 있게 하는 등 항상 동일한 제품과 서비스를 제공한다는 자신들의 엄격한 규칙을 깨기까지 했다. 한 소매 컨설턴트는 "이건 정말 엄청난 일이다"라고 말했다. "가구는 아마존의 업무 방식을 근본적으로 변화시킨 유일한 범주다." 이는 시장을 가볍게 탐색하는 수준이 아니라 새롭게 중요도가 높아진 시장에 열성적으로 파고들려는 노력이다. 또 다른 관찰자는 "웨이페어는 아마존이라는 거대 기업이 자신들의 사업을 삼켜버리기 전에 어떻게든 아마존을 넘어서야만 했다"고 언급했다.

웨이페어는 자신들이 세 가지 측면에서 기존 오프라인업체를 앞선다는 믿을 만한 주장을 펼쳤다. 첫째, 구입 가능한 상품의 순수한 양이다. 전시장에 있는 수백 개 혹은 수천 개 상품으로는 온라인에서 검색 가능한 수백만 개의 상품과 경쟁할 수 없다. 둘째, 이 방대한 제품을 검색할 수 있는 기능이다. '라이프스타일' 브랜드와 웨이페어의 온라인 상품을 검색하면 해당 상품으로 바로 연결되는 링크와 대체품 목록이 모두 나온다. 좀 더 전통적인 스타일의 램프를 클릭하면 그 스타일로 디자인된 다른 제품도 안내해 주는 것이다. 마지막으로 물류의 경우 오프라인 매장의 가구 배송은 느리고 신뢰할 수 없는 것으로 악명 높지만 캐슬게이트 시스템을 이용한 웨이페어는 기존 소매업체들이 따라올 수 없는 배송 속도와 신뢰성의 새로운 기준을 세웠다.

하지만 아마존과 경쟁할 때는 선택과 물류의 이점이 사라진다. 웨이페어는 자체 창고가 있지만 아마존은 화물 항공기를 여러 대 보유하고 있다. 웨이페어도 인공지능ᴬᴵ을 도입했지만 아마존은 수만 개 기업에 AI 서비스를 제공하는 아마존 웹 서비스ᴬᵂˢ를 소유하고 있다. 2019년 3월 웨이페어의 시가총액은 150억 달러를 돌파한 반면 아마존은 1조 달러를 향해 가고 있었다. 이런 회사와 정면으로 승부한다면 패배할 게 뻔했다.

하지만 웨이페어는 이 생태계 지배자에게 밀려 사라지기는커녕 계속 살아남았을 뿐 아니라 더욱 승승장구했다. 아마존이 가구 분야에 진출한 2017년 4월부터 2020년 9월 사이 웨이페어의 분기별 매출과 시가총액은 각각 4배, 9배씩 증가했다. 어떻게 된 일일까?

**가치 아키텍처 수정을 통한 방어** "사진, 가격, 판매 모델은 더 발전된 경쟁 상대를 만나면 무너진다"고 웨이페어의 최고 판매 책임자 스티브 오블락Steve Oblak은 말한다. 그리고 이 분야에서 아마존보다 더 발전한 곳은 없다. 아마존 같은 기업을 상대로 성공적이고 지속 가능한 방어를 하려면 똑같은 일을 더 많이 하거나 자기중심적 움직임 또는 자기중심적 승리를 발판으로 삼아선 안 된다. 성공적인 방어를 위해서는 생태계 안에서 자신이 차지하고 있는 위치를 활용해 창의적으로 대응해야 한다. 그러려면 아키텍처를 수정해야 한다.

물론 선택, 거래, 배송이라는 요소는 앞으로도 계속 중요한 자리를 차지할 것이다. 그러나 웨이페어는 이 부분에서 기존 경쟁업체들은 능가할 수 있을지 몰라도 아마존이 게임에 투입할 자원과 능력에 비하면 차별화 요소는커녕 기본 판돈 정도에 불과하다. 웨이페어가 지속 가능한 차별화의 원천을 만들려면 온라인 소매의 일반적 문제보다는 가구 판매나 가구 생태계 고유의 문제를 해결하려는 노력을 우선시해야 한다.

아키텍처를 개선하기 위한 전략은 가치 제안을 더 자세히 들여다보는 데서 시작된다. 핵심은 본인의 노력과 역량만이 아니라 함께 협력하는 파트너의 역량까지 향상되는 쪽으로 초점을 확대해 더 풍부한 가치를 제안하는 것이다. 웨이페어의 방어 전략은 가구에만 주력하는 독특한(아마존과 비교해) 입지를 활용해 더 독특한 제안을 내놓는 것이었다. 오블락은 "결국 우리는 집의 특정한 부분에 변화를 주고 싶어 하는 고객에게 돌아가게 된다. 브랜드도 모르고 자기가 어떤 스타일을 좋아하는지도 모르고 홈패션이 뭔지도 모르지만 자존심은 아주 높고 예산도 적당히 있는 그런 고객 말이다"라고 말한다. "그걸 극복하고 결국 자기 마음에 드는 집을 완성하려면 엄청나게 많은 갈등을 겪어야 한다."

웨이페어는 두 가지 확실한 방법으로 가치 아키텍처를 수정했다. 기존 요소인 '발견' 기능을 강화하고 '숙고'라는 새로운 요소를 추가한 것이다(〈그림 2.3〉).

웨이페어는 2010년부터 데이터 통합에 투자하고 공급업체의 역량을 강화하는 등 물류 효율을 개선하기 위해 적극적으로 노력해 왔다. 발견(상품 찾기)과 숙고(구매 결정 지원)에 초점을 맞추면 데이터 관계가 새로운 단계로 확장된다. "우리는 수요와 공급을 연결하려고 노력하고 있다. … 고객이 하는 일은 콘텐츠를 이용하는 것뿐이다." 오블락은 이렇게 말한다. 문제는 웨이페어가 어떻게 제품 이미지와 마우스 클릭이라는 두 가지 기본 요소를 이용해 고객이 자기 집을 디자인할 때 필요한 물건을 자신 있게 선택하도록 유도할 수 있는가다. 아마존이 가구 판매에 주력하기 시작하자 웨이페어는 고객이 자신만의 취향과 스타일을 찾도록 돕는 쪽으로 가치 아키텍처를 확대해 대응했다.

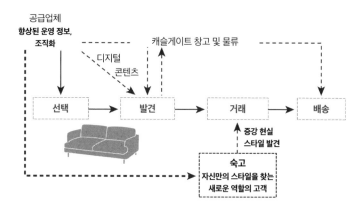

**그림 2.3** '숙고' 요소와 새로운 연결 고리(볼드체로 표시)가 추가된 웨이페어의 향상된 가치 아키텍처

공급자 입장에서 소비자의 눈길을 끄는 예술적으로 연출된 생활용품 사진을 제작하려면 돈이 많이 들어 부담스럽다. 사용자는 카탈로그 이미지를 당연하게 여기기 쉽지만 품목마다 적절한 액세서리를 배경에 두고 매력적인 장면을 꾸며 사진을 찍으려면 시간이 오래 걸리고 비용도 수백 달러 이상 든다. 웨이페어는 이미지 기술의 선두로 나서는 데 투자했다. 공급업체가 하얀 벽을 배경으로 실제 제품을 촬영한 간단한 2D 사진을 보내면 웨이페어는 이 사진을 가상 3D 장면에 삽입해 무한대에 가까운 다양한 장면을 만들 수 있는 사내 시스템을 개발했다. 이 기술을 이용하면 버튼 클릭 한 번으로 똑같은 의자를 거실이나 테라스, 침실 사진을 배경으로 배치해 볼 수 있다. 고객이 자기 집에 있는 가구 사진을 찍어 올리면 웨이페어가 그에 어울리는 제품을 추천해 '발견'을 더 용이하게 해주는 기능도 있다.

이런 디지털 성장을 가속화하기 위해 웨이페어는 2016년 1,000여 명이던 공학과 데이터과학 파트 인력을 2018년에는 2,300명 이상으로 늘렸다. 이 같은 AI 기반 기술은 가구 제조업체가 감당할 수 있는 범위를 넘어서며 제품을 훨씬 매력적으로 보여주면서 저렴하게 판매하려는 공급업체와 디지털 콘텐츠를 통해 발견과 숙고에 도움을 받는 고객 양쪽 모두를 위한 가치를 창출한다. "고객은 자기가 찾는 게 뭔지 정확히 모른다." 웨이페어의 알고리즘과 분석 부문 글로벌 책임자인 존 킴John Kim은 이렇게 말했다. "고객이 우리 사이트에 로그인해 활동하면 사이트를 그들의 기호에 맞게 더 효과적으로 구현할 수 있다."

훨씬 풍부하고 통일성 있는 이미지도 '숙고' 요소가 기능하는 데 도움이 됐다. 3차원 모델을 증강 현실(및 가상현실) 애플리케이션에 통합해 고객이 실제 자기 집을 배경으로 제품을 확인하면서 스타일과 크기, 적합성을 평가할 수 있게 했다. 이런 학습 알고리즘은 고객이 자신의 스타일을 정의하고 이를 반복해서 확인하는 데 많은 도움이 된다.

이 새로운 고객 통찰은 공급업체를 위한 통찰로 더 세분화할 수 있다. 웨이페어는 재고나 물류 조정뿐만 아니라 공급업체의 설계 및 생산 결정에 필요한 정보도 제공해 구체화하는 등 수요부터 공급에 이르기까지의 허점을 보완해 중요한 파트너와의 관계를 강화했다.

아마존의 위협이 없었더라도 웨이페어는 결국 이 모든 일을 해냈을지 모르지만 아마존의 시장 진입으로 이 일들이 최우선 계획이 됐다.

"우리는 이 분야의 거친 느낌을 좋아한다"고 오블락은 말한다. "하지만 실제로 상황이 어렵기 때문에 주변에 해자를 만드는 것이다." 공동 설립자인 코닌도 이 말에 동의한다. "문제는 우리가 모든 일을 다 훌륭하게 해낼 수는 없다는 것이다. 따라서 필요한 시스템을 만들고 순수하게 집에만 집중한다. 무슨 일을 하든 그렇게 집중해서 잘해내려고 노력한다. 그래서 고객이 보기에 시장의 다른 누구와도 차별되는 경험을 쌓고 싶다."

이런 노력을 통해 아마존을 가구 시장에서 몰아낼 수 있을까? 물론 그렇지는 않다. 아마존은 여전히 시장을 지배하는 거대 기업이고 가구 분야에는 여전히 엄청난 기회가 있다. 방어의 요점은 경쟁을 없애는 게 아니라 우리가 경쟁자들과 공존하는 세상에서 지속 가능한 성장을 위한 길을 만드는 것이다. 가구 소매업을 일반 소매업과 구분하는 데 초점을 맞춘 웨이페어의 가치 아키텍처 수정 방법은 생산적 방어가 무엇인지 완벽하게 보여준다. 물론 아마존이 이 부문에 대한 집중도를 높인다면 웨이페어도 다시 본격적으로 판을 키워야 할 것이다.

**집중과 차별화를 위한 기반으로의 가치 아키텍처** 집중과 차별화는 전략적 조언의 고전적이고 일반적인 시금석이다. 문제는 항상 '어떻게' 집중하고 차별화해야 하는지 모른다는 것이다. 명확하게 표현된 가치 아키텍처는 세부 사항을 채울 수 있는 가이드를 제공한다. 확실한 형태가 없는 전략이나 한정된 기술과 활동 수준에서 위협에 대응하기보다 아키텍처를 조사해 구체적으로 어떤 가치 요소가 압박을 받고 있는지 먼저 확인해야 한다. 그러면 경쟁과 상용화를 좀 더 편안하게 받아들일 수 있는 부분(예: 웨이페어는 공급업체와 독점 계약을 체결하는 등 '선택'의 고유성을 지키기 위해 싸우지 않았다)과 개선 기회가 있는 부분(예: 계속 누적되는 사용자 클릭과 구매 데이터를 이용해 추천과 '발견' 기능을 개선한다), 새로운 가치 요소를 만들기 위해 우선적으로 투자해야 하는 부분(예: '숙고'가 고객 몰입의 열쇠며 게임에 추가 지침을 도입할 수 있음을 깨닫는다)이 어디인지 판단할 수 있다.

그러나 때로는 생태계 붕괴 요인이 차별화를 위한 모든 경로를 차단하는 것처럼 보일 수도 있다. 심지어 이런 때도 가치 아키텍처가 공존을 위한 여지를 만드는 길잡이가 될 수 있음을 알게 될 것이다.

•••
## 원칙 2: 마음 맞는 파트너를 찾아 방어 기반을 파악한다

가치 제안 조정을 대신할 수 있는 방법은 그것을 구현하는 위치를 조정하는 것이다. 생태계 교란자가 진입하면 핵심 방어자뿐 아니라 시장에 있는 다른 관계자들도 영향을 받을 수 있다. 바로 이런 측면이 남들과 다른 동기로 진입해 다양한 활동을 추구하는 생태계 교란자들과 파트너십을 재조정하거나 제휴 관계를 전환하려는 이들을 구분하는 요소다.

생태계 교란자가 제안하는 내용과 역량이 당신에 필적하거나 당신을 능가하는 경우 방어 가능한 틈새시장을 구축하려면 이 새로운 행위자의 진입에 불안을 느끼는 파트너와 고객을 찾아야 한다. 따라서 방어 가능한 틈새시장은 최종 사용자 부문(코닥이 틈새시장을 찾을 때처럼)뿐만 아니라 "내 적의 적은 친구다"라는 논리에 따라 결집한 신흥 동맹이 정한 경계를 따라 나타날 수도 있다. 주변을 둘러보면서 생태계 교란자 등장에 불만을 품을 만한 이들이 또 누가 있는지 생각해 보자. 그러면 생태계 전반에서 같은 생각을 가진 관계자 연합을 구축하는 데 노력을 집중할 수 있다.

방어 가능한 틈새시장을 만든다는 건 전체 시장보다 작은 부분에 집중한다는 뜻이다. 이는 새로운 공격자가 존재할 때 그들과 공존을 유지하기 위한 방어 전략이지 그들을 몰아내기 위한 전략이 아니다. 지도 제작 사업을 계속 조정하고 있는 톰톰의 사례에서도 알 수 있듯이 틈새시장 창출은 새로운 기회 영역을 열기 위해 아키텍처를 수정하는 것과 병행해 추구할 수 있다. 그러나 이 두 가지 전략은 작용 논리가 서로 다르기 때문에 별개의 경로로 생각하는 게 좋다.

## 톰톰 대 구글

톰톰이 2004년 세계 최초로 대시보드에 장착할 수 있는 개인용 내비게이션 장치PND를 선보이자 차량용 내비게이션 분야뿐 아니라 운전자와 승객 사이의 사회적 역동성에도 일대 혁명이 일어났다. 가족끼리 차를 타고 교외 나들이를 나가거나 차로 배달 일을 하는 사람들이 어디서 좌회전 혹은 우회전을 해야 하는지, 모서리를 잔뜩 접어놓은 도로 지도책을 누가 잘못 읽었는지 그리고 "출구를 지나친 거 아냐?", "왜 더 빨리 말해주지 않았어?" 같은 심각한 질문을 주고받던 답답한 논쟁은 벌써 기억에서 아득해졌을지도 모른다(젊은 독자들은 아예 상상조차 못할 수도 있고).

인공위성을 이용한 위치 확인 데이터(당신이 있는 위치의 위도와 경도)는 1983년부터 비군사적 용도로도 사용 가능했고 고급 자동차에는 시디롬CD-ROM 기반의 지도(현재 위치를 거리나 고속도로와 연결하는)를 이용한 위성 위치 확인 시스템GPS이 장착돼 있었다. 하지만 일반 대중을 위한 시장을 종이 지도에서 해방하고 오늘날 우리가 당연하게 여기는 차분한 음성 안내 시스템을 도입한 건 톰톰 고TomTom GO였다. 2004~2008년 사이 톰톰의 PND 사업 매출은 40배나 증가했다. 2009년까지 전 세계에서 1억 2,000만 대가 넘는 장치가 판매돼 PND는 역사상 가장 빠르게 채택된 기술 중 하나로 기록됐다.

2장.
_____

생태계 방어는 집단적으로 이뤄진다

이 시장은 톰톰과 가민, 두 회사가 지배했다. 톰톰은 팜 파일럿Palm Pilot이나 사이언Psion 같은 초기 개인 정보 단말기PDA에 내비게이션 솔루션을 제공하는 소프트웨어 회사로 시작했고 가민은 선박과 항공기용 GPS 하드웨어에 뿌리를 두고 있었다. 2007년 PND 시장의 55퍼센트 이상을 차지했던 이 두 회사는 치열한 경쟁을 벌이면서 놀라운 혁신을 이뤘다.

PND 업계의 모든 기업은 대부분 거의 동일한 가치 아키텍처를 통해 동일한 가치 제안을 추구했다(〈그림 2.4〉). 전용 장치에 내장된 칩세트는 GPS 위성에서 신호를 받아 경도와 위도를 삼각측량한 다음 이를 위치와 도로 네트워크 정보(도로 이름, 주소, 속도 제한 등)를 연결하는 디지털 지도와 결합한다. 여기에

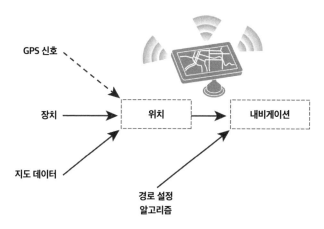

**그림 2.4** 톰톰의 개인용 내비게이션 장치 가치 아키텍처

경로 설정 알고리즘을 추가하면 위치를 개인별로 확인할 수 있어서 "여기가 대체 어디야?"라며 어리둥절해하던 사람들이 "어떻게 하면 내가 가고 싶은 곳으로 갈 수 있을까?"라는 역동적 질문을 던지게 된다.

이 아키텍처 내에서의 경쟁은 더 좋은 스크린과 인터페이스를 갖춘 장치, 교통 혼잡을 경고하거나 이동 경로를 변경하거나 가장 가까운 주유소를 찾아줄 수 있는 실시간 트래픽 데이터와 알고리즘 추가 등 모든 요소를 개선하기 위한 경쟁을 뜻한다. 매우 치열했지만 그래도 명확한 목적이 있는 경쟁이었다. 톰톰의 CEO 호딘은 스마트폰이 등장하기 전인 이 시기를 되돌아보면서 "영광의 시대"였다고 말한다. 생태계 교란자는 옛 시절을 그리워하게 한다. 자면서도 돈을 벌 수 있는 엄청난 독점권이 있었기 때문이 아니라 그 시절에는 링 위에서 공정하게 정면 승부를 펼칠 수 있었기 때문이다.

2007년 격변의 조짐을 감지한 휴대폰 제조업체 노키아는 당시 업계에 단둘뿐이던 핵심적 지도 데이터 제공업체 중 하나인 나브텍을 81억 달러에 인수했다. 이론적으로는 휴대폰이 PND와 경쟁할 수 있는 게 분명했지만 작은 화면과 다루기 힘든 키보드 때문에 장비 성능이 제대로 발휘되지 못했다. 노키아는 내비게이션 시장 잠식에는 성공하지 못했지만 이 회사의 시장 진입에 자극을 받은 톰톰은 가민과 입찰 전쟁을 벌인 끝에 텔레아틀라스라는 지도 제작업체를 37억 달러에 인수했다. 톰톰은 텔레아틀라스 인수를 급변하는 환경에서 찾은 기회이자 보호막으로 여겼다. 호딘은 이제 "PND, 무선 단말기, 차내 시스템, 인터넷 서비스, 내부 라우팅 서비스를 위해 개선된 지도를 이용하려는 모든 기업에 이를 공급할 수 있다"고 말했다. 당시 《뉴스위크Newsweek》에 언급된 것처럼 "경쟁사들이 이렇게 중요한 공급업체를 소유하면서 가민이 위험에 처할 수도 있게 됐다. 마치 버거킹이 갑자기 맥도날드에서 햄버거를 사야만 하는 그런 상황이 된 것이다."

**친구가 적으로 돌아서다** 그러다 갑자기 톰톰의 세계가 무너지기 시작했다. 2008년 6월 애플은 아이폰 3G를 출시했다. 이전 세대 아이폰은 이동전화 기지국을 이용해 자기 위치를 삼각측량한 반면 3G에는 본격적인 GPS 칩세트가 포함돼 있었다. 커다란 고해상도 터치스크린과 내비게이션 앱이 번들로 포함된 이 제품은 PND의 대체품이 됐다. 장치 제조사에는 끔찍한 소식이었지만 톰톰에는 한 가지 장점이 있었다. 내비게이션 앱 제작업체에도 지도 데이터는 필요하기 때문이다. B2Cbusiness-to-consumer 사업이 무너지기 시작했지만 텔레아틀라스 사업부가 B2Bbusiness-to-business라는 생명선을 안겨줬다. 사실 텔레아틀라스의 가장 큰 고객은 구글이었는데 이들은 구글 지도를 운영하기 위해 텔레아틀라스의 서비스에 의존했다.

그러다… 2009년 10월 구글이 텔레아틀라스 서비스를 중단한다고 발표했다. 자체 서비스를 개발한 것이다. 세나가 구글의 새로운 운영체제인 안드로이드 2.0에는 구글 맵 내비게이션이라는 흥미로운 새 기능이 포함돼 있었다. 덕분에 휴대폰은 3D 뷰, 턴바이턴turn-by-turn 방식(목적지에 이를 때까지 음성이나 시각적 지시로 계속 방향을 안내하는 방식_옮긴이)의 음성 안내, 자동 경로 재지정 등 완전한 기능을 갖춘 PND가 됐다. 하지만 대부분의 내비게이션과 다르게 구글 맵 내비게이션은 "처음부터 휴대폰의 인터넷 연결을 활용하도록 제작됐다". 그리고 전부 무료였다. 최종 사용자에게도 앱을 무료로 제공하고 개방형 API(애플리케이션 프로그래밍 인터페이스로 애플리케이션이 서로 '대화'할 수 있게 해준다)를 사용할 줄 아는 개발자들은 구글 맵을 무료로 자기 앱과 웹페이지에 넣을 수 있다.

이제 몇 백 달러씩 주고 전용 PND를 사지 않아도 스마트폰이 있는 사람은 누구나 주머니에 무료 내비게이터를 가지고 다니게 됐다. 기술 평론가들은 감명을 받았지만 투자 분석가들은 이 상황을 우려했다. 프랑스 금융 그룹 소시에테 제네랄Société Générale의 주식 분석가는 전형적인 프랑스인답게 절제된 표현을 써서 이렇게 말했다. "구글이 내비게이션 서비스 가격 기준을 0달러로 재설정하면서 톰톰의 비즈니스 모델에 의문이 제기되고 있다." 여기엔 무언의 질문이 담겨 있다. 그들

은 과연 살아남을 것인가? 톰톰의 공동 설립자인 코린 비그뢰
Corinne Vigreux는 구글의 움직임을 '쓰나미'에 비유했다.

구글은 가민 같은 수준의 진입자가 아니기 때문에 구글의
GPS 분야 진출은 과거 경쟁자들과 근본적으로 달랐다. 톰톰
에게 구글은 예전부터 지도 데이터 사용으로 이득을 본 파트
너이자 고객이었지 장비나 지도를 통해 이익을 얻으려고 하는
직접적 경쟁자가 아니었다.

생태계 교란자의 전형인 구글은 남들과 다른 가치 아키텍
처를 따르는 데다 데이터나 장치를 판매해 가치와 이익을 얻
는 회사가 아니기 때문에 측면 공격이 가능했다. 구글 가치 아
키텍처의 특징적 요소는 사용자 정보(〈그림 2.5〉)다. 내비게이
션이 구글에 안겨주는 진정한 가치는 (a) 구글 맵에서 광고를
판매해 직접 수익을 올리고 (b) 사용자가 생성한 위치 및 내비
게이션 데이터를 수집, 분석해 타깃 광고라는 핵심 수익 엔진
을 강화하는 간접 이익을 얻으며 (c) 다른 개발자들이 본인 애
플리케이션에 사용할 수 있는 향상된 API 접근권을 판매해 수
익을 창출하고 사용 데이터까지 추가로 얻는 것이다. 휴대폰
기반의 데이터 수집이 더 명확한 과제가 되자 구글이 자체 지
도 플랫폼을 장악하고, 사용자들의 이동을 관찰하기 위해 이
를 많은 개발자들에게 개방하는 것이 자연스러운 전략적 선택
이 됐다.

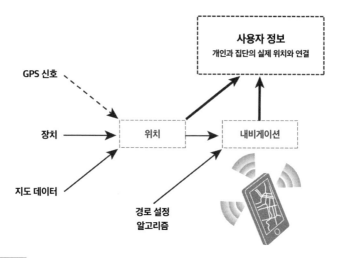

**그림 2.5** 구글의 가치 아키텍처에 '사용자 정보' 요소가 추가됐다.

구글 입장에서는 잘된 일이었다. 하지만 톰톰에는 재앙이었다. 무료로 제공되는 구글 지도와 스마트폰의 광범위한 사용으로 B2C 시장과 B2B 시장이 모두 뒤집혔으니 톰톰이나 그와 유사한 기업들은 종말을 맞은 것이나 다름없었다. 하지만 톰톰은 2021년에도 여전히 10억 달러 규모의 기업으로 건재함을 과시하고 있다. 대체 어떻게 한 걸까?

**방어할 수 있는 틈새시장 만들기** 당신이라면 이런 공격에 맞서 뭘 할 수 있겠는가? 현실적으로 생각하면 결국 더 작은 영역 안에 갇히게 될 것이다. 그러나 상황에 능동적으로 접근하는 것과 이런 현실이 스스로 모습을 드러내게 놔두는 건 큰 차이가 있다. 이게 바로 나중에 확장을 꾀할 수 있는 지속 가능한 틈새시장에서 강력한 입지를 구축하는 기업과 계속 좁아지는 코너에 갇혀 있다가 결국 사라지고 마는 기업의 차이다.

톰톰의 가치 아키텍처는 웨이페어와는 다른 가능성을 제시했다. 웨이페어의 입지 강화는 넓은 시장에서의 경쟁력을 뒷받침하는 반면 톰톰이 선택한 길은 어떤 부문에서는 효과적이지만 어떤 부문에서는 힘을 발휘하지 못했다. 스마트폰이 흔해지면서 소비자용 기기에 대한 톰톰의 노력은 갑자기 방해를 받았지만 톰톰 사업의 핵심인 혁신적인 지도화 기능은 ADAS(첨단 운전자 보조 시스템)를 제공하고자 하는 자동차 제조사들에 여전히 가치가 있었다.

실제로 2015년부터 톰톰은 자율 주행의 미래에 큰돈을 걸고 자율 주행 차량이 기둥과 가드레일, 차선을 '보기' 위해 필요한 기술인 HD(고화질) 지도에 막대한 투자를 했다. 이 회사의 한 임원은 "예전에는 인간을 위한 지도를 만들었지만 지금은 로봇을 위한 지도를 만들고 있다"고 말했다. 이 전략은 요행수만 바라는 전략은 아니지만 자율 주행의 상용화 시기(4장 참조)가 매우 불확실하기 때문에 단기적 피난처로는 적합하지 않았다.

비전은 내일을 바라보지만 기업의 생존은 오늘의 매출에 달려 있다. 톰톰의 회복력은 구글의 규모와 영향력, 무한한 현금 자산의 위협을 막는 데 관심 있는 고객과 파트너 들이 결성한 새로운 동맹을 찾을 수 있느냐에 달러 있었다. 톰톰은 구글의 공세에도 살아남았을 뿐 아니라 구글이 아니기 때문에 생존하고 있다. 톰톰 CEO 호딘은 이 두 기술 회사의 결정적 차이를 명쾌하게 설명했다. "우리는 고객과 경쟁하지 않는다. 제품을 개선할 때만 고객 데이터를 사용하지, 대체 비즈니스 모델을 개발할 때는 사용하지 않는다." 다시 말해 톰톰은 데이터를 자체 지도 개발을 위해서만 사용하고 광고주나 데이터 수집 회사에는 팔지 않는다는 얘기다. 그리고 고객의 사업 분야를 침범하는 데도 사용하지 않을 것이다.

이런 차이는 애플, 마이크로소프트, 우버 같은 회사에도 실질적인 가치가 있었고 이들은 지도 기능 제공을 위해 구글 대신 톰톰을 택했다. 이 기업들은 데이터를 핵심 자산으로 여기므로 남들과 공유하지 않는다. 빅테크 기업 외에 UPS, 트랜스어반, 도이치 포스트 같은 해운 회사나 물류 회사도 톰톰과 마음 편히 제휴를 맺고 있다. '글로벌 주소 데이터를 정리, 관리하고 해당 주소의 속성과 풍부한 데이터를 제공하는' 피트니 보우스 같은 회사는 구글이 자사의 핵심 사업에 뛰어들어 경쟁하게 될까 봐 우려하는 고객의 완벽한 예시다. 피트니 보우스의 데이터 제품 및 데이터 전략 담당 부사장인 댄 애덤스 Dan Adams는 "(톰톰을 이용하기로 한) 결정은 결국 상호 보완적 비즈니스 모델이라고 할 수 있다"고 말한다. 그의 말뜻은 결국 '구글의 가치 반전 위협이 겁난다. 함께 힘을 합쳐 물러서지 말고 버티자'는 것이다.

자동차 제조사들은 통합 콘솔용 지도를 제공하기 위한 입지를 구축하려는 비교적 신중한 노력이 톰톰의 매력이라고 생각한다. 톰톰은 자동차의 두뇌를 전부 장악하려고 하지 않는다. 그리고 자동차 업계는 거대 IT 기업들이 기술을 상용화해 제조사들이 근본적으로 상자에 바퀴 다는 일만 하게 될까 봐 경계한다. "아직 모든 자동차 제조사가 어느 기업을 통해 HD 지도를 지원받을지 결정한 건 아니다." 2019년 9월 톰톰의 자율 주행 책임자인 빌럼 스트레이보스Willem Strijbosch는 이렇게 말했다. "하지만 결정을 내린 자동차 제조사 가운데 상위 10위 안에 드는 회사는 모두 톰톰을 택했다."

톰톰은 여전히 링 위에서 경쟁을 벌이고 있기 때문에 이들의 이야기는 매우 흥미롭다. 이 회사가 구글을 능가하거나 PND 시장을 되살리지는 못하겠지만 방어 가능한 틈새시장에서의 수익성 있는 공존 가능성은 보여준다. 게다가 이들은 틈새시장에서 입지를 굳히고 있음에도 불구하고 PND보다 훨씬 흥미로운 잠재력을 지닌 HD 지도를 이용해 새로운 위치를 구축하기 위해 투자하고 있다.

**가능성 있는 여러 개의 경로** 내비게이션 분야의 또 다른 개척자 가민은 다른 분야로 진출해 싸울 수 있는 대안을 보여준다. PND 시장이 무너지면서 자체 시도 엔진조차 남지 않은 가민은 하드웨어 혁신을 거듭해 온 오랜 역사를 바탕으로 특수 내비게이션 장치에 에너지를 집중했다. 그리고 속도, 걸음 수, 혈중 산소 농도를 추적하는 러닝용 시계, 스윙 속도를 기록하는 골프 시계, 거리와 스트로크 수를 추적하는 수영 시계 등 활동적인 이들을 위한 고급 웨어러블 기기 분야를 개척했다. 또 가민은 스마트폰의 부상을 받아들이고 시계에서 수집한 데이터를 휴대폰이나 온라인 커뮤니티와 연결하는 앱을 개발해 운동을 사회적 경험으로 바꿨다. 모든 기회가 다 그렇듯이 가민도 다른 웨어러블 기기(예: 애플 워치)와 소셜 네트워크(예: 스트라바)가 자신들의 공간을 침범하면 더 큰 압박을 받게 될 텐데 이때 어떤 식으로 대응하느냐에 따라 다시 한 번 회사의 성패가 좌우될 것이다.

톰톰과 가민의 차이를 보면 효과적인 수비는 공격자의 성격과 수비자의 역량에 달려 있다는 말이 떠오른다. 실제로 이 장과 1장의 디지털 사진 업계의 생존 전략을 통해 분명한 유사점을 확인할 수 있다. 가민의 전략을 보면 디지털 혁명이 발발했을 때 업무 분야를 좁혀 화학과 의약품 개발 능력에 집중함으로써 생존한 후지의 대응 방식이 떠오른다. 반면 톰톰은 렉스마크의 생존 전략을 따랐다. 하드웨어에서 손을 떼고 지

생태계 방어는 집단적으로 이뤄진다

도 데이터 관리 업무에만 전념하겠다는 선택은 렉스마크가 프린터 사업을 그만두고 기업 데이터 관리 분야로 넘어간 것과 유사하다. 이들 모두에서 우선적으로 고려할 가치 요소를 선별하고 구제할 수 없는 요소는 명확하게 가려내는 표적 대응 방식을 볼 수 있다. 본 장 첫머리에서 소개한 인용구처럼 아키텍처를 현 상태로 보존하려고 하는(모든 걸 지키려고 하는) 방어 전략으로는 아무것도 지켜낼 수 없다.

## 원칙 3: 방어 연합을 유지하기 위해 의기투합한다

방어 전략이 아무리 뛰어나도 생태계 교란자가 진입하면 국내 시장에서의 성장이 어려워진다. 그러면 현재 활동하는 분야에서 방어 가능한 틈새시장을 찾아야 할 뿐 아니라 인접 분야에서 성장 가능성이 있는 새로운 시장을 찾는 데 박차를 가해야 한다.

극단적인 경우 틈새시장을 찾으면 시장이 완전히 달라질 수도 있다. 생태계 교란자가 부상하면 기회의 상대적 매력이 달라지기 때문에 방어자는 성장을 위해 전혀 다른 길을 찾게 될지도 모른다. 다시 말해 스스로 생태계 교란자가 돼서 가치 아키텍처의 요소를 재배치해 새로운 영역에 진입하고 새로운 장소에서 다시 시작하기 위해 새로운 가치를 제안하는 등의 역할을 수행한다는 얘기다(이 접근 방식은 3장에서 생태계 이관이라는 개념과 함께 자세히 살펴볼 예정이다).

이보다 덜 극단적인 방법은 원래 분야와 조금 가까운 곳에서 성장 기회를 찾는 것이다. 특히 압박을 받는 상황에서는 파트너들이 일하는 시장을 살펴보고 싶은 자연스러운 유혹을 느낄 수 있다. 근접성과 잠재적 이관 가능성이 멀리 있는 기회보다 안전한 기반을 제공하기 때문이다. 하지만 이는 장기적 불안정을 단기적 안도감과 교환하는 위험한 유혹이 될 수도 있다.

생태계 방어는 파트너 동원에 모든 게 달린 팀 게임이다. 만약 혼자서 시장을 방어하고 있다면 이는 잘못된 일이란 걸 기억하자. 그러나 가치 아키텍처에 따라 파트너들을 연합하는 것은 첫 번째 단계일 뿐이다. 스포티파이의 사례에서 보겠지만 지속적인 성공을 위해서는 압박과 심한 유혹 앞에서도 이 연합을 유지해야 한다. 성공적인 생태계를 유지하려면 경쟁업체를 희생시키는 성장과 파트너를 희생시키는 성장을 명확히 구분하는 전략적 원칙이 매우 중요하다.

2장.
_____

생태계 방어는 집단적으로 이뤄진다

## 스포티파이 대 애플

2021년 스포티파이가 세계 최고의 음악 스트리밍 플랫폼으로 거둔 성공을 생각하면 불과 몇 년 전까지만 해도 스포티파이의 위치가 얼마나 위태로웠는지 이해하기 어려울 수도 있다. 실제로 스포티파이 대 애플 뮤직의 사례는 '대체 이들이 어떻게 안 죽고 살아남았는지' 의아할 정도로 지난 10년 사이 일어난 가장 놀라운 기적 중 하나로 꼽힌다.

2006년 다니엘 에크가 설립한 스포티파이는 온라인 불법 복제 사이트에서 거의 무한대에 가까운 음악을 무료로 다운로드받는 것보다 더 매력적인 음악 서비스를 만들고 음악가와 음악 회사에 저작권료를 지불해 그들의 재산권을 존중하겠다는 야심을 품고 있었다. 스포티파이가 음악 스트리밍 서비스를 위한 기술 및 법적 혁신을 이루기까지는 2년이란 시간이 걸렸다. 판도라 같은 초기 서비스는 개인화된 '라디오 방송국' 형식으로 사용자에게 음악을 제공한 반면 스포티파이가 찾은 돌파구는 사용자가 전 세계 음원 카탈로그에 접근해 원하는 노래나 앨범을 선택하고 자기만의 플레이리스트를 만들 수 있게 해주는 것이었다. 스포티파이가 당시 존재하던 다른 플랫폼보다 온라인 불법 복제 음악의 매력적인 대안이 될 수 있었던 이유는 전체 음원 카탈로그에서 특정 트랙을 선택할 수 있는 기능이 있었기 때문이다.

서비스를 시작하는 데 2년, 400만 가입자를 모으는 데 4년 그리고 1,000만 가입사에 도달하기까지 6년이 걸렸다. 8년간의 고군분투 끝에 스포티파이는 2014년 사용자 수가 5,000만 명에 이르렀는데 그중 3,700만 명은 '프리미엄freemium'이라는 광고가 딸린 음악을 듣고 1,300만 명은 광고 없는 서비스를 이용하기 위해 다달이 구독료를 냈다. 스포티파이는 마침내 성공의 정점에 섰다. 그런데…

2015년 애플이 다중 생태계라는 지위를 망치처럼 휘두르며 애플 뮤직과 함께 스트리밍 파티에 합류했다.

이미 아이튠즈 스토어를 통해 세계 최대 음악 판매자가 된 애플은 오디오 액세서리 사업과 음악 스트리밍 서비스를 위해 비츠 일렉트로닉스를 30억 달러에 인수했다. 비츠는 음악 프로듀서인 닥터 드레Dr. Dre와 전설적 음반사 경영자인 지미 아이오빈Jimmy Iovine이라는 영향력 있는 설립자 덕에 이미 음악가들 사이에서 중요한 위치를 차지하고 있었다. 이런 새로운 지렛대를 확보한 애플은 스포티파이 입지가 무너지도록 광고 기반의 스트리밍 계약을 종료하라고 음반사들을 압박하면서 게임 규칙을 바꾸려고 했다(성공하지는 못했지만). 그 후 애플은 사상 최대 규모의 서비스 출시를 진행했다.

2015년 여름 100개국에서 애플 뮤직 서비스가 시작됐다. iOS 8.4가 업데이트되면서 모든 아이폰에 '마법처럼' 애플 뮤직이 나타났고 3개월 무료 서비스까지 제공됐다. 스포티파이 같은 일반 앱과 다르게 아이폰 사용자들은 애플 뮤직 설치 여부에 대한 선택권조차 없었다. 첫 달 말이 되자 1,100만 명이 무료 체험판을 사용하고 있었다. 출시 6개월 만에 애플 뮤직 유료 가입자는 600만 명에 이르렀다. 스포티파이가 400만 가입자를 모으는 데는 4년이 걸렸는데 말이다.

아이디어를 베끼기는 쉽다. 애플 같은 디지털계 거물 입장에서는 그 아이디어를 누구보다 쉽게 확장할 수 있다. 그리고 초기 가치 아키텍처가 비교적 단순하고(〈그림 2.6〉 참조) 주요 음반사들이 누구나 동일한 노래를 들을 수 있게 해주며 애플이 방대한 도달 범위와 브랜드를 자랑하는 음악 스트리밍 업계에서는 핵심 제품을 차별화하기가 다른 업계보다 훨씬 어렵다.

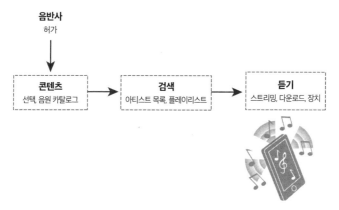

**그림 2.6** 음악 스트리밍을 위한 스포티파이(와 애플)의 초기 가치 아키텍처

그러나 스포티파이는 2021년에도 흥하고 있다. 거인 대 약자의 이야기가 더 그렇듯이 애플 같은 거인이 시장에서 패하리라는 예상은 현실적이지 않다. 하지만 강력한 방어 전략의 특징은 힘이 약한 방어자가 흥한다는 것이다. 애플은 7,200만 명의 가입자를 보유하고 있는 반면 스포티파이 가입자는 3억 4,500만 명으로 늘어났고 이 중 1억 5,500만 명은 유료 서비스 가입자다.

스포티파이는 어떻게 그처럼 놀라운 회복력을 발휘할 수 있었을까? 이 시점에서 우리는 이미 답을 알고 있다. 혼자가 아니었기 때문이다. 생태계 방어는 집단적으로 이뤄진다.

**상황에 따른 연합** 스포티파이의 핵심 동맹(광고 기반의 무료 음악 서비스를 없애달라는 애플의 간청을 거부하고 스포티파이의 생존을 지켜낸 파트너)은 3대 음반사였다. 소니뮤직, 유니버설뮤직, 워너뮤직은 세계 음악 시장의 65~70퍼센트를 공동 지배했다. 주요 음반사들이 애플의 제안을 거절한 데는 이유가 있었다. 그들은 디지털 음악 유통을 지배하는 애플을 대신할 회사가 절실했기 때문이다. 2003년 스티브 잡스가 온라인 불법 복제 행위라는 골칫거리에 대항할 해결책으로 내세운 아이튠즈는 독이 든 성배였음이 밝혀졌다. 워너뮤직의 폴 비디치Paul Vidich 부사장은 이렇게 회상한다. "'이건(아이튠즈) 아주 간단하군. 효과적이고. 정말 대단하네' 하고 생각했던 게 기억난다. (음악 불법 복제 서비스) 냅스터의 매력은 무료라는 것만이 아니다. 그보다 더 중요한 건 사람들에게 거의 모든 음악과 연결될 방법을 제공했다는 것이다. … 스티브는 아이튠즈를 이용해 편리한 인터페이스가 있는 하나의 공통된 기반에서 방대한 음원 카탈로그를 이용하는 경험을 똑같이 복제해 냈다."

온라인 불법 복제 때문에 전전긍긍하며 절망에 빠져 있던 음반사들에게 노래 한 곡당 99센트(여기서 음반사에 돌아가는 몫은 70센트 정도다)를 받는 아이튠즈는 한 줄기 희망의 빛처럼 보였다. 아이튠즈가 서비스를 시작한 첫 주에 100만 곡의 노래가 다운로드됐다. 하지만 앨범에서 노래를 분리해 개별적으로 가격을 매긴 애플은 100년 동안 지속돼 온 소비자 행동을 순식간에 변화시켰다. 음악 팬들은 이제 노래 12곡이 든 CD 한 장에 16달러를 지불하는(그것 말고는 다른 선택지가 없으니까) 대신 1.98달러를 내고 정말 듣고 싶은 노래 2곡만 샀다.

그리고 가장 곤란한 문제는 성공에 대한 환상이었다. 누가 99센트짜리 노래를 샀을까? 이미 불법 사이트에서 음악을 다운로드받은 이들은 아니었다. (아이팟은 돈 내고 산 음악뿐만 아니라 불법 복제된 음악도 재생했다.) 바로 아이튠즈가 없었다면 앨범 전체를 정가를 주고 구입했을 사람들이었다. 그 영향은? 냅스터가 등장한 후 5년 동안 12퍼센트 감소했던 미국 음반 업계 수입이 아이튠즈가 등장한 후 5년 동안에는 23퍼센트 감소했다.

음반 업계 경영진들은 곧 개별 히트곡이 앨범 전체 판매를 주도하는 업계에서 낱개로 판매하는 노래에 동일한 가격을 책정한 건 경제적 참사임을 깨달았다. 하지만 램프에서 풀려난 지니는 다시 램프 안으로 들어가길 거부했다. 이 업계에서 일하는 한 변호사는 "싱글로는 돈을 벌 방법이 없다"고 말했다. "앨범을 팔 수 없다면 새로운 아티스트를 선보일 여력도 없다. 업계 전체가 앨범 판매량에 의해 좌우된다." 그러나 이런 말도 소용이 없었다. "나쁜 소식은 (애플이) 모든 곡의 가치가 동등하다고 판단했다는 것이다." 워너뮤직 그룹 회장인 에드거 브론 프먼 주니어Edgar Bronfman Jr.는 이렇게 말했다. "난 스티브 (잡스)에게 그 판단이 옳다고 생각한 적이 없다고 말했다."

주요 음반사들은 옴짝달싹 못하는 상황이었고 자신이 우위에 있다는 사실을 아는 잡스는 홍보 면에서 대재앙이 발생할 수도 있다고 위협했다. 잡스는 한 기자 회견에서 "(음반사들이) 가격을 올리고 싶어 하는 건 그들이 탐욕스러워지고 있다는 뜻"이라면서 가격이 비싸지면 고객들은 당연히 다시 불법 복제 사이트로 돌아갈 텐데 이런 상황에서는 고객을 비난할 수 없을 거라고 말했다. 가트너사의 투자 분석가는 2006년의 상황을 다음과 같이 완벽하게 요약했다. "애플에 필적할 만한 온라인 소매업체가 없는 탓에 음반사들은 가격 인상을 요구할 도덕적 근거와 영향력을 모두 잃었다."

2장.
─────────
생태계 방어는 집단적으로 이뤄진다

그러던 와중 스포티파이가 등장했다. 아티스트들은 스트리밍 서비스와 조금씩 지급되는 저작권료에 격렬하게 반대하지는 않았지만 상당한 의구심을 품고 있었다. 하지만 음반사들은 여러 가지로 승산이 있음을 알 수 있었다. 기술적 면에서 스트리밍은 불법 복제의 완벽한 대안이었다. 그만큼 규모가 방대하고 더 편리했기 때문이다. 또 재생 횟수당 돈을 지불하는 저작권료 계약을 체결한 덕에 인기 있는 노래일수록 많은 수익을 창출했기에 가격이 잘못 책정된 싱글 판매를 대신할 수 있는 이상적인 대안이 됐다. 그리고 주요 음반사 입장에서 스포티파이가 창업 초기 음반사들의 음원을 이용하기 위해 유인책으로 제공한 지분 못지않게 중요한 건 음악의 새로운 세대에 어필하는 이 색다른 챔피언의 매력이었다. 그 결과는? 소비자들은 알고리즘이 추천해 주거나 선별된 플레이리스트를 통해 음악 취향을 넓힐 수 있는 합법적이고 사용자 친화적인 서비스를 이용할 수 있게 됐고 음반사들은 애플의 구속복을 대신할 행복한 대안이 생겼다. "우리는 스포티파이가 강력한 경쟁자가 되길 바란다." 한 음악 업계 관계자의 말이다.

여기서는 톰톰 사례에서 나타난 역학 관계가 변형된 모습이 확인된다. 중요 파트너들이 배타성이 아닌 비배제성을 중심으로 힘을 모은다. 그들의 목표는 "애플을 배격하는 것"이 아니라 "애플과 공존할 대안을 마련하는" 것이었다. 한 가지 일에만 집중하는 허약하고 영양이 결핍된 신생 기업 스포티파이는 완벽한 대안이었다. 이 회사는 애플의 지배하에 있거나 비슷한 거대 기업 밑에서 고통받는 것보다 훨씬 나은 선택권을 제공했다. 음악계 한 고위 임원의 말처럼 "대부분의 사람들은 스트리밍 서비스가 애플과 구글의 결전의 장이 되는 것만은 막아야 한다고 생각한다."

스포티파이는 동맹을 찾았다. 그러나 방어를 위한 연합을 구축하는 것과 이를 계속 유지하는 건 별개의 문제다. 스포티파이가 살아남으려면 꾸준히 지원해 줄 파트너를 찾아야 했다. 투자자들의 기대를 충족하려면 성장을 촉진할 새로운 방법을 찾아야 했다. 성공하기 위해 이 두 목표 사이의 자연스러운 갈등을 관리해야 했다. 우리가 스포티파이에서 얻을 수 있는 교훈은 전략적 측면에서 생태계 방어가 의미하는 바다.

**파트너십 유지 대 파트너십 약화 궤적** 혁신 비즈니스를 성장시키는 일은 언제나 어렵다. 공격적인 거인이 시장에 진입하면 일은 더 어려워진다. 게다가 주주와 투자 분석가 들은 "괜찮아, 우린 적은 것에도 만족할 수 있으니까"라는 인생 철학을 잘 받아들이지 않는다. 오히려 그 반대다. 게임에 경쟁자가 있으면 핵심 사업 분야에서 성과를 입증하고 성장을 위한 새로운 방법을 찾아야 한다는 압박감이 커진다. 이는 당연한 일이다. 주가는 미래의 기대치를 기반으로 하며 새로운 가치 아키텍처는 여러 가지 요소를 새롭게 확장하고 재배치할 기회를 만든다. 가까이 있는 기회에서 새로운 시너지 효과를 창출하고 활용할 수 있는 가능성은 강력한 지렛대므로 호기를 놓치지 말고 세상을 뒤흔들어야 한다!

스포티파이는 가치 아키텍처를 수정할 때 초기 개척자라는 지위를 활용했다. 광고료로 운영되는 무료 상품 덕에 청취자가 늘어나고 이를 통해 사람들이 어떤 음악을 골라 듣는지 알 수 있는 데이터가 많아지자 스포티파이는 청취자들을 새로운 음악과 연결하는 추천 기능을 만들기 위한 발견의 혁신적인 경로를 찾기 시작했다(〈그림 2.7〉).

처음에는 '발견' 기능이 제대로 작동하려면 사용자가 직접 스포티파이의 음원 카탈로그를 살펴보거나 자기만의 플레이리스트를 만들거나 큐레이션된 음악 컬렉션으로 새로운 사운드를 경험해야 했다. 그러던 2011년 스포티파이가 거대 소셜 미디어 기업인 페이스북과 손을 잡으면서 발견 기능이 향상됐다. 사용자가 스포티파이에서 듣는 노래와 앨범이 페이스북 타임라인에 표시되고 소셜 네트워크에서 검색이 가능해짐에 따라 회원들은 페이스북에서 해당 음악을 들을 수 있게 됐다. 다른 인기 앱과의 통합도 이어졌다. 스포티파이가 청취자와 음악을 연결하는 기능을 강화하기 위해 기계 학습과 인공지능을 도입하면서 발견 기능도 한 단계 더 도약했다. 2015년 처음

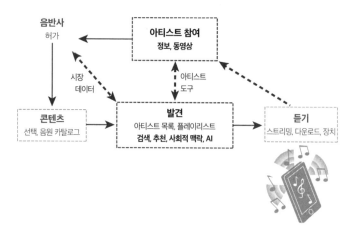

**그림 2.7** 발견과 아티스트 참여 요소(볼드체로 표시), 새로운 연결 고리가 추가된 스포티파이의 강화된 가치 아키텍처

선보인 '디스커버 위클리Discover Weekly'라는 매우 인기 있는 기능은 알고리즘을 이용해 개인 프로필을 만들고 이를 기반으로 플레이리스트, 즉 해당 사용자를 위해 특별히 제작된 '믹스 테이프'를 만들어준다. 청취자 입장에서 자기 취향에 맞는 새로운 음악을 추천해 주는 스포티파이의 빈틈없는 능력은 마치 마법처럼 느껴진다.

스포티파이는 아티스트 참여라는 요소도 추가했다. 음악 라이브러리(원하는 모든 곡에 접근할 수 있다)와 라디오(스포티파이는 이용자들의 듣는 즐거움을 위해 음악을 제안해 준다)를 결합한 이 기능의 첫 번째 단계는 음악과 청취자를 연결하는 것이다. 그리고 두 번째 단계는 아티스트들이 기존 팬이나 새로운 팬과 직접

2장.

생태계 방어는 집단적으로 이뤄진다

연결되게 하는 것이다. 2017년 서비스를 시작한 아티스트용 스포티파이는 아티스트가 얼마나 많은 청취자가 자기 음악을 듣는지 또 팬들이 어디 있는지 알 수 있는 데이터 분석 기능, 곧 있을 공연을 홍보하기 위해 팬들과 접촉할 수 있는 기능, 맞춤형 프로필, 자기 노래를 스포티파이 편집 팀에 보내 플레이리스트에 포함할 수 있는 기능 등 여러 가지 강력한 도구를 도입했다. 2019년까지 30만 명이 넘는 아티스트가 이 서비스를 통해 정보를 얻었다.

지금까지는 그런대로 괜찮다. 이 각각의 단계는 관련된 모든 이들을 위한 추가 가치를 창출해 파트너십을 강화했다.

그러나 다음 단계는 달랐다. 스포티파이는 청취자 기반을 확대하려고 노력하면서 동시에 아티스트 기반 확대도 꾀했다. 음반사들은 어떤 아티스트를 영입하느냐를 놓고 아주 까다롭게 굴기로 유명하다. 새로운 아티스트를 데려와 녹음하고, 홍보하며, 투어를 진행하는 데 드는 기본 비용이 5~200만 달러나 되니 그럴 만도 하다. 음반사와 계약을 체결하지 못한 수많은 인디밴드나 커피숍 몽상가 들에게는 괴로운 배제 시스템이다. 스포티파이는 이런 독립 아티스트들이 자기 노래를 들려줄 수 있는 공간을 제공해 회사의 가치 제안을 강화했을 뿐 아니라 자신들이 바라는 이미지인 아티스트의 친구라든가 상어가 득실거리는 바다에서 만날 수 있는 착한 사람이라는 이미지까지 굳혔다. 스포티파이 입장에서는 100퍼센트 타당한 주장일지 모른다. 히지만….

2018년 4월 스포티파이의 IPO를 앞두고 투자 분석가들이 떠들썩했다. "지금까지는 우리가 뭘 들을지 음반사들이 정했다." 한 관계자의 말이다. "이제 모든 게 변하고 있다. 스포티파이는 앨범을 분해한다. 거기서 최고의 비트를 골라내고 가장 괜찮은 트랙을 선별하고 그걸 플레이리스트에 넣고 뭐가 어디에 들어갈지 정하고 데이터를 이용해 그 결정을 돕는다. 그들이 지닌 소프트파워를 그런 식으로 이용하는 건 음반사 입장에서는 정말 끔찍한 일이다." 그는 이 두려움의 근거를 이렇게 요약했다. "스포티파이는 곧 음반사들이 하던 일을 하게 될 것이다."

실제로 스포티파이가 IPO를 진행하기 전인 2018년 2월 투자자들에게 보낸 편지 내용은 꽤 직접적이었다. "구모델은 특정한 문지기들을 선호했다." 에크는 기존 음반사들을 직접 겨냥해 이렇게 썼다. "오늘날에는 아티스트가 본인의 음악을 직접 제작해 발표할 수 있다."

디지털 플랫폼을 보유한 스포티파이는 콘텐츠를 추가할 때 드는 원가도 최소화할 수 있기 때문에 계약을 맺지 않은 아티스트에게도 진입로를 제공해 그들이 자기 음악을 팬들에게 직접 들려줄 수 있게 한다. 아티스트는 이 기능을 이용해 음악과 앨범 이미지를 업로드하고, 발표 날짜를 정하고, 청취 데이터를 확인하는 등 완전한 통제가 가능하다. 그것도 무료로. 이렇게 음반사를 완전히 건너뛰게 되자 이제 모든 아티스트가 전 세계 청취자들과 연결될 수 있는 잠재력을 갖게 됐다. CEO가 "음악의 미래를 생각하면 이제 희소성은 적합한 모델이 아니라고 생각한다. 음악은 어디에나 존재한다는 편재성을 받아들여야 한다"고 말한 기업 입장에서는 더없이 자연스러운 일이다.

깜빡이는 경고등이 보이는가? 성장을 촉진하고, 연합을 유지한다는 두 가지 필수 과제가 여기서 충돌한다.

2018년 6월 스포티파이는 중개인("특정한 문지기")을 배제하고 독립 아티스트들이 자기 음악을 직접 사이트에 업로드할 수 있게 할 거라고 발표했다. 9월부터 베타 서비스를 통해 무료로 음악을 업로드할 수 있고 저작권료는 매달 아티스트의 은행 계좌로 지급될 것이었다. 또 음반사가 제공하는 표준 저작권료 비율은 스트리밍 1회당 약 11퍼센트인 데 비해 스포티파이에서는 스트리밍 비용의 50퍼센트를 지급한다.

"놀라운 소식이다! 이렇게 해주다니 기쁘다"고 말한 음반사는 하나도 없었다.

여기서 주의할 점은 가장 유혹적인 인접 분야는 파트너의 이익과도 가장 가까운 경우가 많다는 것이다. 이 파트너들이 방어 연합의 일원일 경우 문제가 생길 수 있다. 이런 문제는 갑작스럽게 드러나는 경우가 많지만 돌이켜 보면 분명 피할 수 있었던 문제다. 물론 양측의 인식이 비대칭적인 건 어쩔 수 없다. 사업을 확장하는 쪽은 왜 그 영토를 점령하는 게 공정한 지에 관한 나름의 생각과 정당성을 갖고 있다. 반면 영토를 침식당한 쪽은 침입 상황을 주시하면서 자신들이 인식한 위반 행위를 통해 미래를 예측할 수 있다.

내부 계획 과정에는 회의에 참석하지 않은(외부자니까 당연한 일이지만) 외부 파트너의 이익을 대변할 옹호자가 없다. 스포티파이에서 토론이 어떤 식으로 진행됐을지는 쉽게 상상할 수 있다. "음반사와 계약을 맺지 않은 아티스트들에게만 이 기능을 제공한다면 음반사가 관심을 보이지 않는 사람들만 쫓아다닌다는 얘기니까 괜찮지 않을까요?"

다음은 아키텍처 수정을 위한 리트머스 시험 방법이다. 파트너에게 반응을 요청하면 (A) "아주 좋은 생각이다! 새로운 사업 부문이 성공하길 빈다" 아니면 (B) "잠깐만… 아무래도 좀 거북한 부분이 있다. 아니, 사실 생각하면 할수록 마음에 안 든다" 같은 반응이 나올 것이다. 응답 A는 파트너와의 관계가 강화되는 궤도에 올랐다는 신호다. 응답 B는 관계가 악화하는 궤도다. 어느 쪽이든 좋은 선택이 될 수 있지만 그 결과도 명확히 알고 있어야 한다. 파트너와의 관계가 무너지더라도 괜찮을 수도 있다. 그러나 파트너의 중요도가 높을수록, 특히 그 파트너가 방어 연합의 일부인 경우에는 더욱 신중해야 한다.

이는 1장의 코닥 사례에서 살펴본 친구가 적으로 변한 가치 반전 역학 관계의 또 다른 측면이다. 차이가 있다면 코닥은 발전하는 기술 흐름에 맞서 싸울 방법이 없었다는 것이다. 반면 음반사들은 스포티파이의 가치 창출에 중요한 파트너였다. 그들은 생태계에 꼭 필요한 존재고 따라서 전략적 대응을 할 수 있는 위치에 있었다.

**결속 관계 시험** 2018년 6월 15일 자 〈파이낸셜 타임스Financial Times〉에는 "스포티파이가 아티스트와 직접 거래해 음반사를 뒤흔들어 놓다"라는 헤드라인이 등장했다. "스트리밍 그룹이 중개인을 배제하고 아티스트와 직접 라이선스 계약 체결"이라는 부제목은 그 말에 담긴 의미를 자랑스럽게 알렸다. 일반 독자나 스포티파이 투자자 관점에서 보면 이는 새롭고 흥미로운 성장 단계처럼 느껴진다.

그러나 음반사 입장에서는 재난이 닥쳐오는 듯했다. 그리고 이들은 아직 그 재난 중 하나에 대응할 능력이 있었다. 바로 그날 저녁 업계 뉴스 사이트인 뮤직 비즈니스 월드 와이드 Music Business World Wide는 "직접 라이선스 체결의 여파로 주요 음반사들이 인도에서의 스포티파이 확장을 막기로 결정"이라는 자체 헤드라인을 통해 업계의 생각을 전했다.

일이 얼마나 빨리 진행됐는지 알겠는가? 스포티파이의 성장 포부가 중요한 연합 파트너들의 목표와 충돌했다. 스포티파이는 새로운 아티스트들에게 직접 다가갈 수 있지만 기존의 음원 카탈로그는 음반사들이 소유하고 있기 때문에 이들은 스포티파이의 핵심 사업이 의지하는 권리와 허가의 중요한 문지기 역할을 계속하고 있었다. 장기적으로 가치 반전의 잠재적 동인이 되겠다는 야심을 드러내긴 했지만 적어도 중·단기적으로는 음반사에 많은 부분을 기대야 하는 스포티파이는 이들과의 관계 개선을 꾀해야 했다.

"우리가 왜 그들의 경쟁을 도와야 하는지 납득시키는 건 스포티파이의 몫이다." 한 음반사 임원은 이렇게 말했다. "지금 당장은 당연히 별로 납득이 안 된다." 그러면서 "우리는 인도 지역에 (라이선스 허가를 내주지 않는 걸) 심각하게 고려하고 있다"고 덧붙였다. 또 다른 음반사 임원은 음반사 두 곳이 스포티파이의 인도 진출을 막으려고 한다는 소식을 듣고 말했다. "내 생각도 같다. 다들 이런 시장 없이는 스포티파이의 글로벌 시장점유율이 늘어나지 않으리라는 걸 알고 있다."

**실수를 인정하면 새로운 가능성이 열린다** 2018년 7월 실적 발표에서 스포티파이는 음반사들이 과민반응하고 있음을 납득시키려고 노력했다. "콘텐츠를 계약한다고 해서 우리가 음반사가 되는 것도 아니고 음반사를 설립할 생각도 전혀 없다." 에크는 이렇게 말했다. "우리는 어떤 음악에 대한 권리도 없고 음반사처럼 행동하지도 않는다."

스포티파이는 그해 9월 독립 아티스트를 위한 음원 업로드 툴의 베타 버전 출시를 진행했다. 그리고 곧 인도 진출을 연기한다는 발표도 했는데 이는 성장을 원하는 투자자들에게는 좋지 않은 모습이었다. 시장 전체가 기술 기업들에 등을 돌리는 가운데 스포티파이 주가는 7월에 최고가인 196.28달러까지 올랐다가 12월에 최저가인 106.84달러로 떨어졌다.

심판에 직면한 스포티파이는 마침내 항복했다. "난 음악 업계에서 함께 일하고 싶었다. … 결코 이 업계를 파괴하려던 게 아니다." 에크는 그가 1년간 해온 파괴적 주장이 스포티파이 이용자들이 듣는 노래의 87퍼센트를 소유하고 있는 주요 음반사 경영진들의 머리에서 지워지길 바라며 이렇게 강조했다. "그건 나에 대한 큰 오해다. 음반사들은 지금도 중요하고 앞으로도 중요할 거라고 믿는다." 스포티파이는 2019년 7월 아티스트들에게 직접 서비스를 제공하는 실험을 종료했다. 이 회사는 "아티스트와 음반사에 서비스를 제공하는 가장 좋은 방법은 스포티파이가 독특한 혜택을 안겨줄 수 있는 분야의 툴을 개발하는 데 자원을 집중하는 것"이라고 경건하게 선언했다.

스포티파이는 교훈을 얻었다. 동맹들의 영역에 강력한 능력을 집중하면 위기가 발생한다. 연합을 유지하려면 자신의 욕구와 성장 방향을 조절해야 한다.

하지만 주요 동맹에 의지하지 않는 영역에 동일한 기능을 구축하면 강한 성장 가속기 역할을 할 수 있다. 음악 이외의 분야로 눈을 돌려야 했던 스포티파이는 초기 라디오 정신을 계승해 다양한 주제와 화젯거리를 다루는 오디오 프로그램인 팟캐스트에서 새로운 지평을 열 가능성을 확인했다. 스포티파이는 음악 분야에서 업로드 서비스를 중단한 지 1년도 되지 않아 팟캐스트 분야의 독점 콘텐츠와 콘텐츠 제공업체를 인수하는 데 10억 달러 이상을 투자하고, 킴 카다시안<sup>Kim Kardashian</sup>이나 미셸 오바마<sup>Michelle Obama</sup> 같은 인플루언서와 계약을 체결했다. 자체 독점 콘텐츠를 소유하면 차별화에 유리하고 사용자 충성도가 높아지며 스포티파이의 방대한 청취 고객 기반을 통해 유통과 광고 수익을 늘릴 수 있다. 팟캐스트라는 새로운 요소는 스포티파이의 가치 아키텍처에 딱 들어맞았고 발견과 추천을 통해 시너지 효과를 얻을 수 있었다(〈그림 2.8〉). 에크는 스포츠 팟캐스트 미디어 그룹을 2억 달러에 매입한 이유를 설명하면서 "링어를 사들인 건 차세대 ESPN을 매입한 것과 마찬가지"라고 말했다. "음악에만 집중하는 게 아니라 오디오와 관련된 모든 걸 다루면서 세계 최고의 오디오 플랫폼이 되는 방향으로 확장해 나갈 것이다."

2장.
───────
생태계 방어는 집단적으로 이뤄진다

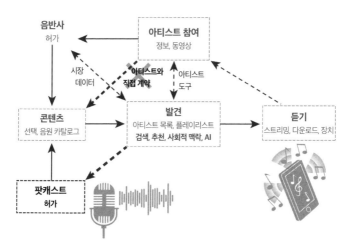

**그림 2.8** 아티스트와의 직접 계약 연결 고리가 깨지고 팟캐스트가 가치 요소로 추가 (볼드체)된 스포티파이의 변경된 가치 아키텍처

불과 몇 년 전만 해도 에크는 자기 회사가 한 가지 일에만 집중한다고 우쭐해했다. "우리는 낮에도 밤에도 음악과 관련된 일만 한다." 그러나 음악 분야에서 아티스트와 직접 거래하는 쪽으로의 성장이 (적어도 당분간은) 억눌릴 것으로 판단한 스포티파이는 새로운 성장 지평을 향해 전략적 전환을 했다. 그리고 이는 음악 분야에서 결성된 중요한 연합을 틀어지게 하지 않을 것이다.

언제나 그렇듯이 역학 관계는 계속 발전하리라고 예상해야 한다. 스포티파이가 재빨리 물러나긴 했지만 스포티파이의 야심과 능력 그리고 음반사의 단호한 태도 사이에 자연스러운 긴장감이 계속 흐를 것임을 예측할 수 있다. 그리고 시간이 지나면서 스포티파이가 점점 더 중심적인 역할을 하게 되면 향후 어느 시점에는 스포티파이가 더 강력한 입장을 취하리라고 예측할 수도 있다. 그러니 음악 업계의 주요 기업들은 잘 때도 한쪽 눈을 뜨고 있어야 한다.

## 효과적인 생태계 방어

전통적 경쟁 전략의 논리는 점령지, 직접적인 적수, 제로섬게임 같은 군사적 사고방식에 뿌리를 두고 있는 반면 생태계 전략의 논리는 공존, 연합 구축, 공통된 전략적 이익 찾기 같은 외교적 사고방식에 뿌리를 두고 있다. 웨이페어, 톰톰, 스포티파이는 혼자 힘으로는 자신들의 위치를 방어할 수 없었을 것이다. 강력한 생태계 방어는 집단적으로 이뤄진다.

생태계 방어 원칙은 경쟁사의 가치 창출 능력을 제거하는 것보다 자신들의 가치 창출 능력을 유지하는 데 초점을 맞춘다. 이는 세계 평화를 위한 선의의 철학이 아니라 그 이상을 추구하기 위한 것이다. 생태계 구축에 대한 접근 방식이 서로 다르면(즉, 가치 아키텍처가 다르면) 아무리 똑같은 가치 제안을 추구하더라도 서로 다른 방식으로 가치를 창출해 시장에서 다양한 고객을 유치할 수 있음을 인정하는 것이다.

아키텍처의 어떤 요소를 강화하고 방어해야 하는지, 또 어떤 요소가 상용화됐다고 여겨야 하는지 등을 알아내기 위한 당신의 프로세스는 무엇인가?

경쟁이 정면 승부가 되면서 확실한 시장점유율을 차지하기 위한 치열한 싸움으로 번질수록 이 싸움을 통해 얻으려고 했던 가치가 상용화돼 버린다. 가치 창출(서로 다른 아키텍처의 직접적 결과물)의 차이가 클수록 시장에서 공존할 가능성도 커진다.

이 장에서 살펴본 경쟁자들은 강력했지만 그들의 해결책은 가치를 창출하는 새로운 방법을 찾는 것이었다. 이는 시장뿐만 아니라 파트너에게도 다른 접근 방식을 제시해야함을 말한다. 연합 세계에서는 신뢰를 발전시키는 게 관건이다. 신뢰를 촉구해야 하는 순간이 돼서야 비로소 신뢰를 쌓기 시작한다면 너무 늦은 것이다. 더 나쁜 건 마구잡이로 성장을 추구하다가 생기는 의도치 않은 결과다. 연합의 지속 가능성을 우선시하지 않으면 연합 내에서 당신의 위치가 동맹에서 적으로 바뀔 수도 있고 장·단기적 방어 능력이 약화될 수도 있다. 신뢰를 쌓기까지는 오랜 시간이 걸리지만 신뢰가 무너지는 건 한순간임을 생각하면 동맹에서 위협으로 지위가 반전되는 건 특히 큰 피해를 준다.

당신 조직은 어느 부분에서 방어 연합을 구축해야 하는

가? 기존 동맹을 무심코 위험에 빠뜨리기 가장 쉬운 곳은 어디인가?

방어의 핵심은 공격 현실을 인식하고 적극적으로 대처하면서 가치 창출 능력을 보존하고 강화할 수 있는 방향으로 행동하는 것이다. 가치 아키텍처는 생태계에 기반한 공격의 특성(위협받는 요소)과 대응 옵션(대응 잠재력이 가장 두드러지는 요소)의 성격을 해석할 수 있는 강력한 렌즈다. 그러므로 공격에 대응하는 일반적으로 '올바른' 전략이 있는 게 아니라 특정 순간과 상황에서 당신과 조직, 파트너에게 적합한 전략이 있는 것이다.

생태계 방어의 핵심은 파트너의 지지를 유지하는 것이다. 하지만 애초에 어떻게 파트너의 지지를 받을 수 있을까? 생태계 공격의 핵심인 생태계 구축이 다음 장의 중심 주제다.

2장.
_____
생태계 방어는 집단적으로 이뤄진다

프레임워크 & 토론 질문

## 생태계 거인에 맞서 자신의 입지를 지키고 그들의 공격 앞에서도 승승장구하려면 어떻게 해야 할까?

| 장 | 2장. 생태계 방어는 집단적으로 이뤄진다 | | |
|---|---|---|---|
| 주요 사례 | · 웨이페어 대 아마존<br>· 톰톰, 가민 대 구글<br>· 스포티파이 대 애플 | 도구 | · 생태계 방어 3원칙 |

① 현재 겪고 있는 가장 큰 위협을 두세 가지 생각해 보자. 귀사 가치 아키텍처의 어느 부분이 가장 큰 압박을 받고 있는가?

② 이것이 귀사의 가치 요소와 가치 아키텍처를 수정해야 할 필요성이나 기회에 어떤 영향을 미치는가? 어느 부분에서 상용화를 받아들여야 하는가? 방어, 강화 또는 새로운 요소로 재정립했을 때의 장점은 무엇인가?

③ 이런 식으로 아키텍처를 수정할 경우 파트너에 대한 접근 방식에서 바뀌어야 할 점은 무엇인가?

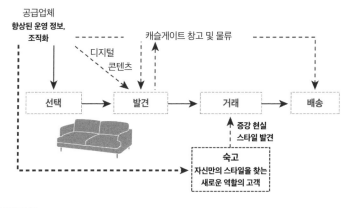

**그림 2.3** '숙고' 요소와 새로운 연결 고리(볼드체로 표시)가 추가된 웨이페어의 향상된 가치 아키텍처

**3**

장

# 생태계 공격:
# 경쟁 추가에서
# 경쟁 변화로

Ecosystem Offense:
From Adding Competition to Changing Competition

코끼리를 어떻게 먹을까? 한 번에 한 입씩.

코끼리 때문에 질식하는 이유는?
먹던 고기를 다 삼키기도 전에 또 먹어서.

오늘날의 경쟁 분야에서는 새로운 게임 방법을 목격하게 된다. 고전적 교란자들은 밑에서 펀치를 날리면서 은밀하게 공격을 시작했다. 생태계 교란자들은 옆에서 한 발 돌려차기로 공격을 시작한다. 고전적 다각화 기업은 인접 산업에 진출해 기존 업체들과 정면으로 경쟁했다. 그들이 업계에 진출하면 해당 산업 내 경쟁은 증가하지만 업계 자체에는 아무런 변화도 생기지 않았다(예: 월마트의 식료품 업계 진입, 혼다의 자동차 업계 진입, 소니의 게임 콘솔 업계 진입 등). 생태계 교란자는 해당 부문의 가치 아키텍처를 바꾸고 새로운 인접 분야를 만든다. 그들이 진입한 후 원래 분리돼 있던 산업들이 한데 모이고 영역이 변한다(예: 애플은 MP3 플레이어와 휴대폰을 결합해 스마트폰 혁명을 시작했다. 테슬라는 전기 자동차와 충전 인프라를, 알리바바는 전자 상거래와 신용 점수를 결합한다.) 당신은 X라는 제품을 판매하는데 경계선이 이동하는 바람에 실제로는 Y가 게임을 주도하게 되는 것이다.

고전적 교란과 생태계 붕괴의 차이는 경쟁을 더하는 것과 경쟁을 재정의하는 것의 차이다. 생태계 붕괴는 새로운 가치 아키텍처 구현에 뿌리를 두고 있다. 그리고 결국 파트너와 활동의 새로운 조정에 따라 달라진다. 이렇게 새롭고 생소한 배치 때문에 생태계 교란자들의 초기 활동은 고전적 교란 가능성에만 고도로 집중하고 있는 기성 기업의 레이더에 포착되지 않는다. 생태계 교란자의 진입이 경쟁적 대응을 촉발하는 경우 기성 기업은 가치 아키텍처를 구축하고 이를 통해 중요한 파트너들을 결집하는 과정보다 제품 형태에 더 관심을 두기 때문에 모방에 결함이 생기는 경우가 많다. 생태계 역학 관계를 좀 더 확실하게 이해하면 놀라운 변화를 밝혀내고 이를 계속 추구하는 방법에 관한 지침을 얻을 수 있다.

책과 화장지를 우편으로 발송하던 전자 상거래 대기업이던 아마존이 어떻게 애플, 구글, 마이크로소프트 그리고 수많은 업계 거물들을 제치고 지능형 주택의 두뇌가 되려는 경쟁을 주도하는 회사로 변신했을까?

3장.

생태계 공격: 경쟁 추가에서 경쟁 변화로

개인 사업가인 오프라 윈프리Oprah Winfrey는 어떻게 토크쇼 진행자에서 방송, 출판, 건강의 경계를 새롭게 정의하는 미디어 제국의 건설자로 변신했을까?

19세기에 자물쇠와 열쇠를 만들면서 사업을 시작한 북유럽 제조업체 아사아블로이는 어떻게 허니웰, 삼성, 구글 같은 거대 기업과 함께 접근 제어 생태계를 정의하는 중요한 파트너가 됐을까?

이 교란자들(온라인 소매업체, 개인 사업가, 구세계 출신 제조업체)은 모두 경쟁 판도를 바꿔놓을 새로운 가치 아키텍처를 도입했다. 때로는 생태계 붕괴가 산업 전체의 구조를 뒤집었다(아마존 음성 비서 알렉사의 경우처럼). 또 어떤 경우에는 전통적 규칙과 가능한 일의 한계를 깨뜨리는 독특한 진입점을 만들어냈다(오프라 윈프리와 아사아블로이의 경우처럼). 생태계 교란자는 다양한 시작점에서 다양한 형태로 나타날 수 있다. 생태계 붕괴를 추구하는 과정에서는 아무도 배제되지 않는데 이는 또한 누구도 그 영향에서 안전하지 않음을 의미한다.

그리고 아사아블로이를 여기 넣은 건 구식 산업은 현대적 교란에 영향을 받지 않는다는 생각을 일축하고 기존의 산업 기업도 실리콘밸리 기업만큼이나 이 게임을 잘해낼 수 있음을 보여주기 위해서다.

## 생태계 구축 3원칙

음악 재생 기기, 음성 비서, 전등 스위치처럼 서로 아무런 연관성도 없는 산업을 어떻게 매끄럽게 연결해야 사람들이 나중에 돌이켜 보면서 그들의 융합이 처음부터 명확하지는 않았다는 사실에 놀라게 될까? 강력하게 재배열된 요소로 어떻게 생태계를 구축해야 기존 규칙에 따라 움직이는 사람들이 공룡처럼 느껴질까?

새로운 가치 아키텍처를 이용하면 된다. 하지만 그런 아키텍처는 어떻게 만들어야 할까?

답은 ⓐ 혼자 해서는 안 되고 ⓑ 한꺼번에 해서도 안 된다.

흥미로운 새 가치 제안의 기초가 되는 요소들을 뒷받침하는 모든 활동을 하나의 기업이 통제하는 경우는 드물다. 따라서 파트너를 끌어들이고 조정하는 데 성공 여부가 달려 있다. 당신이 시도하는 새 게임에 다른 이들을 끌어들이는 게 생태계 붕괴를 주도하는 열쇠인데 이때 그들이 참여하고 싶어지는 방법을 써야 한다. 그리고 생태계를 구상만 하는 게 아니라 실제로 구축할 방법도 찾아야 한다.

생태계 구축은 생태계 붕괴의 핵심이다. 생태계 구축에 꼭 필요한 과정을 고려할 때 다음의 세 원칙이 특히 도움된다.[*]

**원칙 1:** 최소한의 실행 가능한 생태계를 구축한다.

**원칙 2:** 단계적 확장 경로를 따른다.

**원칙 3:** 생태계 이관을 진행한다.

## 원칙 1: 최소한의 실행 가능한 생태계를 구축한다

생태계는 완벽하게 형성된 상태로 마법처럼 나타나는 게 아니라는 사실을 받아들이면 생태계 구축 순서와 관련된 문제에 직면한다. "그럼… 먼저 뭐부터 해야 되지?" 최소한의 실행 가능한 생태계Minimum Viable Ecosystem, MVE가 답이다. MVE는 새로운 파트너를 유치하기에 충분한 가치 창출 증거를 만들 수 있는 최소한의 활동 형태다. 파트너 추가는 가치 아키텍처를 구축하고 가치 제안 약속을 이행하기 위한 핵심이다. 차차 알겠지만 MVE의 목적은 파트너를 유치하는 것이기 때문에 MVE 단계에서 고객의 가장 중요한 기여는 이윤 창출이 아니라 파트너의 헌신을 이끌어 낼 증거를 만드는 것이다.

MVE를 찾는 것은 야심 찬 가치 창출과 현실적인 파트너 참여 사이에서 갈등을 겪게 된다는 뜻이다. 먼저 가고자 하는

---

＊　　　이 세 가지 요소는 혁신에 관해 생각하기 위한 방법의 하나로 《혁신은 천 개의 가닥으로 이어져 있다》에서 소개했다. 《혁신은 천 개의 가닥으로 이어져 있다》에서는 이 요소들이 복잡한 생태계에서 시장에 진입하는 방법인 혁신 파일럿과 MVE의 발달 경로를 명확하게 밝혀내는 모습을 살펴봤다. 여기서는 생태계 경쟁과 교란을 이해하기 위해 사용할 것이다. 이 두 가지 논의는 매우 상호 보완적이므로 관심 있는 독자들은 두 가지 대처법을 다 보는 게 좋다.

목적지가 어딘지 파악한 다음 목적지까지 갈 수 있는 경로를 찾아야 한다. 가능한 절충안을 선택한다는 건 MVE가 결정적이 아니라 전략적이란 뜻이다. 즉, 보편적으로 '올바른' MVE를 찾는 게 아니라 자신에게 적합한 MVE를 찾아야 한다. 알렉사 사례부터 살펴본 다음 MVE 개념을 MVP(최소 실행 가능 제품) 개념과 비교해 보도록 하자.

### 원칙 2: 단계적 확장 경로를 따른다

MVE가 정해지면 "먼저 무엇을 할 것인가"라는 질문이 "다음에는 무엇을 할 것인가"로 바뀐다. 단계적 확장 원칙은 MVE 외에 추가 파트너나 활동을 받아들이는 순서를 명시한다. 단계적 확장은 파트너 B가 세 번째가 아니라 두 번째로 추가되는 이유를 설명하는 논리적 근거다. 파트너 B가 자리를 잡으면 파트너 C가 들어오기 쉬워지기 때문이다. 추가된 파트너들은 모두 가치 아키텍처를 구축하고 다음 파트너를 영입할 길을 마련한다는 뚜렷한 두 가지 목표를 추구한다. 새로 영입된 다음 파트너들도 차례로 이 목표에 기여할 것이다. 초기 파트너의 역할은 수익을 창출하는 게 아니라 다음 파트너를 유치하고 그들이 자신 있게 참여하는 데 필요한 증거를 만드는 것이다.

가치 요소와 파트너 사이에 기계적인 일대일 함수는 존재하지 않지만(특정 파트너가 어떤 요소에 부분적으로만 기여하거나 한 가지 이상의 요소에 기여할 수도 있기 때문에) 파트너를 추가하면 가치 아키텍처가 향상되고 그에 따라 가치 제안도 강화된다.

### 원칙 3: 생태계 이관을 진행한다

1장에서 살펴본 정의에서 새로운 생태계는 새로운 파트너 구성으로 정의된다는 사실을 인정했다. 그러나 기성 기업의 경우 파트너가 완전히 새로울 필요는 없다. 생태계 이관 원칙은 하나의 생태계를 구축할 때 개발한 요소를 활용해 두 번째 생태계를 구축할 수 있는 가능성을 강조한다. 생태계 1에 참여했던 파트너를 생태계 2의 빠른 MVE 시작을 위해 이관할 수 있다.

상황을 잘 아는 기성 기업들에 생태계 이관은 새로운 시장 공간을 창출하는 '비법 소스'다. 스타트업도 일단 자리를 잡으면 생태계 이관이 성장과 확장을 위한 강력한 가속장치가 될 수 있다. 이관은 파트너가 당신의 비전을 따라 아직 구축되지 않은 생태계로 들어오도록 설득하는 섬세한 과정이다. 때로는 파트너를 자신이 새로운 생태계에서 MVE의 일부가 된다는 사실조차 깨닫지 못한 상태로 데려올 수도 있다. 알렉사 사례에 등장하는 음반사들에서 이런 모습을 볼 수 있을 것이다. 하지만 생태계 참여는 공공연하게 이뤄지는 경우가 더 많다. 이런 상황에서의 전략적 과제는 한 가지 상황에서 얻은 지식을 활용해 새로운 환경에서 파트너와 상호작용하는 방법에 대한 새로운 합의를 도출하는 것이다.

생태계 구축의 세 가지 원칙은 가치 아키텍처 생성과 이를 통한 가치 제안을 설명한다. 파트너들을 잘 조정하는 게 생태계 전략의 핵심이다. 이런 조정이 이뤄지지 않으면 생태계 붕괴는 꿈일 뿐이다. 반면 완벽한 조정을 통한 교란은 기막힌 효과를 발휘한다.

이제 세 가지 사례를 통해 이 원칙과 상호작용을 살펴볼 생각이다. 아마존의 알렉사는 업계 외부인이 MVE를 이용해 발판을 마련한 다음 리더의 자리를 한 단계씩 구축해 나가는 모습을 보여준다. 오프라는 생태계 이관을 통해 경계를 다시 정하고 다양한 영역의 게임 방식을 변화시킨 방법을 보여주면서 대기업뿐 아니라 개인 사업가도 이 게임에 참여할 수 있음을 증명한다. 마지막으로 아사아블로이는 구식 경제체제에서 성장한 제품 공급업체가 어떻게 차별화된 기업이 될 수 있었는지 보여준다. 이 회사는 기성 기업의 고유한 이점을 활용해 보수적인 파트너들을 조정하고 혁신에 성공해 큰 테이블에 새로운 자리를 마련했다.

실제 여행에서도 그렇듯이 이 중 누군가는 도중에 비틀거리는 모습을 보일 것이다. 그리고 분명한 사실은 모든 주인공이 처음에는 명확한 전략적 목표를 세웠지만 도중에 생긴 새로운 도전과 기회를 통해 길이 정해졌다는 것이다. 전략 목표는 적응의 필요성을 없애기 위한 게 아니라 분명한 방향을 정하고 이후 선택을 해야 할 때 일관성 있는 의사 결정을 이끌기 위한 것이다.

## 알렉사: 누가 스마트 홈 경쟁에서 승리할까?

아마존이 2021년 차지한 지배적인 위치를 보면 이 회사가 2014년 성공적인 전자책 단말기 킨들, 비참한 운명을 맞은 파이어폰, 여기서 파생된 파이어 태블릿과 파이어 TV 스틱 등 4개의 가전제품 라인을 출시했다는 사실을 쉽게 잊는다.

아마존이 2014년 11월 알렉사를 이용해 출시한 스마트 스피커 에코는 음성 비서 분야에서 다른 경쟁자들보다 수준이 떨어지는 약체였다. 에코는 애플의 시리(세계에서 가장 수익성 높은 스마트폰 플랫폼인 iOS 소유사가 2011년 출시), 구글의 나우(나중에 구글 어시스턴트로 리브랜딩, 세계에서 가장 인기 있는 스마트폰 플랫폼 안드로이드 소유사가 2012년 출시), 마이크로소프트의 코타나(세계에서 가장 지배적인 컴퓨터 플랫폼인 윈도우 소유사가 2013년 출시)와 대결을 벌여야 했다. 경주 초반에는 아마존의 기술 열세가 명백했다. "그렇다, 알렉사는 완벽하지 않다. 아니, 사실 완벽과는 거리가 멀다." 〈뉴욕타임스New York Times〉는 이렇게 지적했다. "아마존 에코의 눈에 띄는 결함은 … 이주 멍청하다는 것이다. 알렉사가 인간 비서라면 당장 해고했을 것이다. 그렇게 헌신적이지만 않다면 말이다."

아마존은 에코 스피커의 검은색 실린더 안에 음성 비서 알렉사를 내장하는 방법으로 경쟁 우위를 배가했다. 보스, JBL, 소노스 같은 기성 기업은 훨씬 뛰어난 음질을 제공했고 이미 인터넷 연결과 스마트폰 통합을 수용한 상태였다. "다시 한번 강조하지만 아마존 에코를 블루투스 스피커로 쓰려고 구입해선 안 된다." 한 평론가는 이렇게 충고했다. "로봇 인간의 목소리를 들을 수 있을 정도는 되지만 음악을 틀면 얇고 좁고 압축된 소리가 난다. 이 돈을 주면 훨씬 좋은 스피커를 살 수 있다."

그러나 2021년까지 아마존은 기존에 분리돼 있던 스피커와 음성 인식 산업을 하나로 통합했고 그 결과 스마트 스피커 시장을 지배하게 됐으며 이 결합을 통해 세 번째 경쟁, 즉 지능형 주택의 허브가 되기 위한 수십 년간의 경쟁에서도 막강한 위치를 차지했다. 그리고는 음성 기반의 '생활환경 컴퓨팅 ambient computing'을 주택을 넘어 자동차, 사무실, 병원 등으로 확장했다. 어떻게 하면 당신이 이런 극적인 변화를 주도할 수 있을까?

3장.
─────────────
생태계 공격: 경쟁 추가에서 경쟁 변화로

격전이 벌어지고 있는 스마트 홈 분야에 진출한 아마존 알렉사는 시장을 재정의하기 위한 파트너 중심 접근 방식을 완벽하게 보여준다. 이 제품의 소박한 시작은 스마트 홈 생태계의 중심이 돼 그 너머까지 영역을 넓히겠다는 아마존의 대담한 가치 제안과 맞지 않았다. 하지만 이 회사는 4년 만에 자동화 대기업인 허니웰과 제너럴 일렉트릭, 통신 업계 리더인 AT&T와 모토로라, IT 경쟁사인 애플과 구글이 수십 년간 기울인 노력을 넘어섰다. 하드웨어와 오디오 분야 초보자에게는 나쁘지 않은 성과다.

스마트 홈 허브(가정에서 끊임없이 증가하는 다양한 기기를 연결하는 심장부)가 되기 위한 경쟁이 치열한 이유는 그 보상에 대한 기대가 매우 컸기 때문이다. 세계 스마트 홈 시장은 2017년부터 2022년 사이 매년 14.5퍼센트씩 성장해 무려 534억 5,000만 달러에 이를 것으로 예상된다. 그리고 30년간의 시행착오 끝에 스마트 홈 시장을 공략하려면 집의 온도를 자동 조절하거나 원격으로 문을 잠글 수 있는 기기 이상의 뭔가가 필요하다는 사실이 분명해졌다.

아마존 설립자이자 CEO 제프 베이조스Jeff Bezos는 처음부터 목표를 분명히 밝혔다. "자연스럽게 대화를 나눌 수 있는 컴퓨터를 만들어 실제로 대화를 나누거나 이런저런 일을 해달라고 부탁하는 게 초기 과학소설로부터 이어받은 꿈이었다." 실제로 이 비전은 수십 년 동안 온갖 영화와 텔레비전 프로그램에서도 자주 쓰인 소재다. 독득하든 아니든 소비자에게 상호 운용성과 용이성, 기능성을 제공하면서 동시에 가치 제안을 뒷받침할 수 있는 적절한 파트너를 모으겠다는 비전은 그냥 비전일 뿐이다.

거대 기업은 엄청난 기술적 이점과 훌륭한 브랜드가 있고 시장에 접근하기도 쉽다. 그러나 이런 이점은 제안을 진행할 수 있는 협력 파트너들의 지원을 받아야만 의미가 있다. 사실 많은 자금을 투입하고 열심히 홍보한 아마존의 파이어폰이 결국 스마트폰 시장에서 실패했다는 사실은 훌륭한 회사의 대대적인 제품 출시가 좋은 계획을 대신할 수는 없다는 증거다.

### 아마존 알렉사 1단계: MVE 구축

아마존이 시도한 현대적 교란의 첫 단계는 2014년 11월 프라임 이용자만 쓸 수 있는 에코 스피커 출시라는 트로이 목마식 작전으로 시작됐다. 이미 인기 있는 분야인 블루투스 스피커 시장에 예기치 않게 등장한 에코는 평범한 수준의 음질을 제공했다. 이 제품의 새로운 기능은 기본적인 음성 명령을 이용해 아마존 프라임 뮤직(아마존이 프라임 회원에게 번들로 제공하는 음악 스트리밍 서비스)의 노래를 재생하고 기본적인 음성 기반 애플리케이션(날씨, 시간 등)을 사용할 수 있다는 것이었다.

출시 당시 알렉사 두뇌를 탑재한 에코는 이 분야의 초기 개척자들이 정해놓은 기준에 한참 뒤처져 있었다. 《컨슈머리포트 Consumer Report》도 별로 인상적이지 않았다. "스마트폰의 달력, 메시지, 통화 기능과 긴밀히 연결돼 있는 시리, 구글 나우, 코타나와 달리 에코는 당신이나 당신 주변 세계에 관해 놀라울 정도로 아는 게 없다."

아마존 프라임 이용자가 아닌 사람들도 에코를 사용할 수 있게 된 뒤 이 장치를 써본 몇몇 기술 평론가들은 장치 성능에 어이없어했다. "알렉사에게 똑같은 질문을 몇 번이나 반복했는지 셀 수 없을 정도다. 그런데 이 장치는 계속 '죄송합니다, 제가 들은 질문을 이해하지 못했습니다'라는 말만 되풀이했다. 그 말을 하고 하고 또 하고. … 이렇게 시간 낭비하게 해줘서 고마워, 알렉사."

새로운 음성 제어 기능과 무료 스트리밍 음악이 포함된 평범한 무선 스피커는 초기 사용자 일부의 관심을 끄는 데는 성공했다. 물론 그런 사람이 많지는 않았다. 그래서 아마존 수익에 아무 기여도 하지 못했다. 하지만 일을 시작하기에는 충분했다.

아마존의 1단계 목표는 시장을 놀라게 하는 게 아니라 일을 진척시킬 발판 구실을 할 MVE를 구축하는 것이었다. 알렉사는 2류 음악 스트리밍 서비스인 프라임 뮤직을 출발점으로 삼았는데 이 서비스는 스포티파이나 애플에 비해 제공하는 노래가 제한적이었지만 프라임 멤버십에 무료로 포함돼 있다는 장점이 있었다. 아마존은 에코 출시 4개월 전 프라임 뮤직 서비스를 시작했다. 이런 타이밍이 우연이었을까? 중요한 파트너인 음반사들에 프라임 뮤직 설립은 그들이 자기도 모르는 새 아마존의 스마트 홈 MVE에 참여했음을 의미했다.

에코의 초기 배포는 소비자를 대상으로 중요한 대중적 승리를 거두기 위한 것이 아니라 파트너를 위한 교묘한 기반을 마련하려는 것이었다. "우리는 적극적으로 피드백을 해주고 제품 구성에 참여하고 싶어 할 고객층을 서비스 대상으로 삼자고 생각했다." 에코와 알렉사의 제품 책임자인 토니 레이드Toni Reid의 설명이다. "이 방법은 효과가 있었다. 빠른 피드백과 높은 사용률을 자랑하는 우수한 고객 그룹이 있었기 때문이다." 이들이 집중한 부분은 매출이나 입소문 마케팅이 아니라 클라우드 기반 환경에서 발전의 숨겨진 엔진 역할을 하는 '사용량'이었다. 사용량이 많을수록 알고리즘 교육에 활용할 수 있는 데이터가 많이 생성돼 성능이 향상된다. 이런 발전을 가속화하는 데 사용자가 생성한 데이터를 대체할 수 있는 건 없으며 덕분에 알렉사의 1단계 MVE가 활성화됐다.

〈그림 3.1〉은 알렉사 생태계의 구축 단계를 보여준다.

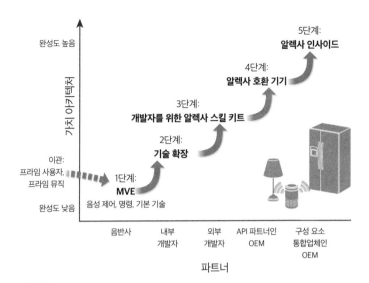

완성도 높음

가치 아키텍처

5단계:
**알렉사 인사이드**

4단계:
**알렉사 호환 기기**

3단계:
**개발자를 위한 알렉사 스킬 키트**

2단계:
**기술 확장**

이관:
프라임 사용자,
프라임 뮤직

1단계:
**MVE**
음성 제어, 명령, 기본 기술

완성도 낮음

음반사    내부    외부    API 파트너인    구성 요소
        개발자    개발자    OEM    통합업체인
                                OEM

파트너

**그림 3.1** 아마존 알렉사의 생태계 구축 차트

## 아마존 알렉사 2단계: 기술 확장

　MVE의 초기 알고리즘 견인부터 시작해 아마존은 알렉사 플랫폼에서 이용할 수 있는 '기술' 세트를 확장하기 시작했다. 아마존은 알렉사를 통해 스포티파이, 아이튠즈, 판도라에 사용할 수 있는 음성 제어 기능을 발표했다. 또 그냥 재미 삼아 '사이먼 가라사대Simon Says'라는 게임 기능을 도입했다. 두 번째 단계에서는 AWS를 통해 배포된 기계 학습 알고리즘을 활용했다. 이 알고리즘은 클라우드 기반의 대규모 네트워크 컴퓨팅 역량을 이용해 알렉사 AI가 점점 우수해지고 똑똑해지게 만들

었다. 아마존 알렉사는 출시 7개월 만에 피자 주문부터 구글 캘린더 동기화나 운세 알림("곧 좋은 소식이 찾아올 것입니다")에 이르기까지 한층 발전된 앱을 제공했다.

이런 고급 기술은 알렉사가 (에코를 통해) 의미 있는 플랫폼으로 간주될 수 있고 또 그래야 한다는 사실을 소비자에게(그리고 더욱 중요한 개발자들에게도) 증명했다. 기술 평론가나 소비자는 아직 깨닫지 못했을지도 모르지만 개발자들은 AWS의 엄청난 힘을 통해 알렉사가 계속해서 더 똑똑해질 것이란 사실을 확실히 깨달았다. 2016년 열린 코드 콘퍼런스Code Conference에서 베이조스는 AI가 "대단한 발전을 이룰 것"이라고 말했다.

알렉사가 개척한 음성 기반 인터페이스는 점점 증가하는 기술이 제공하는 증거를 통해 정당성을 얻고 있었다. 그리고 새로운 상호작용이 발생할 때마다 데이터가 추가되면서 알렉사 알고리즘이 더 정확해지고 통찰력이 높아져 효율성이 증가했다.

## 아마존 알렉사 3단계: 개발자를 위한 알렉사 스킬 키트

개발자들의 관심이 고조되는 가운데 아마존이 택한 세 번째 단계는 알렉사 인터페이스를 공개해 경쟁 플랫폼보다 알렉사를 위한 새 기술을 더 쉽게 만들 수 있게 하는 것이었다. 알렉사 스킬 키트ASK가 출시되자 외부 개발자들도 애플의 제3자

3장.
_____

생태계 공격: 경쟁 추가에서 경쟁 변화로

생태계나 앱스토어와 유사하게 알렉사를 위한 새로운 기능을 만들 수 있었다. 아마존은 ASK를 통해 새로운 음성 기능 개발 요구를 개발자 커뮤니티에 위탁했다. 2015년 6월 아마존 에코와 알렉사 음성 서비스 담당 부사장 그레그 하트Greg Hart는 "요새는 고객을 위해 필요한 기능을 개발하고 싶어 하는 개발자나 제작자, 일반 애호가에게 ASK를 제공해 새로운 기술과 기능을 만들고 있다. 개발자들이 이 기술로 뭘 발명할지 무척 기대된다"고 말했다. 같은 해 여름 아마존은 음성 기술 분야에서 새로운 혁신을 창출하는 개발자와 기업을 지원하기 위한 1억 달러 규모의 알렉사 펀드 설립도 발표했다.

알렉사에 적용된 기술 수는 2015년 130개에서 2016년 5,000개, 2017년 2만 5,000개, 2021년 8만 개 이상으로 증가했다. 사람들이 알렉사를 사용할 때마다 아마존은 그 데이터를 수집해 알렉사의 증가하는 역량을 정의하는 AI를 강화하는 동시에 더 많은 소비자와 개발자 들이 이 플랫폼을 수용하도록 유인할 수 있다.

2016년 5월 베이조스는 1,000명 이상의 직원이 알렉사에서 일하고 있다고 발표했다. 2017년에는 5,000명을 넘을 것이다. 이는 '피자 두 판 규모의 팀'이 진행하는 계획이 아니라 시장을 지배하기 위한 전면적 추진이다. 2017년 말 에코 닷, 룩, 쇼 같은 추가 모델을 다양한 가격으로 소개한 아마존은 기존 스피커 제조업체와 스마트 스피커 경쟁업체를 제치고 세계 최대 스피커 브랜드가 됐다. 에코 장치의 다양성은 증가했지만 이는 사용할 때마다 점점 성능이 좋아지고 똑똑해지는 알렉사 플랫폼에 여러 가지 모양의 껍데기를 씌운 것뿐이었다.

### 아마존 알렉사 4단계: 알렉사 호환 기기

사용자와 개발자 모두 임계점에 도달한 아마존은 스마트 홈 하드웨어 제조업체를 유치하기 위한 네 번째 단계로 접어들었다. 이 회사들은 제품과 호환되는 다양한 플랫폼과 표준이 있었지만(애플의 홈키트, 구글의 네스트, 삼성의 스마트싱스) 아마존의 플랫폼은 이들의 관심과 자원 투자를 모두 얻어낼 수 있었다.

2016년에는 알렉사 호환 기기Works with Alexa가 출시되면서 또 다른 전환점이 마련됐다. GE는 냉장고, 식기세척기, 오븐, 레인지, 세탁기 등 와이파이에 연결된 가전제품군이 이제 알렉사와 호환될 것이라고 발표했다. 에코 스피커로 전달된 음성 명령이 기기 동작을 제어한다. "음성 연결은 가정에서뿐 아니라 사물 인터넷에서도 중요한 역할을 한다." GE 어플라이언스 임원은 이렇게 말했다. "알렉사와 연결된 가전제품을 통합하면 소비자들의 생활이 더 쉬워지고 생산성이 높아지며 조금 더 재미있어질 것이다." 지능형 조명의 꿈을 이루기 위해 8개 이상의 유명 전구 제조업체들이 알렉사 호환 제품을 선보였다. 그리고 이건 빙산의 일각에 불과하다. 2019년 1월까지 알렉사의 생활환경 지능ambient intelligence을 이용해 4,500개 이상의 기업에서 만든 2만 8,000개 이상의 장치를 제어할 수 있었다.

### 아마존 알렉사 5단계: 알렉사 인사이드

그리고 이제 아마존이 처음부터 품고 있던 거대한 야망이 드러났다. 다섯 번째이자 정말 획기적인 이 단계에서는 알렉사의 음성 기능이 다른 제조업체의 하드웨어와 호환될 뿐만 아니라 하드웨어에 직접 내장된다.

알렉사 음성 서비스AVS는 처음에는 타사 하드웨어 제조업체에 무료로 제공됐다. 이 기술을 이용하는 기업은 알렉사를 전등 스위치, TV, 온도조절기 등 자사 하드웨어에 손쉽게 내장할 수 있다. 알렉사가 에코 스피커를 통해 전등 스위치를 제어한 4단계와 달리 5단계에서는 알렉사가 스위치의 일부가 됐기 때문에 사용자는 에코 스피커를 향해 "불 켜줘"라고 말하는 게 아니라 전등 스위치에 직접 말을 할 수 있다. 이는 호환 기능에서 통합으로, 선택적 연결에서 내장형 두뇌로 엄청난 도약을 이룬 것이다.

2019년 9월 아마존은 "어떤 기기든 다 손쉽게 스마트 기기로 만들 수 있는" 알렉사 커넥트 키트ACK를 발표했다. 개당 가격이 평균 7달러(하드웨어 모듈 비용뿐 아니라 ACK 클라우드 서비스 이용료까지 포함)인 이 상치를 이용하는 제조업체는 시간이 지날수록 더 스마트해지는 알렉사 통합 제품을 만들 수 있다. 2020년 12월까지 삼성, LG, 소노스, 보스, 에코비 같은 회사들이 모두 알렉사 통합 제품을 출시했다. "아마존은 알렉사를 플랫폼으로 재정립하는 작업을 아주 성공적으로 수행했다"고 한 분석가는 말했다. "알렉사를 사용하는 기기 수는 어마어마하게 많다." 베이조스는 이 여정을 다음과 같이 요약했다. "이 정도 규모의 긍정적인 놀라움은 자주 접하기 힘든데 앞으로 더 열심히 밀어붙일 생각이다. 이제 우리는 다른 회사와 개발자 들이 알렉사 도입을 가속화하는 중요한 지점에 도달했다."

알렉사의 성공 여부는 필요한 파트너들을 합류시키는 절제되고 단계적인 방식에 달려 있었다. 여기서 키워드는 '단계적'이다. 아마존에 에코의 미래에 관한 포괄적 비전이 있었던 건 분명하다. 스마트 홈 제어에 대한 비전은 아마존이 음성 명령과 몸짓에 따라 다양한 서비스를 제공하는 가상 디스플레이 관련 특허를 출원한 2010년부터 키워온 것이다. 베이조스 본인도 이 중 많은 특허에 등재돼 있다. 한 개발자는 에코 사전 출시에 대한 베이조스의 비전을 설명하면서 "기기의 (최종) 기능에 거의 비합리적인 기대가 있었다"고 평했다. 그러나 이런 비전을 가능케 한 것은 실현 가능성에 대한 명확한 인식과 실현을 위한 단계적 접근이었다.

"우리는 중요한 지점에 도달했다"는 베이조스의 말은 플랫폼으로 자리 잡는 건 출발점이 아니라 목적지라는 사실을 상기시킨다. 알렉사는 5단계에서 시작하지 않았다. 아마존은 그들이 설계하고 구축한 생태계를 이끌고 가기 위해 차근차근 단계별로 길을 만들었다. 게임의 아웃사이더가 거대 기술 기업과 함께 중심적 위치에 서서 기꺼이 협력하는 파트너들의 포부를 지능형 주택의 두뇌가 되는 데서 알렉사와 호환되는 주변 기기를 제공하는 쪽으로 돌려놓으면서 스마트 홈 분야의 경쟁 기반을 바꿨다. 성공적인 생태계 붕괴가 단번에 이뤄지는 경우는 거의 없다.

## 천 리 길도 한 걸음부터

아마존이 스마트 홈 분야에서 빠르게 지배적 위치를 차지한 것이 미리 예정된 일은 아니었다는 점을 기억해야 한다.

아마존이 현재 거둔 성공 때문에 2014년에는 이 회사가 약자 위치에 있었다는 사실을 쉽게 잊는다. 애플, 구글, 마이크로소프트, 아마존, 네 회사가 참가한 경주에서 아마존이 1위를 하리라고 예상한 사람은 거의 없다(아마존의 2020년도 시장점유율은 53퍼센트다). 추적을 시작한 구글이 괜찮은 성적으로 2위를 차지했고(28퍼센트) 애플은 한참 뒤처진 3위며(4퍼센트) 마이크로소프트는 코타나에서 손을 떼고 경쟁을 포기했다.

삼성이 전장에서 퇴각한 것은 수직적 통합의 한계에 관한 교훈을 준다. 필요한 부품을 직접 소유하고 있다고 해서 파트너 조정 문제가 자동으로 해결되지는 않는다. 스마트폰부터 가전제품, 자동차 기술, 의료, 반도체 등 다양한 산업 분야에서 지배적 위치를 차지하고 있는 세계적 기업 삼성은 2017년 200개 이상의 나라에서 판매되는 소비자 제품에 자체 개발한 음성 기반 개인 비서 빅스비를 사용했다. "빅스비의 음성 기능 확대는 빅스비 기능의 지속적 출시를 위한 첫 단계다. 앞으로 빅스비는 더 많은 기기에서 좀 더 지능적이고 개인화된 상호작용과 원활한 연결 기능을 제공할 수 있는 학습 능력을 갖추게 될 것이다"라고 당시 삼성 고위 임원은 말했다. 그러나 2019년 9월이 되자 빅스비는 소비자 가전 회견장에서 언급조차 되지 않았다.

비전이나 기술이 생태계 성공의 가장 큰 장애물인 경우는 거의 없다. 생태계에서 가장 어려운 장애물은 신뢰할 수 있는 파트너들이 본인들이 아닌 다른 누군가를 위해 협력하도록 설득하는 것이다. 아마존이 스마트 홈 리더가 된다는 건 다른 기업은 플랫폼이 될 수 없다는 사실을 인정하고 받아들이도록 해야 한다는 뜻이다.

**최소한의 실행 가능한 생태계 대 최소 기능 제품** 최소 기능 제품

3장.
─────────
생태계 공격: 경쟁 추가에서 경쟁 변화로

MVP이라는 개념은 테스트 시장에서 지배적인 접근법이다. 스티브 블랭크Steve Blank, 에릭 리에스Eric Ries의 연구와 린 스타트업 운동Lean Startup movement을 통해 유명해진 MVP 방법론은 혁신가가 제품 설계와 시장 수요에 관한 가정을 개발 과정에서 최대한 빨리 확인할 수 있게 해준다. 목표는 의미 있는 소비자 피드백을 얻을 수 있도록 대충 만든(매우 저렴한) 프로토타입을 이용해 테스트를 진행하고, 이 피드백에 따라 광범위한 수정을 반복한 뒤 '진짜 제품' 제작에 전념해 완전한 상용 제품을 출시하는 것이다. MVP는 강제 고객 참여와 저가 프로토타입의 반복 제작을 결합한 강력한 탐구법이며 당신의 도구 상자에 꼭 보관해 둬야 하는 귀중한 자산이다.[1]

최소한의 실행 가능한 생태계MVE는 이와 다르다. 이는 소비자 수요를 조사하기 위한 게 아니다. 그보다는 가치 아키텍처를 구축하는 데 필요한 파트너 조정과 가치 제안(깊이 있는 고객 통찰을 바탕으로 선택한) 전달이 목표다. MVE는 프로토타입 제작보다는 파트너 유인과 조정에 중점을 둔다. 이는 초기에 파트너 하위 집합을 끌어들이기 위한 기반을 제공한다. 그리고 이 하위 집합이 두 번째 하위 집합, 세 번째 하위 집합을 끌어들이는 역할을 한다.

초기 고객의 역할을 생각하면 차이는 명확해진다. MVP에서 초기 고객의 역할은 제품을 출시하기 전 미리 시장에 대해 알려주는 것이다. MVE에서 초기 고객의 역할은 파트너를 유치할 수 있는 충분한 증거를 제공하고 그 파트너가 다음 파트너를 유치할 수 있게 하는 것이다. 아키텍처가 더욱 강화되면 이런 파트너는 '진정한' 고객 중심의 영업 활동을 추진할 수 있을 만큼 발달된 가치 제안을 제시할 수 있다.

가치 제안이 다양한 요소에 의지하고 있고 또 고객에게 가지 제안을 전달하려면 파트너들을 유치해 조정해야 하는 상황에서는 MVP 방식에 의존하는 게 문제가 될 수 있다. 대충 만든 프로토타입으로 파트너들을 참여시킬 수는 있지만 그들의 지지를 얻기는 힘들다. 파트너를 끌어들여 함께 게임을 만들 수는 있지만 당신 마음대로 게임 규칙을 정할 수는 없다.

아마존이 MVE에서 단계적 확장을 꾀하지 않고 처음 대화를 나눌 때부터 벌써 최종 지점으로 점프를 시도하는 다른 시나리오를 상상해 보자.

"안녕하세요, 삼성. 우리가 스마트 홈의 두뇌가 될 테니까 당신은 그냥 다른 가전제품 제조사들과 함께 우리의 파트너가 되는 게 어떻겠습니까?"

"안녕하세요, 유니버설뮤직. 당신네 음원 카탈로그는 스마트 홈 시장을 장악하려는 우리 계획의 중요한 토대입니다. 그중 일부 음원을 할인해서 팔고 있는데 이를 눈감아 주시겠습니까?"

"개발자님, 안녕하세요. 테스트하지 않은 제품을 몇 개 팔았는데 최근 출시한 하드웨어가 신문 1면에 실릴 만큼 큰 참패를 겪었습니다. 댁들이 우리를 믿어줄 거라고 기대해도 되겠습니까?"

파트너와 함께 뭔가를 만드는 중이라면 그 파트너가 자기도 리더십에 대한 당연한 권리를 갖고 있다고 생각하더라도 놀라선 안 된다. 단계적 확장을 촉진하기 위해 마련된 MVE 기반 조정 전략은 리더십 지위를 만드는 데 도움이 되는 동시에 리더십 경쟁을 피할 수 있게 해준다. 가전제품 제조사들에 대한 아마존의 접근 방식이 이를 완벽하게 보여준다. 생태계에서 리더십을 확립하는 데 따르는 어려움은 5장에서 다시 살펴볼 예정이다.

당신의 도구 상자 안에는 MVP와 MVE가 공존해야 한다. 그러나 이 두 가지를 서로 혼동하는 오류를 범해선 안 된다. MVP는 고객 통찰력을 위한 도구고 MVE는 파트너 조정과 확장을 위한 도구다.

**스마트 홈 너머로** 에코(알렉사의 클라우드 지능을 처음 탑재한 스마트 스피커)는 대규모 게임에 변화를 일으키기 위해 초기 단계를 잘 활용한 훌륭한 사례다. 한때 평범한 원통형 스피커의 우리 안에 갇혀 있던 알렉사가 자유롭게 풀려났다. 끊임없이 확장되는 연결성 웹인 '생활환경 컴퓨팅'(눈에 보이지 않고 항상 인터넷에 연결돼 있고 유연하고 매끄러운)이 스마트 홈의 궁극적 성과물이 되고 결국 환경의 일부가 됐다. 아마존의 가치 제안은 스마트 스피커 사업의 승자가 되는 게 아니라 음성 지원 AI 사업의 챔피언이 되는 것이었다. 아마존이 이 분야에서 파트너를 하나씩 포섭하면서 기울인 노력은 단계적 확장의 힘에 관한 설득력 있는 연구다.

스마트 홈 계획 자체는 더 방대한 여정의 한 단계일 뿐이다. 스마트 홈 생태계에 기반을 마련한 아마존은 이미 자동차, 의료, 개인 모바일 솔루션, 기업용 애플리케이션 분야로 진출했다. 이런 식으로 생태계를 넘나드는 건 성장을 이끄는 확실한 방법이다. 이를 효과적으로 수행하는 길은 대부분 생태계 이관 원리를 활용해 MVE를 활성화하는 쪽으로 귀결되는데 이번에는 이 부분을 살펴보자.


...
## 오프라 윈프리: 이관을 활용한 생태계 진입 재정의

생태계 공격은 산업 전체의 방향을 바꿀 수 있다. 그러나 이런 원칙은 더 작은 규모의 경쟁을 재정의할 때도 똑같이 적용될 수 있으므로 기업과 기업가 들은 다른 사람을 위해 판을 뒤집지 않고도 스스로 새로운 위치와 새로운 시장 진입 가능성을 만들어 낼 수 있다. 오프라의 기업가로서의 여정은 그의 브랜드와 일치하며 생태계 붕괴를 위해 뭔가를 파괴할 필요가 없음을 보여주는 근사한 예시다.[*]

오프라의 궤적은 생태계 이관을 활용해 새로운 파트너들을 조정하고 새로운 가치 제안을 뒷받침하는 독특한 MVE를 시작할 때의 전형적인 모습을 보여준다. 그는 새로운 생태계에서 목표를 달성하기 위해 기존 생태계에서 맺은 관계를 끌어오는 방법을 멋지게 가르쳐준다.

이 내용을 읽는 동안 염두에 둬야 하는 질문은 "어떻게 명성을 얻을 것인가?"가 아니라 "내가 지금 가진 자원과 관계는 무엇이고 새로운 생태계에서 지지를 얻기 위해 그걸 어떻게 활용할 수 있는가?"다.

## 텔레비전과 영화 생태계에서의 시작

오프라의 성공담은 마치 동화를 읽는 듯한 느낌을 준다. 오프라는 믿을 수 없을 정도로 힘든 환경에서 태어나고 자랐지만 총명함과 낙천주의, 투지는 그를 스펙트럼 한쪽 끝에서 다른 쪽 끝으로 데려갔다.

---

[*]　　　오프라 윈프리가 자기 이름을 브랜드명으로 삼은 만큼 이 글에서도 그를 오프라라고 부를 것이다.

내슈빌과 볼티모어에서 지역 텔레비전 뉴스나 토크쇼 진행자로 일하던 오프라는 1984년 시카고로 직장을 옮겼다. 그리고 뛰어난 재능 덕분에 새 직장에서 일한 지 한 달 만에 시청률 꼴찌였던 평범한 모닝 쇼를 1위 자리에 올렸다. 1986년에는 본인의 이름을 내건 〈오프라 윈프리 쇼Oprah Winfrey Show〉를 시작해 그 후 25년 동안 계속 진행했다. 오프라와 그의 프로그램은 총 48개 데이타임 에미상Daytime Emmy Awards을 수상했다. 〈오프라 윈프리 쇼〉는 23시즌 연속으로 토크쇼 순위 1위를 차지했고 한창 전성기 때는 일일 시청자 수가 1,200만~1,300만 명이나 됐다.

〈오프라 윈프리 쇼〉의 성공을 이끌고 오프라라는 이름을 유명해지게 한 재능과 인내, 행운의 독특한 조합을 모방하는 방법은 이 책에서 설명하고자 하는 범위를 넘어선다. 우리가 따라 할 수 있는 교훈은 그가 스타가 아닌 사업가로서 한 선택이다.

오프라는 그냥 대단한 연예인으로 끝났을 수도 있다. 하지만 그는 미디어계 거물이 돼 콘텐츠 생태계 내에서 자신의 입지를 넓히고 그 이상으로 확장해 나갔다. 알렉사의 경우처럼 행운은 늘 중요한 역할을 하지만 야심 찬 비전 또한 중요하다. 처음으로 전국 무대에 진출한 해인 1986년 인터뷰에서 오프라는 "나는 미국에서 가장 부유한 흑인 여성이 될 작정이다.

3장.

─────────

생태계 공격: 경쟁 추가에서 경쟁 변화로

꼭 거물이 될 것이다"라고 선언했다.

성공이 확실하게 보장돼 있는 경우는 없지만 순수하게 우연의 산물인 경우도 드물다.

**주도권 잡기: 스타에서 기업 소유주로** 스타들은 보수는 많이 받지만 여전히 경영진의 지시를 받는 직원이다. 소유주는 위험을 감수해야 하지만 긍정적으로 보면 수익도 늘고 더 중요하게는 자기가 감수할 위험을 통제할 수 있다.

1988년 〈오프라 윈프리 쇼〉는 미국 최고의 주간 텔레비전 프로그램으로 확고하게 자리 잡았다. 이런 성공이 오프라 본인 덕분임을 모두가 아는 상황에서 오프라와 그의 변호사이자 대리인 그리고 곧 사업 파트너가 될 제프리 제이콥스Jeffery Jacobs는 이 토크쇼의 권리를 사기 위해 협상을 벌였다. 오프라가 설립한 회사 하포 미디어Harpo Media가 제국을 떠받칠 토대가 됐다. 이는 금을 캔 것과 자신이 금을 캤다는 사실을 깨닫는 것 그리고 금의 진정한 가치는 거래를 통해 실현된다는 사실을 아는 것의 차이에서 얻을 수 있는 첫 번째 교훈이다.

오프라는 이제 기업가가 됐다. 위험을 무릅써야 하지만 스스로 상황을 통제할 수 있다. 하포 미디어는 프로그램 판권을 사는 것 외에 프로그램을 제작할 스튜디오도 구입했다. 오프라는 곧 자신의 토크쇼 외에도 TV 방영용 영화[〈브루스터 플레이스의 여자들The Women of Brewster Place〉(1989), 〈아이들은 여기 없다There Are No Children Here〉(1993)]나 〈오프라 윈프리 쇼〉에 출연해 큰 성공을 거둔 인물들(닥터 필Dr. Phil, 닥터 오즈Dr. Oz, 레이첼 레이Rachel Ray 등)이 나오는 다른 주간 프로그램 그리고 장편 극영화[〈비러브드Beloved〉(1998), 〈프레셔스Precious〉(2009), 〈셀마Selma〉(2014)] 등 다양한 콘텐츠를 제작하기 시작했다. 2018년에는 애플과 제휴를 맺고 새로운 스트리밍 서비스를 위한 독점 콘텐츠를 제작했다.

전체적으로 볼 때 오프라가 만드는 콘텐츠의 공통 주제는 개인적 변화, 공감, 영성이었다. 그러나 사업에서의 공통 주제는 통제권이었다. 콘텐츠나 분위기 그리고 하포 미디어가 감수할 수 있는 위험 유형을 통제하는 것이다.

가장 소중히 여기면서 철저하게 지킨 것은 오프라가 청중들과 쌓은 신뢰 관계였다. 한 분석가는 이렇게 말했다. "오프라는 청중의 일부가 됐다. 게스트와 함께 울고 개인사를 나누고 청중들을 향해 얘기하는 게 아니라 그들과 함께 얘기했다. 이를 통해 사람들은 오프라를 믿고 신뢰하는 법을 배웠다." 오프라는 카리스마를 발휘해 청중을 끌어들였지만 수많은 추종자를 만들고 또 시장에서 가장 강력한 지지를 받는 '오프라 효과'에 힘을 실어준 건 바로 이 신뢰였다. 오프라의 '가장 좋아하는 것' 목록에 오른 제품은 곧바로 베스트셀러가 됐다. 1996년 시작된 오프라의 북클럽은 작가가 기대할 수 있는 가장 영향력 있는 홍보 수단이 돼 월리 램Wally Lamb 같은 신인 소설가가 인지도를 얻고 코맥 매카시Cormac McCarthy 같은 기성 작가들이 경력을 공고히 다질 수 있는 발판 역할을 했으며 궁극적으로 6,000만 권 이상의 책을 독자들의 손에 쥐여줬다.

이는 유명 인사들이 보내는 지지보다 강력했다. 이런 청중과의 관계를 통해 진정한 문화적 영향력이 생겨난 것이다. 오프라가 파트너들을 결집해 다른 분야에서의 제안을 혁신하기 위해 활용한 것도 바로 이런 관계, 즉 생태계 이관의 힘이었다.

### 경계를 넘어: 생태계 이관 작업

TV 출연자로 시작한 오프라의 활동 범위가 프로그램 제작자와 기업 소유주 등 비디오 콘텐츠 가치 사슬에서 단계적으로 확대된 것도 주목할 만한 사업 성과다. 그러나 이는 전형적인 수직 통합이다. 인상적이긴 해도 '좋은 프로그램을 만들고 이를 통해 돈을 번다'는 기본 모델로 정의되는 고위험 고수익의 콘텐츠 제작 분야에 갇혀 있다.

하지만 오프라는 이 위치를 발판 삼아 다른 산업으로 도약하는 더 큰 혁신을 이뤘다(〈그림 3.2〉 참조).

**첫 번째 이관을 통한 진입: 출판** 오프라의 북클럽은 텔레비전 프로그램의 한 코너일 뿐 그 자체가 출판계로의 진입점은 아

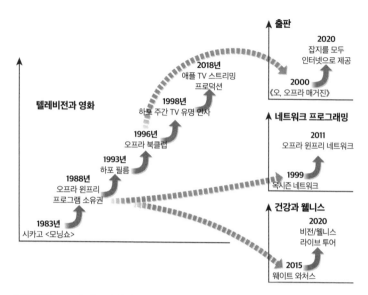

**그림 3.2** 오프라 윈프리의 새로운 생태계로의 이관

니었다. 하지만 이 코너는 오프라가 방송을 넘어 새로운 파트너들의 지지를 받아야 하는 인쇄 매체로 이동할 수 있다는 생각에 확신을 줬다. 2000년 《오, 오프라 매거진O, The Oprah Magazine》(이하 《O》)이 창간됐다. 오프라의 잡지를 출판하는 특권을 얻기 위해 싸운 허스트는 그의 브랜드를 인쇄 분야로 옮겨주겠다고 약속해 경쟁자인 콘데 나스트와 AOL 타임워너를 이겼다. 허스트는 전통적인 전문 지식을 보유한 출판계 거물이지만 문화계에서 명예롭고 지속 가능한 힘을 발휘하고 있는 오프라의 높은 신뢰도를 생각해 편집 권한을 새로운 파트

너에게 양도했다. 예를 들어 《O》는 목차를 잡지 2면에 실었는데 이는 독자들이 목차를 찾기 위해 20페이지 분량의 광고를 뒤지게 하는 업계 규범을 완전히 깬 것이었다. 이렇게 관심도 높은 페이지는 광고주와 출판사에 매우 중요하다. 그러나 오프라는 독자가 잡지에 어떤 내용이 실려 있는지 알기 전에는 어떤 광고도 보이지 않는 '독자 우선' 정책을 고집했다. 그리고 결국 자기가 바라던 것을 얻었다. 이는 이관 과정을 통해 조정된 또 다른 MVE다.

이 잡지는 열망과 실용성이 혼합된 오프라의 메시지를 물리적으로 구현한 실체였고 경쟁이 치열한 잡지 시장의 새로운 진입자로 주목받았다. 일반적으로 아무리 성공한 잡지도 보통 5년은 지나야 수익을 낼 수 있다. 하지만 허스트는 창간호부터 100만 부를 인쇄했고 여섯 번째 호에는 627페이지에 달하는 광고를 실었다. 7호 이후 《O》는 200만 명의 구독자를 확보해 단순히 수익이 괜찮은 수준을 넘어 미국 역사상 가장 성공적인 신간 잡지가 됐다. 이 잡지는 2020년 완전히 디지털화되기 전까지 20년 동안 계속 인쇄물 형태로 발간됐다.

여기서 요점은 잡지 창간이 아니다. 이는 시장 진입자라면 누구나 하는 일이다. 핵심은 파트너와 함께 잡지를 발간하고 파트너가 당신이 제시한 조건을 받아들여 당신이 고향 생태계에서 가져온 독특한 자원을 활용하는 능력을 극대화하는 것이다. 편집 권한은 공통 주제, 추천하는 책과 '좋아하는 것', 유명한 개인 금융 전문가인 수즈 오먼Suze Orman처럼 단골 게스트이자 단골 칼럼니스트로 양쪽 매체에 모두 등장하는 스타들을 활용해 잡지와 프로그램이 더 나은 방향으로 나아가도록 직접 조정할 수 있게 했다. 이것이 바로 영향력을 이용해 게임 판도를 바꾸는 방법이다.

**두 번째 이관을 통한 진입: 네트워크 프로그래밍** TV 제작사는 프로그램의 근간이 되는 지적재산 개발을 책임지지만 프로그램의 구매자 겸 일괄 판매자인 네트워크는 채널의 브랜드 정체성을 구축하거나 광고주에게 광고 시간을 판매하거나 가입자 수 기준으로 월간 케이블 요금을 할인받는 등의 일을 한다. 네트워크는 다른 도전 과제를 지닌 다른 게임이라고 할 수 있다.

이곳은 원래 카메라를 향해 서 있는 출연자가 아니라 시가를 씹어대는 미디어 황제의 세계였다. 오프라는 이 새로운 생태계로 두 차례 진출했다. 첫 번째는 1999년 공동 설립한 여성 중심의 옥시즌 네트워크였다. 2,000만 달러를 투자하는 대가로 이 벤처 기업 지분 25퍼센트와 〈오프라 윈프리 쇼〉 에피소드 모음에 대한 권리를 받았는데 그는 나중에 이 결정을 후회했다. 보유한 지분이 적고 회사 방향성에 대한 의견이 저마다 다른 공동 설립자들 때문에 오프라의 영향력이 기대했던 것보다 제한적이었던 것이다. 게다가 이 채널이 젊은 시청자들

에게 어필하기 위해 〈비행 소녀들Girls Behaving Badly〉 같은 프로
그램을 방영하기 시작하자 오프라의 핵심 철학과 멀어졌다.
"그 채널은 내 목소리를 반영하지 않았다"고 오프라는 말했다.
2007년 이 채널은 NBC에 9억 달러에 매각됐다.

1년 뒤 오프라는 두 번째로 네트워크 프로그래밍 세계에
진출했는데 이번에는 자신이 확실히 키를 잡고 있었다. 잡지
를 창간할 때 허스트와 협력했던 것처럼 오프라는 디스커버리
커뮤니케이션과 거래해 케이블 네트워크 OWN을 완전히 창
의적으로 통제할 수 있었다.

OWN은 진화 과정을 거치는 동안 오프라 같은 강자도 휘
청거릴 수 있다는 사실을 다시 보여줬다. OWN에 대한 오프
라의 비전("영적 의식을 각성시키는 채널로 만들겠다!")은 시청자들에
게 반향을 일으키지 못했다. 디스커버리는 이 네트워크에 2억
5,000만 달러를 쏟아부었지만 1년 뒤의 시청률은 참담했다.

오프라는 상황을 호전시키기 위해 텔레비전 제작 생태계
에서 쌓은 관계에 의존했다. 2012년 히트작 제작자인 타일러
페리Tyler Perry와 두 개의 독점 시리즈 대본 계약을 체결했다.
페리는 이 일에 참여하게 된 걸 기뻐했다. "오프라의 부탁을
어떻게 거절할 수 있겠는가?" 2015년 OWN의 광고 수익은 전
년보다 두 배나 증가했고 매우 중요하지만 그동안 소외돼 있
던 시청자층인 아프리카계 여성 사이에서 시청률 1위를 기록

했다.

**세 번째 이관을 통한 진입: 웰빙과 건강** 아마도 오프라의 생태계 영향력의 정점은 웰빙과 건강 분야로의 진입인 듯하다. TV에서 건강 관련 얘기를 많이 하고 본인이 체중 문제로 고생한다는 사실을 허심탄회하게 털어놓는 것만 봐도 알 수 있듯이 이는 오랫동안 오프라의 관심 분야였다. 그리고 이제 그는 웰빙에 관한 얘기만 하는 게 아니라 직접 웰빙 생태계로 진입했다. 2015년 오프라는 웨이트 와처스Weight Watchers의 지분 10퍼센트를 취득하고 이사회 의석도 얻었다.

웨이트 와처스는 그 이름에서 알 수 있듯이 반세기 동안 건강 식단과 코칭 서비스를 통해 고객들의 체중 감량을 도왔지만 갈수록 브랜드 가치와 운영 성과가 떨어지고 있었다. 하지만 오프라의 포괄적 '웰빙' 메시지를 이용해 회사의 초점을 변경했고 이름까지 WW로 바꾸면서 새로운 방향으로 나아가겠다는 굳은 결의를 표명했다.

이런 변화가 가능했던 건 오프라의 유명세와 투자, 브랜드 홍보 대사로서의 역할 때문만은 아니다. 수십 년 동안 자기 프로그램에서 시청자들과 함께 웰빙에 관해 탐구한 오프라의 독특한 이력 덕분이기도 하다. 이 같은 역사와 신뢰가 바탕에 깔려 있던 오프라는 WW 경영진이 조직이 추구하는 사명의 핵심을 되새기도록 설득할 수 있었다.

3장.
_____

생태계 공격: 경쟁 추가에서 경쟁 변화로

"우리는 체중 감량에만 주력하던 데서 벗어나 사람들이 더 건강하고 행복한 삶을 살 수 있도록 돕는 쪽으로 목표를 확대하고 있다." 2015년 WW CEO 짐 챔버스Jim Chambers는 이렇게 말했다. "대화를 나누는 동안 오프라의 목표와 우리 회사의 사명이 상당히 일치한다는 사실이 드러났다. 우리는 사람들을 연결하고 그들이 잠재력을 최대한 발휘하도록 고무하는 오프라의 놀라운 능력이 우리의 강력한 커뮤니티, 뛰어난 코치진, 검증된 방법을 독특하게 보완해 주리라고 믿는다." 그의 후임 CEO 민디 그로스먼Mindy Grossman도 이 변화를 계속 이어나갔다. 그리고 2018년 "우리는 이제 마른 체형이 아니라 건강한 체형을 추구한다"고 투자 분석가들에게 말했다.

기업 사냥꾼, 인스타그램 인플루언서, 할리우드 대변인만이 이 같은 근본적 변화를 촉발할 수 있는 건 아니다. 오프라가 관계를 이관했다는 사실을 간과하면 그의 게임을 완전히 오해하게 된다.

웨이트 와처스와 손잡은 오프라는 〈오프라의 2020 비전: 집중하는 삶〉이라는 제목의 라이브 투어를 통해 웰빙 생태계 내에서의 노력을 더욱 확대했다. 건강한 식습관과 더 큰 '웰빙'이라는 주제를 놓고 레이디 가가Lady Gaga, 티나 페이Tina Fey 같은 유명 인사와 '웰빙 분야의 유력 리더들'이 게스트로 출연한 라이브 공연에는 매회 평균 1만 5,000명의 관객이 함께했다.

VIP 체험 티켓 가격은 69.50달러에서 1,000달러까지 다양했다. 코로나19 대유행으로 라이브 공연이 중단되자 투어를 온라인 방식으로 전환해 스트리밍 관객들에게는 희망의 원천이자 WW에는 고객을 유치할 원천을 제공했다. "이제 건강하고 튼튼하게 잘 지내는 게 그 어느 때보다 중요하다"고 오프라는 말한다. "함께 제자리를 찾아 다시 집중하면서 가장 중요한 게 뭔지 명확하게 파악해야 한다."

## 이관과 제약

생태계 이관이란 하나의 생태계에서 발전시킨 관계를 이용해 새로운 생태계에서 입지를 구축하고 이를 통해 표준 진입자/다각화 주체와 차별화를 꾀하는 것이다. 오프라는 새로운 생태계에 진입할 때마다 돈과 유명세뿐 아니라 오랫동안 주간 TV 프로그램을 진행하면서 시청자들과 다져온 신뢰 관계를 활용했다. 이를 통해 MVE 파트너들을 다른 방식으로는 불가능했을 수준으로 조정할 수 있었다.

그러나 자원과 관계를 활용하다 보면 부가적인 부분에서 위험에 노출될 수 있다. 한곳에서 일이 잘못되면 그 문제가 다른 곳까지 퍼져나갈 수 있다. 따라서 이관도 조심스럽게 진행해야 한다. 데이비드 카David Carr는 〈뉴욕타임스〉 칼럼에서 이를 아주 잘 표현했다.

생태계 공격: 경쟁 추가에서 경쟁 변화로

오프라 윈프리가 몇 십 년 동안 진행한 주간 토크쇼가 대부분 1위를 차지한 걸 보면 그런 성공을 이루기 위해 오프라가 한 일에 감명받기 쉽다. 하지만 그토록 오랫동안 계속 성공할 수 있었던 비결은 … 아마 오프라가 하지 않은 일과 더 관련이 있을 것이다. 오프라는 회사 주식을 상장하지 않았는데 이는 회사 운영 방식과 자신의 운명을 계속 본인이 통제하고 있다는 뜻이다. … 오프라는 손목을 까딱거려 수많은 베스트셀러를 만들어 냈지만 자기 이름이 들어간 책을 낸 적은 없다. … 그 어떤 상품에도 아주 강력한 브랜드인 자신의 이름을 붙이지 않았다. … 또 잡지사가 자기 이름을 쓰도록 허락하지도 않았고 자기 이미지에 맞는 잡지를 직접 창간한 다음 큰 성공을 거둘 때까지 계속 고쳐나갔다. … 그리고 오프라는 자신의 이름을 더럽히는 행동은 한 번도 한 적이 없다.

이관 기능을 올바르게 활용하는 혁신가는 자신의 독특한 이력을 활용해 독특한 진입점을 만들 수 있다. 아마존이 초기에 프라임 사용자를 알렉사 플랫폼으로 끌어들인 뒤 집이라는 울타리 밖으로 확장한 것처럼 이는 고정된 인구를 대상으로 한 끼워 팔기가 아니다. 돈과 검증된 브랜드만 들고 나타난 경우에는 절대 불가능할 방식으로 파트너끼리의 지지 구조나 협력 조건까지 바꾸는 것이다.

## 아사아블로이: 기성 기업의 이점

오프라는 개인 기업가 입장에서 생태계 여정을 시작했지만 경계를 재정의하는 동안 유명인으로서의 입지가 엄청난 이점이 됐다. 당신이 보수적 재무 규정이 적용되는 오래된 산업계의 현직 업체라면 어떻게 하겠는가? 당신의 세계가 변하고 있지만 아마존과 같은 방식으로 생태계를 지배할 위치에 있지 않다면? 어떻게 해야 먹이사슬 위쪽으로 올라가고 테이블에서 당신의 자리를 지키고 새로운 게임에서 새로운 목소리를 얻기 위한 생태계 전략을 계속 추구할 수 있을까?

아사아블로이는 기계식 잠금장치와 열쇠 제조업체인 스웨덴의 아사(1881년 설립)와 핀란드의 아블로이(1907년 설립)가 1994년 합병하면서 탄생한 회사다.[2] 디지털 기술이 기계의 힘을 대체하던 시기에 서로 멀리 떨어진 곳에서 심한 경쟁 압박에 시달리던 저가 생산업체들, 이렇게 노후화된 구세계 기업들의 결합에서 어떤 결과를 기대할 수 있을까? 상용화로 인한 가격 하락, 비용 압박 그리고 경쟁자들이 바닥을 향해 경쟁함에 따라 줄어드는 이윤 등 매우 힘든 상황이 닥치리라고 보는 게 합리적인 예측일 것이다.

그러나 이런 상황에 직면한 아사아블로이는 본인들과 본인들의 기술뿐 아니라 잠금장치 산업을 규정하던 경계까지 변화시키면서 매출과 이윤을 늘렸다. 혁신은 신생 기업의 영역이라고들 하지만 아사아블로이가 거쳐온 경로는 현명한 기성기업이 변화를 추진하는 데 적극적으로 참여할 경우 어떤 이점이 생기는지 완벽하게 보여준다. 호텔 객실 문을 열기 위해 플라스틱 카드나 휴대폰을 사용해 본 적이 있다면 당신은 아사아블로이의 혁신 제품을 사용해 봤을 가능성이 크다.

1997년 주주들에게 보낸 편지에서 CEO 칼헨릭 스반베리 Carl-Henric Svanberg는 "우리 비전은 세계 최고의 잠금장치 회사가 되는 것이다"라는 대담한 목표를 제시했다. 이는 야심 찬 목표지만 확실히 기존 틀 안에 속해 있는 목표다. 아사아블로이는 이를 위해 공격적 기업 인수를 추진해 규모를 늘리고 글로벌입지를 마련해 동급 최고의 상품 업계 통합자가 될 것이었다.

여기서 우리가 중점적으로 살펴볼 것은 바로 이 비전 변화다. 오늘날 아사아블로이는 자신들을 "출입 통제 솔루션의 글로벌 리더"라고 표현한다. 잠금장치에서 출입 통제로의 이 같은 변화는 단순히 마케팅 용어를 업데이트한 게 아니라 아사아블로이를 업계 리더에서 생태계 교란자로 변화시킨 심오한 통찰의 영향을 나타낸다.

통찰: 열쇠는 단순한 열쇠가 아니다. 정체성이기도 하다.

기계식 잠금장치 세계에서 열쇠는 들쭉날쭉한 톱니로 잠금장치 내부에 있는 핀을 정렬해 걸쇠를 빼낼 수 있는 장치를 해제하는 이상한 모양의 동글dongle이다. 하지만 이를 다른 관점에서 보면 열쇠는 신호이자 자격증이다. 열쇠를 갖고 있으면 당신의 정체가 '신뢰할 수 있는 사람'임을 확인할 수 있다.

하지만 이 기계적인 기적에는 분명한 한계가 있다. 출입 통제 권한은 키 시스템 계층의 제약 조건 안에서만 부여할 수 있다. 즉, 상위 마스터키는 하나만 제공해도 출입 통제 권한을 너무 많이 부여할 수 있고 수많은 키를 배포해도 거기에 제대로 된 권한을 가진 키는 하나도 없을 수도 있다. 마스터키를 분실하면 해당 영역 내 모든 곳에서 보안이 무너지며 영향을 받는 모든 잠금장치의 키를 다시 만들려면 비용이 매우 많이 든다. 키가 불법 복제되지 않으리라고 확신하는 건 순수한 믿음의 행위인데 보안 담당자가 삼키기에는 고통스러운 약이다. 실제로 누가 드나들지 알 수 없다. 보초가 없으면 외부인이 들어올 수 있는 시간을 제한할 방법이 없다.

지능형 출입 통제에 대한 아사아블로이의 비전을 뒷받침하는 가치 제안은 모든 사람이 물리적, 시간적으로 더도 말고 덜도 말고 정확하게 필요한 만큼의 출입 통제 권한만 얻는다는 것이다. 이 회사의 잠금장치와 열쇠는 여전히 글로벌 매출의 26퍼센트를 차지하고 있지만 이런 기계적 제작 부문은 더는 회사의 비전을 정의하지 않을 것이다. 아사아블로이의 새로운 가치 아키텍처는 ID 생성, 관리, 모니터링, 활용, 삭제로 재정의됐다. 오래된 기성 기업이 어떻게 그런 중대한 전환을 관리할 수 있을까?

## 아사아블로이 1단계: MVE—더 허술한(저렴한) 잠금장치를 허용하는 더 스마트한 키

전자적 출입 통제 장치는 1970년대부터 존재했지만(접속 코드와 망막 스캔을 이용해 정부 요원과 함께 보안실에 들어가는 영화 장면을 떠올려 보라) 이는 전문 회사들이 문의 잠금장치에 지능을 추가하는 작업의 복잡성 때문에 비싼 비용을 들여 제품을 제공하는 틈새시장이었다.

지능형 출입 통제 기능을 대중화하려면 기술과 시장 진출 환경 양쪽 모두에 혁신이 필요했다. 이 여정에서 아사아블로이가 택한 첫 번째 단계는 2001년 도입한 CLIQ 시스템이었다. 당시 다른 출입 통제 솔루션에 비해 CLIQ 시스템은 정보를 키 본체로 이동시킴으로써 문에는 훨씬 멍청하고 저렴한 잠금장치를 달 수 있게 했다. 이 새로운 키에는 출입 코드를 여러 개 저장할 수 있는 프로그래밍 가능한 칩과 잠금장치를 작동할 수 있는 배터리가 모두 들어 있었다. 그리고 각각의 키와 잠금장치에는 사용 기록이 보관됐다. 사무실에서 뭔가 사라져 월요일 퇴근 후부터 화요일 출근 시간 사이 누가 연구소에 출입했는지 알아내야 하는 경우를 대비한 감사 추적이었다.

기술을 개발하면 기회가 생기지만 이를 통해 부를 얻으려면 기술을 시장에 내놔야 한다. CLIQ는 기계적 출입 통제 생태계에서 전자적 출입 통제 생태계로 넘어갈 수 있도록 명쾌하게 설계됐다. 유통업체, 종합 건설업자, 건축가, 보안 관리자와 아사아블로이의 관계는 모두 CLIQ의 시장 진출 경로로 이식됐다. 한 가지 중요한 조정은 잠금장치 제조업체를 위한 것이었는데 이들은 소프트웨어 구동 시스템을 설치하고 수리하기 위해 수 세기 동안 쌓아온 기계적 능력을 확장해야 했다. 아사아블로이의 MVE는 자신의 기술 기반을 확장할 의지와 능력이 있는 소수의 잠금장치 제조업체를 육성해야 했다. 이들은 보증된 지위와 사업 수주 약속을 대가로 필요한 신기술을 개발하는 데 투자할 것이었다. 여기서 아사아블로이는 이렇게 의욕 넘치는 잠금장치 제조업체 파트너를 소프트웨어 서비스 제공업체라는 새로운 모습으로 변화시켰다.

이는 기성 기업의 이점을 보는 첫 번째 관점이다. 영리한 회사라면 누구나 훌륭한 혁신 방법을 생각해 낼 수 있다. 그러나 보수적인 기업들이 상업적 기반 위에서 시장에 가치를 전달하도록 사업 활동을 조정하는 일은 더 어려울 수 있다(그리고 건설 업계는 혁신에 관한 한 보수주의의 전형이다). 파트너와의 관계를 활용해 기계식 잠금장치 세계에서 지능형 출입 통제 세계로

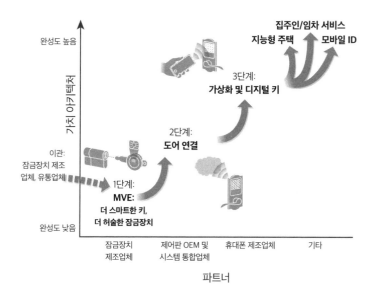

완성도 높음

가치 아키텍처

3단계:
**가상화 및 디지털 키**

집주인/임차 서비스
**지능형 주택**    **모바일 ID**

2단계:
**도어 연결**

이관:
잠금장치 제조
업체, 유통업체

1단계:
**MVE:
더 스마트한 키,
더 허술한 잠금장치**

완성도 낮음

| 잠금장치<br>제조업체 | 제어판 OEM 및<br>시스템 통합업체 | 휴대폰 제조업체 | 기타 |
|---|---|---|---|

파트너

**그림 3.3** 지능형 출입 통제 분야에서 아사아블로이의 생태계 구축 다이어그램

넘어간 아사아블로이는 이후의 더 큰 단계를 진행하는 데 필요한 발판을 마련할 수 있었다(〈그림 3.3〉).

### 아사아블로이 2단계: 지능형 네트워크 구축을 위한 도어 연결

CLIQ는 개별 키와 잠금장치를 지능형으로 만들었지만 이 지능 기능을 네트워크 수준에 모아놓지는 않았다. 그렇게 하려면 출입 통제 지점을 넘나드는 데이터 연결이 필요하며 이를 위해서는 제어 시스템의 원장비 제조업체[OEM]와 컨트롤러, 소프트웨어, 문, 잠금장치, 키 같은 전체 시스템을 설계하거나 설치하는 시스템 통합업체SI 등 생태계의 새로운 참가자들과 상호작용해야 한다. 아사아블로이는 삼금장치와 열쇠의 연못에서는 가장 큰 물고기였지만 그 연못 자체가 워낙 작았다. 허니웰, 존슨콘트롤즈, 유나이티드 테크놀로지스 코퍼레이션 같은 OEM업체들은 훨씬 큰 바다에서 놀던 훨씬 큰 물고기들이었다. 이 기업들이 보기에 2001년의 아사아블로이는 그들이 거래하던 수백 개의 믿을 만한 범용 부품 생산업체 중 하나일 뿐 새로운 미래를 만들어 갈 특별한 주장 같은 건 보이지 않았다. 그런 아사아블로이가 어떻게 그들과 함께 테이블에 앉을 수 있었을까?

네트워크 도어에 대한 아사아블로이의 첫 번째 시도인 Hi-O 시스템은 2004년 처음 도입됐는데 개방형 기술 표준인 CANbus에 의존해 설치를 단순화하고 모든 통합업체가 제공하는 정보를 조정했다. 서류상으로는 훌륭한 해결책이었지만 상업적으로는 실패했다. 시스템 통합업체들은 폐쇄형 시스템에 무척 만족했다. 이들의 관점에서는 개방형 표준을 채택하거나 아사아블로이를 생태계 리더로 승격해야 하는 설득력 있는 이유가 없었다. Hi-O는 아사아블로이의 내부 해결책으로는 계속 쓰였지만 생태계 쪽에서는 실패였다.

2008년 아사아블로이는 더 겸손하면서도 강력한 해결책으로 돌아왔다. 아페리오Aperio 시스템은 기계식 잠금장치를 무선으로 연결할 수 있게 해줬다. 100개 이상의 보안 시스템과 호환되고 시스템 통합업체의 기존 프로토콜과 쉽게 통합되도록 설계됐다. Hi-O와는 다르게 설치를 단순화하는 게 아니라 시스템 통합업체의 손에 선택을 맡겼지만(더 겸손함) 네트워킹 쪽에서 조정을 자동화하고 실시간 통신과 도어 상태 모니터링을 통해 제어와 보안 기능을 강화할 수 있었다(매우 강력함). 무선 기술로 넘어가는 추세가 아페리오 도입을 촉진했기 때문에 타이밍도 이보다 더 좋을 수 없었다. 이제 일반 부품 제조업체가 아니라 이 분야의 진정한 솔루션 공급업체이자 파트너가 된 아사아블로이는 마침내 협상 테이블에 앉게 됐다.

## 아사아블로이 3단계: 가상화와 사라지는 키

키가 곧 ID고 ID는 디지털 방식으로 저장되며 개인 디지털 장치가 어디에나 있다면… 왜 주머니에 금속 조각을 넣고 다녀야 한단 말인가? 이 논리 사슬은 2012년 SEOS 자격 증명 플랫폼 도입을 이끌었다. 고유 코드로 만든 물리적 신분 표시(실제 열쇠의 금속 톱니 형태로 코드화되든, 스마트카드의 디지털 배열로 코드화되든) 대신 이제 자신의 디지털 장치 안에 신분증명서가 존재했다. 게다가 무선으로 관리할 수 있어서 처음으로 물리적 접촉 없이도 출입을 허용할 수 있었다. 이는 호텔 투숙객이 체크인하고 키를 받은 다음 프런트와 얘기를 나눌 필요 없이 자신의 휴대폰을 이용해 방에 들어갈 수 있는 암호화 기술이다.

휴대폰의 NFC(근거리 무선통신)나 블루투스 시스템과 통합된 아사아블로이는 다른 플레이어들이 기술 대기업인 구글과 애플을 비롯한 SEOS 플랫폼에 권한을 부여할 수 있게 해준다. 당시 아사아블로이의 출입 하드웨어 책임자였던 마틴 허더트Martin Huddart는 "휴대폰 사용은 모든 걸 볼 수 있고 모든 걸 제어할 수 있는 우리의 미래"라고 말했다. 예를 들어 2019년 현재 클렘슨Clemson대학 학생들은 SEOS를 지원하는 안드로이드 기기나 아이폰, 애플 워치를 사용해 기숙사에 들어가거나 도서관에서 책을 대출하거나 구내식당에서 식사를 할 수 있다. 가치 제안이 확장되면서 SEOS는 이제 아사아블로이에 접근과 결제 기능이 긴밀하게 연결된 플랫폼을 제공한다. 당신의 디지털 ID를 이용해 건물 안으로 들어갈 수도 있고 점심을 사 먹을 수도 있는 것이다.

이를 실현하는 데 필요한 상호작용을 생각해 보자. 생태계는 기존의 SI 너머로 확장돼 이제 훨씬 광범위한 관계자와 더 긴밀한 IT 통합 기능(예약 시스템, 결제 등)을 포함한다. SEOS는 강력한 비전이지만 이를 실현하는 능력은 아페리오를 통해 얻은 신뢰성과 시장점유율에 좌우된다. 단계적 확장 순서가 중요하기 때문에 2단계 때 기반을 잘 다져두면 3단계에서의 성공 확률이 크게 증가한다.

3장.

생태계 공격: 경쟁 추가에서 경쟁 변화로

## 다음 단계 계획: 잠금장치에서 생명으로

기업 영역에서 성공적이고 변혁적인 혁신을 이룬 덕분에 아사아블로이는 25년 전에는 불가능해 보였던 방식으로 비전을 활용하는 위치가 됐다.

현재 아사아블로이는 여러 가지 새로운 방향에서 지능형 출입 통제를 추구하고 있다. 스마트 잠금장치 시장이 2025년까지 34억 달러 규모로 성장할 것으로 예상되는 가운데 이들은 DIY 스마트 홈 생태계에 대한 권리를 주장하고 있다. 또 액센트라Accentra 기술 플랫폼으로 아파트 건물이나 소규모 사무실 같은 환경에서 저렴하면서도 여전히 정교하고 지능적인 출입 통제를 가능하게 해준다. 에어비앤비 집주인은 예약 시간이 시작되면 나타났다가 끝나면 사라지는 키를 임시 투숙객에게 원격으로 발급할 수 있어 투숙객이 예약 기간보다 오래 머무르거나 키를 복제할까 봐 염려할 필요가 없다. SEOS 기술을 활용하는 이 회사의 HID goID 플랫폼은 정부가 모바일 기기에 직접 제공할 수 있는 운전면허증, 여행 비자, 혜택 자격 같은 공식 디지털 신분증을 발급, 관리하도록 지원한다.

아사아블로이가 아마존 같은 생태계 교란자들 때문에 스마트 홈 시장에서 밀려날 수 있을까? 휴대폰과 모바일 운영체제를 통제할 수 있는 구글과 애플이 디지털 신분증명 시장에서 독자적으로 활동한다면 아사아블로이도 가치 반전의 희생양이 될 수 있지 않을까? 정답: 물론 그렇다. 하지만 그런 경쟁을 고려할 때는 생태계 구조부터 면밀히 살펴보는 게 현명할 것이다. 개인 주택 같은 개별 도어 잠금장치에 대한 출입 통제를 기반으로 게임이 진행되는 시장 부문에서는 하나의 조정 과제가 제시된다. 더 복잡한 출입 규칙이 있는 시장 부문, 즉 캠퍼스 보안망이나 응급 서비스 네트워크와의 연결 같은 고차원적 통합 요건을 이용해 어떤 건물과 방에 누가 들어갈 수 있는지 제어하는 시장은 이와 다른 조정 문제를 안고 있다. 이를 보면 생태계 방어와 가치 아키텍처가 효과적 경쟁 대응을 위한 실마리를 제공하는 방식에 대한 질문으로 돌아가게 된다. B2B 네트워크가 가치 아키텍처의 일부인 경우 관계를 구축하기는 더 어렵지만 방어하기는 더 쉽다. 2장에서 본 것처럼 거인과의 경쟁을 피하는 건 당연히 실수지만 그들을 이길 수 없다거나 저지할 수 없다고 생각하는 것 또한 실수다.

## 계몽된 기성 기업

오늘날 지능적 출입 통제는 학교나 약품 캐비닛, 집, 아파트에의 접근 가능성 여부를 결정한다. 하지만 디지털 ID는 공간에 접근하는 능력 이상의 일을 한다. 사무실에서의 서비스, 도서관 퇴실, 커피숍 결제 등 다양한 환경에서 옵션을 변경하거나 간소화한다. 아사아블로이의 지속적인 혁신 추진은 디지털 운전면허증과 여권까지 확대됐다. 금속 열쇠를 만들던 제조업체가 이제는 완전히 ID 사업에 발 담고 있는 것이다.

내가 말한 계몽된 기성 기업이란 바로 이것이다. 아사아블로이는 ID의 디지털화가 우리 미래임을 인지한 선견지명과 그 미래에 신뢰할 만한 시장을 구축할 수 있는 명성과 관계를 지닌 회사였다. 이들은 전통적인 잠금장치 시장에서 지배적 위치를 유지하는 동시에 조직 내부와 시장 외부에서 디지털 혁신을 추진했다.

대중들의 머릿속에는 차고에서 아무 제약 없이 자유롭게 일하던 대학 중퇴자들이 놀라운 차세대 혁신을 이루는 이미지가 크게 자리 잡고 있다. 하지만 아사아블로이는 기성 기업이 관계라는 시너지가 부족한 신생 기업에 비해 강력한 이점을 준다는 사실을 보여준다. 외적 규모만 보면 배가 너무 커서 기계 시대에서 디지털 시대로 선회하려다가 전복하고 말 거라는 생각이 든다. 그러나 아사아블로이가 매우 중요하면서도 보수적인 파트너들을 이끌고 기계식 잠금장치에서 디지털 잠금장치 시대로 넘어갈 수 있었던 건 바로 그 회사의 규모와 역사, 명성 덕분이었다. 이 파트너들이 없었다면 아사아블로이의 기술적 노력은 의미 있는 확장 경로를 찾지 못했을 것이다. 생태계 환경에서 신생 기업보다 기성 기업이 더 많은 특권을 누릴 수 있는 건 이런 관계상 이점 덕분이다. 그리고 이 환경은 신규 사업자와 기성 사업자 사이에서 새로운 조정을 추진할 필요에 따라 정의되는데 이들이 없다면 혁신의 싹은 시장에서 실현되지 못하고 전략적 비전으로만 남을 것이다.

이는 고전적 교란과 생태계 붕괴 사이의 또 다른 차이를 강조한다. 고전적 교란 이론에서 기존 고객은 처음에 전보다는 못해도 충분히 괜찮은 제안을 거절하기 때문에 최고 고객의 피드백을 거스르고 생태계 붕괴 제품에 자원을 할당한 기성 기업은 부담을 느낀다. 이는 클레이튼 크리스텐슨의 《혁신기업의 딜레마》에서 딜레마의 근간에 존재하는 긴장감이다.[3] 이와 대조적으로 확실하게 자리 잡은 고객 관계는 신뢰와 생태계 이관의 문을 열어주기 때문에 생태계 붕괴를 진행하기 위한 자산이다.

계몽된 기성 기업은 생태계 붕괴가 일어난 세계에서 큰 이점을 얻을 수 있는 잠재력을 지니고 있다. 생태계 이관 여부는 몇몇 초기 생태계에서 이미 성공을 거뒀는지에 달려 있다. 하지만 한편으로는 이런 자산과 관계를 새로운 생태계에서 대규모로 활용하려는 의지에 달려 있기도 하다. 그렇다면 문제는 기성 기업에 이런 잠재력을 현실로 바꿀 수 있는 수단이 있는지 여부다.

기업들이 주요 조직의 정치와 압력으로부터 새로운 계획을 보호하기 위해 이를 격려하는 일반적 지침을 따르면 주요

3장.

생태계 공격: 경쟁 추가에서 경쟁 변화로

조직에서 이관에 필요한 노력을 끌어내기가 몹시 어려워진다. 이는 기성 기업의 가장 가치 있는 이점을 빼앗는 크나큰 실수로 이렇게 되면 제약이 많은 벤처 투자가의 손에 맡겨져 융통성 없는 자본에 묶이거나 스스로 만들어 낸 기회에만 투자할 수 있도록 제한받는다. 그러니 그들이 기대 이하의 성과를 내는 것도 당연하다. 6장에서는 마이크로소프트의 클라우드 전환을 살펴보면서 의지의 변화가 얼마나 큰 영향을 미칠 수 있는지 알아볼 것이다.

...
## 생태계 렌즈로 바라본 기업 전략

아마존 알렉사, 오프라 윈프리, 아사아블로이, 이들은 규모도 권한도 자원도 제약 조건도 전혀 다른 행위자들이다. 이들의 공통분모는 단순한 성공이 아니라 새로운 방식으로 생태계 경계를 다시 정하고 파트너들의 지지를 얻어 일궈낸 성공이라는 점이다. 이들은 모두 생태계 구조를 교란했지만 항상 MVE, 단계적 확장, 생태계 이관 등 생태계 구축의 세 가지 원칙에 부합하는 행동으로 교란을 일으켰다. 이것이 파트너의 지지를 얻고 야심 찬 비전을 일관성 있게 조정된 협업 현실로 전환하는 열쇠다.

세 가지 사례에서 설명한 전략은 새로운 시장에 진입하고, 이 진입을 통해 해당 시장을 변화시키는 새로운 접근 방식을 제시한다. 여기에는 성장 추구를 위한 더 광범위한 교훈이 내포돼 있다. 기업이 '어디에서 어떻게 새로운 비즈니스 부문으로 확장해야 하는가' 하는 다각화 문제는 기업 전략의 핵심이다. 역사적으로 성공적인 다각화는 시너지 효과의 두 가지 원천 중 하나에 뿌리를 둔 것으로 보인다. 첫 번째는 핵심 역량을 공급하는 쪽의 논리로 기업 역량을 새로운 환경으로 확장해야 성공적인 다각화가 달성된다고 주장한다. 하나의 역량을 두 개의 시장에 배치할 수도 있다. 혼다가 자동차와 오토바이용으로 판매한 엔진 기술을 이용해 선박 선외기 엔진 시장에 진출하거나 캐논이 광학 기술을 이용해 사진, 의료 영상, 반도체 제조 등 다양한 산업 분야에 서비스를 제공하는 것을 생각해 보자. 두 번째는 고객 시너지 수요 측면 논리로 기존 고객에게 다른 제품을 끼워 팔 수 있는 능력에 뿌리를 두고 있다. 월마트가 동일한 구매자에게 기존의 직물 상품과 함께 식료품까지 판매하는 것처럼 같은 고객에게 한 번에 두 가지 물건을 판매할 수 있는데 이는 두 차례 개별적 영업 노력을 기울이는 것보다 효율적이다.

고전적 다각화업체가 업계에 진입하면 이들은 더 저렴한 비용과 높은 품질을 조합해 기존 사업자들과 대결한다. 그러나 우리가 가장 성공한 전통적 다각화 기업(3M, 코닝, 지멘스, 소니 등)만 생각하더라도 그들이 기존 경계 내에서 경쟁하면서 확립된 가치 아키텍처를 복제하기 위해 자원을 사용하는 경향이 있음을 알 수 있다. 즉, 산업은 여전히 산업인 것이다. 예를 들어 소니는 기술력과 전자제품 소매 채널의 강점을 활용해 매우 성공적으로 비디오게임 콘솔 시장에 진입했다. 그러나 소니는 최고의 그래픽과 하드웨어를 이용해 기술 영역을 발전시키기는 했지만 가치 제안의 본질, 경쟁 기반, 산업 경계를 바꾸지는 않았다. 고전적 다각화 기업들은 시장점유율을 확보하고 이익을 창출하며 산업 영역 안에서 경쟁력을 높이지만 영역 자체는 변하지 않는다.

생태계 공격의 두드러진 특징은 기존 도식을 복제하는 게 아니라 새로운 가치 아키텍처를 도입해 산업 영역의 벽을 허문다는 것이다. 그들은 옛것에 대한 수요가 사라지는 한이 있어도 새로운 소비자 가능성을 열어준다. 이런 기업은 공급과 수요의 시너지를 넘어 생태계 이관을 통해 달성된 '관계적 시너지'라는 새로운 접근 방식을 혁신한다.[4] 하나의 영역에서 시작된 특정 관계를 다른 영역으로 가져오고 파트너의 자산과 역량을 이용해 MVE를 시작하는 동시에 개별 산업 간 경계를 모호하게 만든다. 또 먼저 초기 파트너들을 재조정한 다음 최종 고객과의 관계를 변화시키기 위해 움직인다.

## 경쟁과 정책

산업 경계의 붕괴는 정책 입안자와 규제 당국에도 중요하다. 경쟁 전략과 독점 방지 전략은 밀접하게 연관돼 있는데 하나는 수익성을 창출해 보호하려고 하고(종종 '지속 가능한 경쟁 우위'라는 명분을 내세워서) 다른 하나는 독점으로 인한 심각한 손실에서 사회복지를 보호하려고 한다. 사실 전략가들의 산업 분석에서 전통적으로 중요한 요소들, 즉 교섭력, 경쟁 강도, 경쟁 진입의 용이성 등은 독점력에 대한 규제 당국의 전통적인 시험을 직접 역전한 것이다.

경쟁의 장이 비교적 경계가 명확한 전통 산업(예: 뉴스, 모바일 단말기, 자동차)을 넘어 경계가 유동적인 더 넓은 생태계(예: 소셜 미디어, 모바일 플랫폼, 이동성)로 확장됨에 따라 긴장은 새로운 복잡성과 긴급성을 띤다. 산업계의 오랜 규칙이 여전히 적용되긴 하지만 수정된 부분이 없지 않다. 정책 수준에서 경쟁에 관련된 이들에게 이 장의 아이디어가 직접적으로 시사하는 것은 시장 지배력, 수직적·수평적 관계 같은 핵심 개념의 분석을 재검토하고 잠재적으로 재정립할 필요가 있다는 것이다.

가치 아키텍처를 강화한다는 아이디어에 따라 기업 전략이 움직이는 경우 기업들이 전에는 관련 없어 보였지만 나중에는 분명한 연관성이 드러나는 시장 공간에 진입하는 모습을 볼 수 있다. 그러나 연관성이 명백해질 때쯤에는 양쪽의 가치 제안에 대한 기대치가 변한다. 음성 비서와 오디오 스피커를 연결한 아마존의 접근 방식이 완벽한 예다. 사실 아마존 전체가 이런 접근 방식의 모범이다. 2장에서 봤듯이 이 같은 진입을 방어하는 게 불가능하지는 않지만 방어자가 새로운 게임을 벌여야 한다.

## 기업 인수를 바라보는 렌즈

생태계 이관을 통해 교란이 활성화되면 파트너 선택과 조정이 확장 전략의 중요한 요소가 된다. 기업 전략가에게는 구축, 구매, 동맹이라는 전통적 수단이 남아 있지만 이런 수단을 활용할 때는 산업에 초점을 맞추기보다 광범위한 가치 아키텍처를 염두에 둬야 한다. 예를 들어 시장 접근과 확장을 위한 인수 합병을 넘어 수익과 비용 효율에 기여할 뿐 아니라 잠재적 MVE와 생태계 조정에 대한 기여도까지 평가할 수 있는 구조적 이점을 지닌 M&A를 전략화해야 한다. 현명한 전략가들은 이런 인수는 (1) 당장 수익을 늘리기보다 파트너를 유치하는 게 목적이라는 점을 염두에 두고 다양한 측정 기준을 이용해 (2) 광범위한 가치 아키텍처 구축을 위한 단계적 확장 계획에 따라 평가해야 함을 알게 될 것이다.

완벽한 선견지명이 있는 척하는 건 아무 도움도 되지 않는다. 모든 계획과 전략의 세부 사항은 그들이 직면하는 현실에 따라 달라진다. 하지만 전략이 있으면 우리가 세상을 발전시킬 때 발생하는 새로운 기회와 노전에 대응할 수 있는 구조가 생긴다. 이는 "작전은 쓸모없지만 작전을 짜는 건 반드시 필요하다"라는 아이젠하워Eisenhower의 유명한 격언의 핵심이다. 가치 제안과 아키텍처는 바뀔 수 있고 그걸 구축하는 순서도 바뀔 수 있다. 그러나 능동적 탐색과 맹목적 탐색의 차이는 노력을 생산적인 방향으로 안내하는 나침반이 있다는 것이다.

생태계 공격은 공격의 성격을 재정의하기 위한 명확한 원칙을 따른다. 생태계 방어와 마찬가지로 연합의 행동에 성패가 달려 있기 때문에 한쪽 눈으로는 보상을, 다른 쪽 눈으로는 파트너를 주시해야 한다. 공격과 방어 모두 다른 이들과의 조정과 협업이 필요하므로 중요한 건 언제 어떻게 자기 말을 움직이는가다. 적절한 행동 타이밍을 선택하는 것이 다음 장의 중심 주제다.

3장.
―――――――
생태계 공격: 경쟁 추가에서 경쟁 변화로

# 어떤 식으로 생태계 붕괴를 주도해야 경쟁 기반을 재정의할 수 있을까?

| 장 | 3장. 생태계 공격: 경쟁 추가에서 경쟁 변화로 | | |
|---|---|---|---|
| 주요 사례 | · 아마존 알렉사<br>· 오프라 윈프리<br>· 아사아블로이 | 도구 | · MVE<br>· 단계적 확장<br>· 생태계 이관 |

① 경쟁 대응 대 경쟁 촉진 대 경쟁 기반 변화에 어느 정도 중점을 두고 있는 가? 이것이 적절한 균형이라고 생각하는가?

② 귀사의 성장 계획을 생각해 보자. 생태계를 구축할 때 파트너의 지지를 얻기 위해 어떤 계획을 세워뒀는가(MVE, 단계적 확장)?

③ 생태계 이관에 어떻게 접근하고 있는가? 필요한 노력을 기울이기 위해 내부 파트너들을 어떻게 조정할 생각인가?

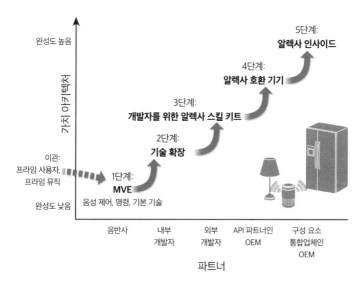

**그림 3.1** 아마존 알렉사의 생태계 구축 차트

# 4장

생태계 붕괴 타이밍:
너무 빠른 건 너무 늦는 것보다
나쁠 수 있다

Timing Ecosystem Disruption:
Too Early Can Be Worse Than Too Late

1/4인치짜리 드릴을 원하는 사람은 아무도 없다.
그들이 원하는 건 1/4인치짜리 구멍이다.

– 테드 레빗Ted Levitt

날이 없는 드릴은 종이를 누르는 문진일 뿐이다.

– 애드너의 추론

당신이 출발선에 가장 먼저 도착해 깃발 신호를 기다리고 있다면 엉뚱한 경주에서 이긴 것이다. 격변의 현실을 깨닫기까지 너무 오래 걸린 거인들의 몰락에 대중의 관심이 집중되자 선두 기업들은 이제 시기가 너무 늦어져 혁명을 놓치는 일을 가장 두려워한다. 합리적인 태도다. 하지만 너무 일찍 나서는 바람에 혁명이 실제로 시작되기도 전에 자원이 고갈되는 것도 걱정해야 한다.[1]

생태계 세계에서 일찍 서두른다는 건 종종 실제 경주가 시작되기도 전에 다른 요소와 파트너가 도착하기를 기다린다는 뜻이다. 방어자 입장에서는 언제 새로운 제안에 적극적으로 참여할 것인지, 즉 언제 자원을 아직 검증되지 않은 제안으로 이동시키고 지금까지 수익성이 높았던 핵심 분야에 대한 투자를 줄일 것인지 등이 문제가 된다. 너무 일찍 반응하면 이윤이 줄고 너무 늦게 반응하면 시장에서의 지위를 잃는다. 공격자 입장에서는 기존 체제가 점진적 개선이라는 궤적을 계속 유지할 경우 기다림으로 인한 좌절감이 커진다. 잠재적 교란자는 출발선에 갇혀 있는데 결승선은 점점 멀어져 간다.

공격자와 방어자 모두 이 상황과 무관해지는 걸 피하려면 교란 발생 여부뿐 아니라 발생할 시기도 알아야 한다. 불가피성을 즉각성과 혼동해서는 안 된다.

1986년 필립스는 화소화된 세상에서 영상 커뮤니케이션의 기적인 HDTV 혁명을 주도하기 위해 대담한 계획을 세웠다. 당시 회장이던 얀 티머Jan Timmer는 HDTV를 "컬러 TV 이후 최고의 제품이며 … 21세기를 지배할 잠재력을 지니고 있다"고 설명했다. 필립스의 초기 소비자 조사도 이런 기대를 뒷받침해 응답자의 94퍼센트가 이 제품에 열광했다. 2년 뒤 필립스는 더 넓은 화면 비율과 향상된 해상도, 더 밝은 디스플레이를 장착한 텔레비전을 만들 수 있는 획기적인 기술을 개발해 그 약속을 이행했다.

그러나 HDTV는 고화질 카메라(기술)와 새로운 방송 표준

생태계 붕괴 타이밍: 너무 빠른 건 너무 늦는 것보다 나쁠 수 있다

(규칙과 규정), 최신 제작 방식과 포스트 프로덕션 과정(절차)을 상업적으로 이용할 수 있게 되고 실제로 콘텐츠 제작 및 방송에 활용되기 전까지는 관심을 끌지 못했다. 전체 생태계가 준비될 때까지는 HDTV가 약속한 기술 혁명이 더 좋은 시청 경험을 위한 아무리 큰 잠재력을 지니고 있어도 실현이 지연될 수밖에 없었다.

고객의 기호에 대한 필립스의 통찰은 정확했다. 그러나 잘못된 시기(시스템의 나머지 부분이 완전히 통합되기 20년 전)에 적절한 장소(HDTV 콘솔)에 있었던 탓에 25억 달러의 손실이 발생해 회사가 거의 파산할 뻔했다. 설상가상으로 마침내 HDTV 시대가 도래했을 때 세계는 이미 디지털 표준으로 옮겨 갔기 때문에 필립스의 혁신 기술 대부분은 구식이 되거나 특허가 만료됐다. 필립스 경영진이 이 분야에 돈을 걸어야겠다고 확신한 건 구식 텔레비전 기술과의 정면 승부에서 이길 수 있다고 자신했기 때문이다. 하지만 그들은 다른 경주를 한 게 분명하다.

HDTV를 제대로 구현하려면 생태계 변화가 필요하다는 건 누구나 아는 사실이다. 필립스 경영진이 HDTV 핵심 기술을 개발할 만큼 똑똑하다면 앞으로 발생할 문제에 관해서도 잘 알리라고 생각할 것이다. 그러나 그들의 행동을 보면 이런 문제를 심각하게 받아들이지 않았음을 알 수 있다. 생태계에 명시적이고 구조적인 접근 방식을 취했다면 그런 알려지지 않은 기지의 사실을 감추는 맹점들, 즉 눈에 뻔히 보이지만 일이 벌어지기 전까지는 그 영향력과 관련성을 간과하게 하는 요인들을 없애는 데 도움이 됐을 것이다.

그럼 어떻게 해야 더 잘할 수 있을까?

이 장에서는 생태계 붕괴 타이밍을 이해하기 위한 프레임워크를 만든 다음 여기에서 확인된 다양한 시나리오에 적합한 조치들을 고려할 것이다. 이를 통해 전환 시기를 잘 예측하고 위협과 기회의 우선순위를 매기기 위한 일관된 전략을 수립하며 최종적으로 자원을 언제 어디에 할당할지 현명한 결정을 내릴 수 있다.

## ...
## 어떤 경주를 하고 있는가?

대부분의 혁신 경주에서 초반 관심은 보통 기술에 쏠린다. 그러나 차차 보겠지만 기술적 제약 해결은 더 큰 가치 창출 퍼즐의 한 조각에 불과하다. 성공을 하려면 적절한 조각을 적절한 위치에 그리고 적절한 시기에 배치해야 한다.

가치 제안 문제를 다룬 1장에서 생태계를 명확히 정의한 이유가 있다. 생태계는 회사나 기술 측면에서만 생각할 때 놓이는 덫을 피하게 해준다. 교란 발생 시기를 이해하려면 공격자가 빠르게 움직이면서 새로운 가치 제안을 전달하는 능력을 억제하는 힘, 방어자의 우세를 키우고 기존 가치 제안을 강화하는 요소 그리고 둘 사이의 상호작용을 고려해야 한다.

자율 주행 차량 개발 과정에서 생기는 일련의 사건은 교란 발생 시기를 정확하게 맞추기가 얼마나 힘든지 알려준다. 자율 주행 차량은 위험을 추구하는 테슬라 창업자 일론 머스크 Elon Musk뿐 아니라 제너럴 모터스, 포드, 폭스바겐 같은 기성기업, 크루즈나 아르고 AI 같은 신생 기업(기성 기업이 수십억 달러를 투자한), 구글/웨이모, 애플, 인텔, 우버, 텐센트, 바이두 같은 비전통적 기업에 이르기까지 자동차 업계에서 일하는 모든 기업이 요즘 꾸는 꿈이다.

자율 주행 차량은 자동차 제어 기술뿐 아니라 자동차 산업을 한 세기 동안 이끌어 온 근본적인 가치 제안을 뒤집기 때문에 엄청난 관심을 끌었다. 자율 주행 차량은 최종 목표를 '운전하면서 도로를 즐기자'에서 '이동하는 동안 도로는 잊어버려라'로 바꿔놓았다. 이는 분명 내부 교란이 아니다.

예측 전문가들은 2050년까지 자율 주행 차량이 7조 달러 규모의 산업을 구성하리라고 본다. 그러나 오늘날 기업들이 봉착한 문제는 지금부터 그때까지 무엇을 해야 하는가다. 위험이 너무 큰 상황에서는 교란 타이밍을 어떻게 재야 할까? 본장 곳곳에서 자율 주행 차량 사례의 다양한 측면을 검토하면서 이 중요한 질문에 답할 방법을 고민할 것이다. 항상 그렇듯이 여기서의 논의는 특정 상황에 기반을 두고 있지만 이를 자신의 상황에 맞게 활용해야 쓸모가 있다.

자율 주행 차량 개발을 위해 노력한 첫 10년 동안은 기술 문제, 즉 어떤 카메라와 음파탐지기, 레이더, 레이저 센서를 조합해야 자동차가 도로를 가장 잘 '볼' 수 있는지, 차량 내부와 클라우드에서 얼마나 많은 컴퓨팅과 데이터 처리가 이뤄져야 하는지, 원시 데이터를 유용한 정보로 변환하는 데 가장 좋은 기계 학습 방법은 무엇인지 등에 관한 질문이 주를 이뤘다. 자율 주행 차량의 핵심 기술 설계를 정의하는 데 초점을 맞추는 건 당연한 일이다. 기존보다 나은 새 기술 솔루션을 제공하는 데 성공 여부가 달려 있기 때문이다. 이 가능성을 평가하기 위해 투자자와 경영진은 신기술의 세부 사항을 자세히 살펴보는 경향이 있다. 성능 우위를 달성하려면 얼마나 많은 추가 개발이 필요한가? 생산 경제는 어떤 모습인가? 가격 경쟁력이 있겠는가?

〈그림 4.1〉은 표준 접근 방식의 특징을 보여준다. 시간 경과에 따른 기술 대안의 성능 궤적을 비교할 수 있고 새로운 기술이 기존 기술의 성과를 능가한 다음 점점 더 우위를 차지하며 시장을 장악해 나가는 교차 지점(A지점)을 확인할 수 있다.

이런 간단한 정의에도 진입자가 극복해야 하는 상대적 성

생태계 붕괴 타이밍: 너무 빠른 건 너무 늦는 것보다 나쁠 수 있다

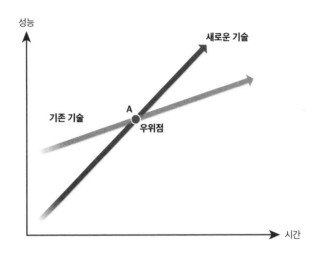

**그림 4.1** 새로운 기술과 기존 기술의 상대적 성능 궤적으로 특징지어지는 전통적 혁신 경쟁. 시장 혼란은 A지점에서 발생한다.

능 결함을 나타내는 신기술의 상대적 시작점(기하학을 잘 아는 사람이라면 y절편), 기존 기술 궤적과 새로운 기술 궤적 사이의 상대적 개선 속도(기울기), 궤적을 따라 올라가는 데 필요한 노력과 자원 투자 등 고려해야 할 사항이 많다.

그러나 기술에 초점을 맞추면 기술 과제를 해결하는 데는 도움이 되지만 가치 창출(과 파괴, 코닥 사례에서 본 것처럼)의 광범위한 역학 관계를 간과할 수 있다. 모든 혁신은 가치 창출을 촉진하는 생태계에 내재돼 있다. 새로운 텔레비전이 작동하려면 전기가 필요하고, 새로운 의약품을 생산하려면 멸균 장비가 필요하며, 새로운 책이 나오면 유통시켜야 한다. 시스템을 조정할 필요 없이 새로운 혁신이 기존 시스템에 연결되면 이런 의존성을 무시할 수 있다. 새로운 제품에도 이전 제품과 동일한 전기 인프라, 멸균 기술, 유통 채널을 사용할 수 있다면 공동 혁신, 파트너 조정, 생태계 역학을 걱정할 필요가 없다. 이런 상황에서는 기술이나 상대적 성능 수준에 초점을 맞춰도 좋을 것이다. 이것이 전통적 접근 방식의 장점이다.

하지만 이 책에서 보듯이 혁신이 새로운 형태의 가치를 창출하고 경계와 구조를 재정립하려고 하면 우리는 연결해서 바로 사용할 수 있는 세계를 벗어나게 된다. 그렇다고 '영역 내부' 기술에만 초점을 맞추는 건 좌절과 실패로 향하는 지름길이다. 가치 구축과 아키텍처에 다양한 접근 방법이 필요했던 것처럼 타이밍을 정할 때도 다양한 방법이 필요하다.


### 생태계 준비: 새로운 가치 제안의 발현 장벽

가치 제안 관점에서 생각하려면 제품, 기업, 기술, 산업 수준에서 '그냥' 바라만 보는 게 아니라 한발짝 물러나 우리가 일하는 생태계 수준에서 문제를 고려해야 한다.

생태계 내에서 혁신을 이루려면 조정해야 할 요소가 여러 가지임을 알아야 한다. 특정 기술이 준비돼도 다른 부분이 준비되지 않았을 때 발생하는 병목현상을 해소하지는 못한다. 따라서 본인의 업무 실행을 관리하는 것 외에도 생태계 내부 다른 곳에 존재하는 발현 장벽을 잘 알고 있어야 한다. 〈그림 4.2〉는 이런 사고 과정에 유용한 그림이다. 세로축은 이제 '성능'이 아니라 '가치 창출'을 나타낸다. 관련 궤적은 협소한 '기술'이 아니라 전체적인 '가치 제안'을 보여준다. 이 관점을 통해 자신의 기술 궤적을 따라 발전할 수 있는 능력과 전체 가치 제안의 진척 상황의 차이를 명확하게 구분할 수 있다. 당신이 맡은 부분이 준비가 됐더라도 다른 요소들의 출현에 문제가 생기면 가치 창출이 지연될 수 있고(새로운 가치 제안 궤적이 오른쪽으로 이동) 결과적으로 우위점(B지점)도 늦게 발생한다.

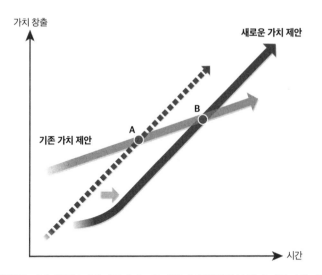

**그림 4.2** 생태계 발현 장벽 때문에 새로운 가치 제안(검은색 실선)과 기존 가치 제안(회색 실선) 사이의 상대적 가치 창출 면에서 발생하는 경쟁. 순수한 기술적 사례(검은색 점선)와 관련된 시장 교란 시기는 A지점에서 B지점으로 늦춰진다.

발현 장벽에 관해 생각하려면 생태계 구축에 필요한 광범위한 요소를 고려해야 한다. 사율 주행 차량의 경우 하드웨어 센서, 데이터 처리 기술, 소프트웨어 알고리즘 같은 기본 기술 개발에 많은 관심이 집중돼 왔다. 그러나 자율 주행 차량 발전을 지연하는 비기술적 공동 혁신 과제는 기술 장애보다 사회, 인프라, 규제 문제 해결과 더 관련이 많으므로 나중에 돌아보면 이런 공학적 기적을 실현하는 건 오히려 쉬운 편이었다고 회상하게 될 것이다.

자율 주행 차량과 관련된 보험 문제를 생각해 보자. 전통적으로 충돌 사고에 대한 형사책임은 사고를 일으킨 운전자가 지고 민사책임은 차량 소유자(법에 따라 자동차보험에 가입해야 하는)가 진다. 하지만 진정한 자율 주행 차량에는 당연히 운전자가 없다. 차량 알고리즘이 모든 결정을 통제한다. 당신이 사고를 당한 자율 주행 차량 승객이거나 자체 지시를 따르는 차량 소유자라면 누가 사고 책임을 져야 할까? 자동차 제조사? 내부 소프트웨어를 만든 회사? 책임 당사자가 누구든 보험료를 책정하기 위한 책임 비율은 어떻게 평가해야 할까?

차량이 뭔가와 충돌한 경우 두 가지 나쁜 옵션 중 덜 나쁜 쪽을 선택해야 하는 윤리적 딜레마를 생각해 보자. 지난 수 세기 동안은 추상적으로만 논의된 문제지만 이제 차량이 자율적으로 움직이려면 생산자가 구체적인 결정을 내리고 그 선택을

생태계 붕괴 타이밍: 너무 빠른 건 너무 늦는 것보다 나쁠 수 있다

프로그래밍해야 하는데 이때 사회가 받아들일 수 있고 사법제도 같은 사회제도가 뒷받침해 주는 방식으로 선택해야 한다.

마지막으로 인간 운전자들이 계속해서 법을 어긴다는 사실을 고려하자. 제한속도 이상으로 주행하는 것, 이중 주차 차량을 피하기 위해 반대 차선으로 방향을 트는 것, 이중 주차, 승객을 태우거나 내리기 위해 소화전이나 진입로를 가로막는 것 등은 전부 흔히 벌어지는 일이지만 명백한 교통법규 위반이다. 운전자는 범칙금을 받을 위험을 무릅쓰고 주행 제어 장치를 제한속도 이상으로 설정할 수 있지만 자동차 제조업체는 차량이 명시적으로 법을 위반하도록 프로그래밍할 수 없다. 그러나 자율 주행 차량이 도심 거리에서 이런 '융통성'을 발휘하지 못한다면(프로그래밍 때문에 이중 주차를 철저히 금해야 하는 경우) 새로운 승하차 구역을 만들어야 한다. 지금까지 만나본 우버 기사 가운데 공항까지 데려다주면서 제한속도를 지켜 운전한 사람이 있었는가? 그런 서비스 수준이 얼마나 만족스러웠는가? 자율 주행 차량은 훨씬 빠른 속도로 달리면서도 인간 운전자보다 훨씬 안전하다고 주장하는 지지자들의 말이 옳다고 하더라도 그런 가치가 분명하게 드러나려면 자율 주행 차량은 도로의 다른 모든 차량들과 다른 속도제한을 정해둬야 할 것이다.

자율 주행 차량의 가치 제안을 드러내려면 도로 규정을 혁신해야 한다. 그게 가능한가? 가능하다. 규제 완화나 입법 완회가 쉬운가? 절대 이니다. 그러나 이런 문제를 해결하는 게 자율 주행 차량의 가치 제안을 실현하는 열쇠가 될 것이다. 이 문제가 해결되기까지는 자율 주행 차량가 현행법을 그대로 준수해야 한다면 대다수의 소비자가 저속 차선을 벗어날 수 없는 차를 기꺼이 사겠는가?

제조업체, 규제 당국, 보험사, 정치인, 시민사회 대표 등 관련 당사자들이 비기술적 과제에 대한 통일된 해결책을 지지하도록 유도하는 건 엔지니어링 과제를 해결하는 것보다 더 힘든 일이다. 이 문제를 해결하는 게 발현상 중요한 장애물이다. 기술과는 관련 없지만 성공과는 크나큰 관련이 있다.

새로운 제안의 발현 장벽을 이해하려면 조정 문제를 전체적으로 고려해야 한다. 또 기술적 부분과 비기술적 부분 양쪽 모두에서 공동 혁신 요건의 의미를 깊이 생각해 봐야 한다. 우리가 목표로 하는 가치 제안을 지원하려면 무엇을 더 만들어야 하는가? 누가 그걸 만들 것인가? 그리고 새로 만드는 것뿐 아니라 채택 문제도 고려해야 한다. 가치 제안이 실제로 실현되려면 누가 이 변화를 받아들여야 하는가?*

---

\* 나는 《혁신은 천 개의 가닥으로 이어져 있다》에서 공동 혁신의 리스크와 수용 사슬의 리스크라는 개념을 처음 소개했다. 이 책의 핵심 주제는 본인의 실행 문제를 넘어서는 위험을 이해하고 관리하는 것이 성공적인 시장 진출 전략의 기초가 된다는 것이었다. 여기서는 이런 요소들이 경쟁 역학에 어떤 영향을 미치는지 중점적으로 살펴본다.

4장.

---

생태계 붕괴 타이밍: 너무 빠른 건 너무 늦는 것보다 나쁠 수 있다

자율 주행 차량 또는 새로운 가치 아키텍처를 구축하려는 새로운 제안이 공동 혁신과 수용 사슬 문제를 해결하는 데 오랜 시간이 걸릴수록 기성 기업을 대체하는 데도 더 오랜 시간이 걸릴 것이다. 교란에 필요한 시간과 성과 수준이 모두 중가한다. 원래 10킬로미터 달리기였는데 거리가 더 늘어난 것이다.

## 기존 가치 제안을 위한 생태계 확장 기회

새로운 가치 제안은 생태계 조정의 필요성 때문에 억제될 수 있는 반면 기존 가치 제안(상업적 성공을 통해 생태계가 이미 마련돼 있음을 알 수 있는)은 핵심 관계자나 핵심 기술과 독립적으로 발생할 수 있는 가치 아키텍처 향상을 통해 가속화될 수 있다. 예를 들어 바코드의 기본 기술은 수십 년 동안 바뀌지 않았지만 바코드를 지원하는 IT 인프라 덕에 더 많은 정보를 추출하고 활용할 수 있게 되면서 바코드의 효용성은 매년 향상되고 있다. 그래서 1980년대에는 바코드를 이용해 가격을 자동으로 금전 등록기에 스캔할 수 있었고 1990년대에는 일일 거래나 주간 거래 바코드 데이터를 집계해 전체 재고를 파악할 수 있었으며 2000년대에는 바코드 데이터를 좀 더 적극적인 재고 관리와 공급망 보충에 사용할 수 있게 됐다. IT 인프라가 개선되고 QR 코드(2차원 매트릭스 바코드)가 도입되면서 핵심적인 옛

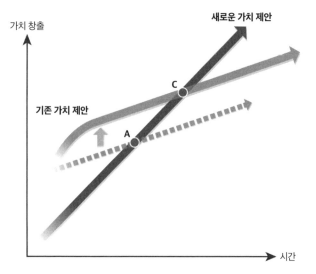

가치 창출

새로운 가치 제안

C

기존 가치 제안

A

시간

**그림 4.3** 발현 장벽이 없는 새로운 가치 제안(검은색 실선)과 확장 기회의 이점을 누리는 기존 가치 제안(회색 실선) 사이의 경쟁. 확장 기회가 없는 경우에 비해 시장 교란 시기가 A지점에서 C지점으로 늦춰진다.

기술의 활용도가 기하급수로 늘어난 것이다.

　기존 가치 제안의 경쟁력이 향상(〈그림 4.3〉 기존 가치 제안 궤적의 상향 이동)되면 새로운 가치 제안의 우위점을 점점 더 멀리 밀어낸다(C지점). 이런 변화는 기존 기술 개선, 더 폭넓은 생태계 개선, 새로운 가치 제안을 가능케 하고 기존 가치 제안에도 혜택을 주기 위해 개발된 혁신이 이뤄낸 개선에서 비롯된다. 자율 주행 차량의 경우 완전한 자동화 경험에 이르기 위한 기술 여정의 많은 단계가 사람이 운전하는 차량의 경쟁력을 높

생태계 붕괴 타이밍: 너무 빠른 건 너무 늦는 것보다 나쁠 수 있다

이는 '역류 효과'를 만든다. 센서와 제어 시스템의 발전으로 사각지대 모니터링, 차선 이탈 경고, 비상 제동, 적응형 주행 제어 같은 기능이 가능해졌다. 이런 혁신 때문에 기존 제안을 능가하는 데 필요한 것들에 대한 기준이 높아졌고 따라서 교란 시간이 지연됐다. 이제 10킬로미터 달리기가 하프 마라톤이 됐다.

## 출발 지연 × 목표 이동 = 수평선 후퇴

두 가지 요인이 모두 작용할 때(생태계 출현 지연 때문에 새로운 가치 제안의 상승이 방해를 받고 기존 가치 제안 궤적은 생태계 확장으로 증가할 때)는 성과보다 가치 창출 측면에서 생각하는 일이 훨씬 중요해진다. 기술 중심 렌즈로 교란 시기를 예측하면 심각하게 잘못된 예상으로 이어질 수 있다. 기술끼리의 경쟁에만 초점을 맞추고 생태계 간 경쟁을 놓치면 "사람들은 향후 2년 안에 일어날 일은 과대평가하면서 10년 후에 일어날 일은 과소평가한다"던 빌 게이츠Bill Gates의 말대로 돼버린다.

이 말이 의미하는 바는 우리가 새로운 가치 제안이 승리할 것이라고 100퍼센트 확신하더라도 지금 당장은 위험에 처해 있다는 것이다. '가정'은 맞았지만 '시기'는 틀렸다는 얘기다. 그 대가는 매우 클 수 있다. 새로운 기술을 추진하면서 너무 빨리 돈을 거는 바람에 자원을 다 소진해 버린 이들(아날로

그 HDTV를 개발한 필립스) 그리고 너무 일찍부터 투자를 줄이는 바람에 종전의 위치를 빨리 잃게 된 기존 기술 운용자들이 고통을 겪고 있다. 4세대 무선 네트워크4G에서 5세대 무선 네트워크5G로 전환할 때 통신 업계 내부에 바로 이런 긴장감이 감돌았다. 기업들이 미래 세대를 위해 공격적으로 투자하면서 기존 네트워크에서의 입지가 잠식될 위험을 감수했기 때문이다. 실제로 2000년대 초 2G에서 3G로 전환할 때도 이와 동일한 역학 관계가 작용하는 모습이 목격됐다.[2]

지연과 목표물 이동은 서로 상호작용하면서 타이밍과 성

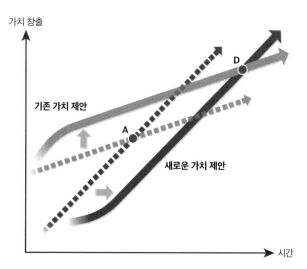

**그림 4.4** 새로운 가치 제안의 발목을 잡는 발현 장벽이 기존 가치 제안의 확장 기회와 상호작용해 교란 시기와 교란에 필요한 성능 수준을 A지점에서 D지점으로 대폭 지연한다.

능 임계값을 새로운 수준으로 끌어올린다(《그림 4.4》의 D지점). 이렇게 하프마라톤이 험준한 지형에서의 풀 마라톤이 돼버리면 준비되지 않은 사람들은 큰 고통을 겪는다.

생태계 출현과 확장 궤적은 외부 충격에 반응해 변할 수도 있다. 예를 들어 미국에서 코로나19 대유행으로 의료보험사가 환자 원격 진료에 대한 보상 제도를 바꾸자 지금까지 주저하던 병의원들이 원격 진료 기술을 수용할 이유가 생기면서 새로운 가치 제안 채택률이 기하급수로 증가했다. 제조업이 자국으로 유턴하는 경우에도 마찬가지로 새로운 공장에서 지능형 자동화 기술 채택이 가속화되리라고 예상할 수 있다. 또 규제 정책이나 생산 요건이 변하면 기존 가치 제안이 확장될 기회가 크게 줄거나 늘어날 수 있다. 어떤 경우든 생태계 역학 관계를 더 넓은 시선으로 바라봐야만 건전한 기반 위에서 교란 시기를 전략적으로 대비할 수 있다.

### ••• 생태계 경쟁을 판단하기 위한 프레임워크

새로운 가치 제안을 위한 생태계 준비 여부와 기존 제안에 대한 확장 기회를 명확히 안다면 이제 생태계 경쟁을 판단하기 위해 이들의 상호작용을 살펴볼 준비가 된 것이다. 먼저 프레임워크를 개발하고 이를 다음 섹션에 적용할 것이다.

기술 경쟁이 아닌 생태계 경쟁 관점에서 세상을 바라보면 타이밍의 중요한 동인을 파악하는 데 도움이 된다. 새로운 가치 제안의 핵심 요소는 사용자가 새로운 기술의 잠재력을 실현할 수 있도록 생태계 전체를 얼마나 빨리 개발할 수 있는가다. 예를 들어 클라우드 기반의 앱이나 저장소의 경우 서버 팜의 데이터 관리 방법을 파악하는 것뿐만 아니라 광대역 및 온라인 보안 같은 중요한 보완 기능의 만족스러운 성능을 보장하는 데 그 성공 여부가 달려 있다. 기존 가치 제안에서 중요한 건 어떻게 하면 기존 생태계를 개선해 경쟁력을 높일 수 있는가다. 데스크톱 컴퓨팅 시스템(클라우드 기반의 앱이 대체하고자 하는 제안)의 경우 더 빠른 인터페이스와 뛰어난 구성 요소가 전통적 확장 기회에 포함돼 있다.

이런 힘들이 상호작용하면서 〈표 4.1〉에 나오는 네 가지 가능한 시나리오, 즉 시장 교란, 강력한 공존, 회복력에 대한 환상, 현상 유지 확대를 유발한다.

**시장 교란(1사분면).** 새로운 가치 제안의 생태계 준비도가 높고(지금은 연결하면 바로 실행되는 세상이다) 기존 가치 제안의 확장 기회가 낮을 때(정지 상태인 기성 기업)는 생태계 역학 관계가 아무 기능도 하지 않으므로 중요한 건 기술 면에서의 상대적인 위치뿐이다. 이 경우 새로운 제안이 단기간에 시장 지배력을

생태계 붕괴 타이밍: 너무 빠른 건 너무 늦는 것보다 나쁠 수 있다

| | | 기존 가치 제안이 확장될 기회 | |
|---|---|---|---|
| | | 낮음 | 높음 |
| 새로운 가치 제안을 위한 생태계 준비 상태 | 높음 | **1사분면: 시장 교란**(가장 빠른 대체)<br>· 16GB 대 8GB 플래시 드라이브<br>· 잉크젯프린터 대 도트프린터<br>· 스마트폰 대 피처폰 | **2사분면: 강력한 공존**(점진적 대체)<br>· 솔리드스테이트 저장소(예: 플래시 메모리) 대 마그네틱 저장소(예: 디스크 드라이브)<br>· 클라우드 컴퓨팅 대 데스크톱 컴퓨팅(2020년)<br>· RFID 칩 대 2020년의 바코드 |
| | 낮음 | **3사분면: 회복력에 대한 환상**(정체 후 빠른 대체)<br>· GPS 내비게이터 대 종이 지도<br>· 고화질 TV 대 표준 화질 TV<br>· MP3 파일 대 CD | **4사분면: 현상 유지 확대**(가장 느린 대체)<br>· 증강 현실 헤드셋 대 2018년의 평면 스크린<br>· 완전한 전기차 대 2012년의 휘발유 주입 자동차<br>· RFID 칩 대 2010년의 바코드 |

**표 4.1** 생태계 붕괴 속도를 분석하기 위한 프레임워크

달성하리라고 예상할 수 있다(《그림 4.4》의 A지점에 해당). 생태계 내 다른 곳에 발생한 병목현상 때문에 가치 창출 능력이 억제되지 않으며 기존 가치 제안은 위협에 대응해 개선할 수 있는 잠재력이 제한돼 있다. 양쪽 모두 생태계 역학 관계가 작용하지 않기 때문에 이 사분면은 일대일 경쟁 및 내부 교란과 가장 일치한다. 여기서 우리는 '창조적 파괴'의 물결, 즉 혁신적 신생 기업이 빠르게 기존 경쟁업체의 종말을 초래할 수도 있다는 대중적 이미지를 만들어 낸 급격한 교란을 확인할 수 있다.

기존 기술이 틈새시장에서 오랫동안 입지를 유지할 수도 있지만 시장 대부분은 새로운 기술을 위해 비교적 신속하게 기존 기술을 포기할 것이다.

**현상 유지 확대(4사분면).** 균형이 역전되면(새로운 가치 제안은 실질적 발현 장벽을 만나 생태계 준비 상태가 미흡해지고 이전 제안은 강력한 개선 기회를 제공하는 생태계에 배치될 때) 교란 속도가 매우 느려질 것이다. 따라서 기존 제안이 오랫동안 번영하는 리더 위치를 유지하리라고 예상할 수 있다. 이 사분면은 처음 발표될 때는 혁신적인 것처럼 보였지만 돌이켜 보면 지나치게 과장된 기술과 가장 일치한다.

바코드와 무선주파수 식별RFID 칩 사이의 초기 관계가 좋은 예다. RFID 칩은 바코드보다 훨씬 많은 데이터를 저장하겠다는 약속을 지켰지만 적절한 IT 인프라의 느린 도입과 불균일한 산업 표준 때문에 채택이 지연됐다. 또 앞서 말한 것처럼 IT 기능 개선으로 바코드 데이터의 유용성이 커지자 RFID는 틈새 앱으로 격하돼 RFID 혁명을 10년 이상 가로막았다. 2010년대 중반이 돼서야 RFID를 둘러싼 많은 과제들이 해결됐고 마침내 이들의 역학 관계가 4사분면에서 벗어나 대체 속도가 빨라졌다. 그러나 처음부터 RFID에 전념한 이들에게는 소박한 위로일 뿐이다. 시스템의 다른 부분이 발전을 따라잡을 때까지 기다리는 데 드는 기회비용을 생각하면 올바른 위치에 10년씩이나 미리 가 있을 경우 혁명을 완전히 놓쳤을 때보다 비용이 많이 들 수도 있다.

또 대체되기까지 지연되는 시간이 길어질수록 새로운 제안이 우월성을 달성하는 데 필요한 성능 임계치가 높아진다(〈그림 4.4〉의 D지점). 일례로 IT 개선을 통해 바코드의 유용성이 커질 때마다 RFID 기술의 품질 임계값이 상승하는 것이다. 낙후된 생태계 상황 때문에 혁신의 광범위한 채택이 지연돼도 그에 대한 성능 기대치는 계속 상승한다는 뜻이다. 지브라 테크놀로지스Zebra Technologies 사례에서 이런 전환을 관리하는 방법을 살펴볼 생각이다.

**강력한 공존(2사분면)**. 새로운 가치 제안 생태계의 준비도가 높고 기존 가치 제안의 생태계 확장 기회도 많으면 둘 사이의 경쟁이 치열해질 것이다. 새로운 제안이 시장에 진출해도 기존 생태계 개선을 통해 시장점유율을 방어할 수 있다. 그러면 공존 기간은 길어질 것이다. 확장 기회가 새로운 제안의 상승세를 뒤집을 가능성은 낮지만 그들의 시장 지배를 실질적으로 지연할 것이다.

시장 부문마다 다른 교란 결과를 예상해야 한다. 예를 들어 자율 주행 차량의 경우 가족 여행, 도심 배달, 주간 고속도로에서의 운송, 외부와 차단된 건설 현장에서의 자재 이동 등 다양한 경우를 비교해 보면 핵심 성능 요건과 생태계 준비 요건에 큰 차이가 드러난다. 이런 차이 때문에 가치 제안을 통해 타깃으로 삼을 고객과 시기를 선택하는 일의 중요성이 커진다.

하이브리드(휘발유/전기) 자동차 엔진이 전통적 내연기관 엔진과 경쟁하는 경우를 생각해 보자. 충전소 네트워크 지원 같은 새로운 요소가 필요한 완전 전기 엔진과 달리 하이브리드는 생태계 발현 장벽 때문에 억제되지 않았다. 하지만 기존 가솔린 엔진의 연료 효율이 높아지고 냉난방 시스템 같은 다른 요소들의 통합이 개선되면서 기존 제안에서 창출되는 가치가 늘어났다.

확실한 공존 시기는 소비자 관점에서 볼 때 상당히 매력적일 수 있다. 두 생태계 성능이 모두 향상되고 이전 제안의 생태계가 개선될수록 신기술 생태계에 대한 성능 기준이 높아진다(〈그림 4.4〉의 B지점). 또 이 사분면은 어떤 기업 내에서 경쟁 기술이 공존하는 데도 도움이 된다.

**회복력에 대한 환상(3사분면).** 새로운 가치 제안의 생태계 준비도가 낮고 기존 생태계 확장 기회도 적으면 발현 장벽이 해결될 때까지 많은 변화는 없겠지만 대체는 빠르게 이뤄진다. 여기서 시작된 붕괴는 "처음에는 점진적으로 그다음에는 한꺼번에"라는 파산 진행에 관한 헤밍웨이의 설명을 따라갈 것이다. 고화질 방송 대 기존 텔레비전 방송, GPS 대 종이 지도가 좋은 예다. 두 혁명 모두 기존 생태계 발전 때문이 아니라 새로운 제안의 발현 장벽 때문에 지연됐다.

업계에서 3사분면 시나리오를 분석한 내용을 보면 기존 가치 제안은 높은 시장점유율을 유지하지만 성장이 정체되는 것으로 나타났다. 새로운 제안이 가치 창출 잠재력을 충족하면 시장점유율이 빠르게 역전될 것이므로 기존 기술의 지배력은 취약해진 상태다. 기성 기업 입장에서는 본인들의 노력으로 시장에서의 지위를 유지하고 있다는 잘못된 인식을 경계해야 한다. 도로 지도 제작자들이 증명하듯이 지금은 제품이 지는 해임을 염두에 두고 수확과 점진적 개선에 만족해야 할 때다.

## 프레임워크에서 혁신 찾기

어떤 사분면에서 혁신을 찾아내려면 먼저 생태계 출현과 관련된 문제부터 살펴봐야 한다. 그런 다음 각 요소를 어떻게 해결할지 명확히 정해야 한다. 마지막으로 그 해결책이 얼마나 도전적일지 평가한다. 확장 기회에 대해서도 비슷한 단계를 밟는다. 장소 선택은 분명 판단 문제지만 이 과정을 통해 당신이 내리는 판단의 근거가 당신 자신에게뿐 아니라 당신이 이끌어야 하는 다른 이들에게도 명확해질 것이다. 어떤 사람은 2021년의 자율 주행 차량을 보고 규제 장벽 때문에 주류 시장에서 채택되지는 못하는데 기술 역류 효과로 인간 운전자의 기능은 지속적으로 향상되는 등 여전히 4사분면에 갇혀 있다고 지적한다. 또 어떤 사람은 자율 주행 차량을 2사분면의 정점에 배치하면서 가상의 경계가 있는 구역에서는 자율 주행이 잘 정착돼 있고 테슬라의 자동 조종 기능이 고속도로 주행을 사실상 실현했다고 주장한다. 그런가 하면 웨이모의 자율 주행 택시를 우리가 1사분면에 속해 있다는 증거로 제시하는 이들도 있다. 팀원들의 위치 평가에서 드러나는 차이를 명확하게 구분하면 그들의 신념과 직관의 기저를 이루는 다양한 가정, 즉 가치 제안을 정의하는 방법, 시장 부문과 시장 경계를 이해하는 방법, 성공을 측정하는 방법 등을 파악해 분석할 수 있다. 이 실습을 통해 외부 환경에 대한 명확성(올바른 위치에 존재하기 위한 열쇠)을 높이는 동시에 팀 내부 관점도 확실하게 알 수 있는(효율성을 위한 열쇠) 두 가지 이점을 얻는다.

어떤 사분면에서든 가치 제안의 위치는 고정돼 있지 않다. 생태계 병목현상이 해결되고 확장 기회가 고갈되면 상대적인 힘의 균형이 변한다. 그래서 클라우드 컴퓨팅은 1990년대와 2000년대는 대부분 4사분면에 머물러 있었지만 2010년대에는 확실히 2사분면에 있었고 2020년대에는 1사분면으로 향했다.

### 시스템의 다음 향방은 어디일까?

붕괴는 새로운 가치 제안이 약속을 이행하고 이전 가치 제안을 능가할 수 있을 때만 발생한다. 이는 전체 시장에서 발생할 수도 있지만 시장 부문별로 전개되는 경우가 많다.

시스템이 1사분면에 도착해야만 완전한 대체가 이뤄지지만 그곳에 다다르기 위한 다른 경로도 있다. 4사분면에서 3사분면, 거기서 다시 1사분면으로의 전환을 예측하는 가설은 기존 기술이 고갈되리라는 추측을 바탕으로 한다. 혁신가 입장에서 이는 성능 임계값 변화는 크게 걱정하지 않고 새로운 기술 생태계 조정에만 집중한다는 뜻이다. 반면 4사분면에서 2사분면 그리고 1사분면으로 이어지는 예측 경로는 개선 중인 기존 기술 생태계와의 경쟁을 의미한다. 이때 혁신가는 성능을 꾸준히 향상하는 동시에 생태계를 완벽하게 만들어야 한다.

사분면상에서 가치 제안이 어떻게 전환될 것인가에 대한 관점은 본인의 추측을 검증하기 위해 모니터링해야 하는 지표뿐 아니라 그사이에 해야 하는 투자에도 영향을 미친다. 새로운 생태계와 기존 생태계의 역학 관계에 대한 기대치를 명시하면 변화하는 부분을 더 능동적으로 모니터링할 수 있으며 가정의 타당성이 드러나면 그에 따라 더 자신 있게 경로를 유지하거나 변경할 수 있다.

## 기업 내부에서의 공존

새로운 것과 오래된 것이 경쟁하는 상황에서 둘 중 어디에 전념할지 고민할 때는 반드시 둘 중 하나를 선택할 필요는 없다는 사실을 기억하자. 경쟁적 가치 제안은 시장에서 그리고 기업 내에서도 공존이 가능하다. 이는 4사분면의 대기 상태에서 새로운 가치 제안을 육성하다가 이후 세계가 2사분면으로 전환되는 바람에 다른 투자 기반을 찾아야 하는 상황이 된 혁신적 기성 기업이 직면하는 도전 기회다.

설립 후 200년 동안 혁신을 거듭한 역사를 자랑하는 출판사 볼터르스 클뤼버르Wolters Kluwer는 상업 인터넷 초창기부터 전자 출판에 적극적으로 뛰어들어 1995년에 이미 의사, 변호사, 금융 전문가 등 전 세계 고객을 위한 온라인 정보 서비스에 투자했다. 물론 선견지명이 있는 사람은 "너무 이르다"는 말을 듣는 경우가 많다. 이 때문에 리더들은 필연적으로 어려운 입장에 처한다.

2003년부터 볼터르스 클뤼버르의 CEO를 역임한 낸시 매킨스트리Nancy McKinstry는 고객 조직뿐만 아니라 외부 생태계에서 생기는 발현 장벽까지 해결해야 했다. "가끔은 이런 변화가 중단될 수도 있고 고객이 올바르지 않은 방식으로 특정 작업을 수행하거나 받아들일 거라고 예상할 수도 있다."

이 말이 실제로 의미하는 바는 힘과 인내심의 유지가 비전에 필요한 부속물이라는 것이다. 이는 외부 환경의 역학 관계만큼이나 기업의 내부 지배 구조나 자금 조달 철학에도 영향을 받는다. "인쇄 시대에서 디지털 시대로 넘어가는 첫 번째

생태계 붕괴 타이밍: 너무 빠른 건 너무 늦는 것보다 나쁠 수 있다

물결은 더 큰 수익 기반을 만들지 못했고 두 가지 형태의 투자가 필요했다"고 매킨스트리는 말했다. "정말 힘든 작업이었다." 두 번째 물결이 더 성공적이긴 했지만 성공이 확장되려면 시간이 걸린다. "세상이 우리를 따라잡길 기다리는 동안 뭘 해야 하는가?"라는 질문은 "어떻게 해야 투자를 계속할 수 있는가?"라는 재정적 압박으로 인해 더 복잡해진다. HDTV를 개발한 필립스 사례에서 본 것처럼 조기 진입자의 위험은 단순히 수익이 지연되는 것만이 아니라 신기술이 발전함에 따라 신기술 투자의 타당성이 떨어진다는 것이다.

전환 초기부터 디지털로의 이동은 볼터르스 클뤼버르가 제공하는 가치를 향상해 접근성이 개선되고 생산성이 증가하며 새로운 통찰을 얻고 궁극적으로 더 좋은 결과가 나올 것임이 분명했다. 그러나 매킨스트리는 고객층이 새로운 형식을 "확실하게" 받아들이기까지 15년이 걸렸다고 추정한다. 그는 "이런 (인쇄) 제품을 원래대로 유지하면서 그와 동시에 이행을 진행해야 한다"고 말을 이었다. "따라서 자본 배분을 고민할 때는 우리가 한동안 플랫폼 두 개를 보유하고 있다는 사실을 명확히 해야 한다. … 또 그 여정에서 고객도 도와야 한다." 문제는 변호사들이 문헌을 검색할 때 도움이 되는 기술과 솔루션을 개발하는 데서 끝나는 게 아니라 이 솔루션을 보수적이기로 악명 높은 변호사들의 작업 흐름이나 루틴과 통합할 방법을 찾는 것이었다. 사실 부피가 크고 다른 사람들과 같이 볼 수도 없는 두꺼운 책을 여러 권씩 들고 다니는 불편함이 있는데도 불구하고 법조계에 이 같은 전통과 습관이 남아 있다는 건 그에 얽힌 문제가 많다는 뜻이다. 그러니 시간과 투자가 필요하다.

비전, 지구력, 인내심은 4사분면에서 벗어나기 위한 필수 요소다. 비전이 없으면 시장에 진입하면 안 된다. 인내심과 지구력이 없으면 살아남지 못한다. 문제는 기다리는 동안 뭘 할 것인가다. 기성 기업의 고유한 장점은 고객과 함께 기반을 다질 수 있다는 것이다. 볼터르스 클뤼버르 입장에서는 고객의 작업 과정을 깊이 파고들어 가장 큰 이익을 창출하는 가치 아키텍처가 뭔지 파악한다는 뜻이다. 이는 고객 통찰 확보부터 향상된 디지털 제품 개발, 생태계 확장, 광고주와의 관계 재정립, 전문 솔루션 제공에 이르기까지 15년 동안 진행된 명확한 계획과 함께 명시적으로 정의된 전략적 과정이다. 4사분면에서 2사분면으로의 전환과 함께 진행된 단계적 확장 전략은 인상적인 결과를 낳았다. 2004년 볼터르스 클뤼버르의 디지털 부문은 전체 매출의 35퍼센트를 차지했지만 2019년에는 디지털 및 관련 서비스 부문이 전체 매출 41억 유로 가운데 89퍼센트를 차지할 정도로 성장해 지금까지 인쇄 사업을 통해 얻은 것보다 높은 이윤을 기록했다.

**공존을 통한 확장 기회 창출** 기존 가치 제안과 새로운 가치 제

생태계 붕괴 타이밍: 너무 빠른 건 너무 늦는 것보다 나쁠 수 있다

안에 동시에 참여하면 추가 기회, 즉 새로운 제안을 발전시켜 기존 가치 제안을 독점적으로 확장할 기회를 만들 수 있다. 지브라 테크놀로지스는 1982년 무역 박람회에서 바코드 프린터를 처음 공개했고 이후 30년간 소비재부터 의료, 자동차, 기타 다양한 산업 분야에 서비스를 제공했다. 지브라는 1991년 회사를 상장했고 그해 연말에는 3억 8,000만 달러 규모의 바코드 시장 중 25퍼센트를 차지했다. 1993년 8,740만 달러였던 매출이 2000년에는 4억 8,150만 달러로 급증했지만 지브라는 여전히 열전사 바코드 프린터와 라벨 혁신에 주력하고 있었다.

지난 10년 동안 느리지만 꾸준하게 진행된 수많은 RFID 혁신과 도입은 응용 분야에서 기존 바코드를 대체하려는 위협이었다. RFID의 풍부한 실시간 데이터 수집 및 분석 기능은 재고 관리, 자산 추적, 소매 판매대에 혁명을 일으켰다. 지브라는 이 경쟁 기술에 적극적으로 투자하기로 결정하고 2014년 모토로라의 엔터프라이즈 사업을 34억 5,000만 달러에 인수했다. 이를 통해 RFID 기반의 첨단 데이터 캡처 통신 기술과 모바일 컴퓨팅을 포트폴리오에 추가했다. 지브라 CEO 안데르스 구스타프손Anders Gustafsson은 "전 세계 고객이 데이터 분석과 이동 수단을 활용해 비즈니스 성과를 개선하는 요즘 우리는 사물 인터넷 솔루션의 기본 요소를 제공할 수 있다"고 말했다. 회사 내부에서도 RFID를 대체품이 아닌 추가 사업 라인으로 여겼다.

기술은 다르지만 이 둘은 그들이 생산하는 데이터를 통해 회사 내에서 결합됐다. 지브라의 데이터 관리 시스템은 기술 소스에 상관없이 데이터를 수집해 실행 가능한 통찰로 변환한다. 이 접근은 붕괴 시기에 대한 대비책일 뿐 아니라 고객이 자기 회사 안에 기술이 공존할 수 있게 하면서 업무 관련 부분을 바코드에서 RFID로 전환할 수 있는 점진적 경로를 제공함을 의미했다. 이는 1사분면과 2사분면 사이의 중간 지점을 포함한다. RFID는 일부 부문을 지배하고 다른 부문에서는 바코드 및 QR 코드와 공존한다. 지브라는 임무 수행에 필수적인 인프라를 전면적으로 전환하는 고위험 시나리오의 대안을 마련해 고객이 새로운 방식을 실험하고 궁극적으로 받아들이는 동시에 두 세대 기술 모두에서 입지를 강화할 수 있도록 지원했다.

과거 기술로 무장한 지브라는 기성 기업의 역량을 활용해 미래 데이터 캡처 혁신을 수용했다. 그리고 이를 통해 정보 가치 사슬에서의 지위를 높였다. 고객이 수직선 형태로 저장된 데이터를 감지할 수 있게 해주는 단순한 장치 제조업체에서 다양한 장치에 캡처된 정보 중개자로, 고객이 캡처한 데이터를 분석하고 작업할 수 있는 파트너로 발전한 것이다.

기성 기업을 혁신할 때 가장 큰 장점은 고객과의 기존 입지를 활용해 지식을 얻고 새로운 가치 제안의 견인력을 구축

생태계 붕괴 타이밍: 너무 빠른 건 너무 늦는 것보다 나쁠 수 있다

할 수 있다는 것이다. 새로운 계획을 주요 사업과 분리하는 기성 기업은 이를 활용할 수 있는 능력이 약화된다. 앞서 아사아 블로이 사례에서 살펴본 것처럼 볼터르스 클뤼버르와 지브라 테크놀로지스도 전통 사업의 자원과 관계를 대규모로 활용할 수 있는 능력이 새로운 가치 제안을 뒷받침하는 데 많은 영향을 미치고 그와 동시에 새로운 제안을 활용하는 능력이 기존 제안에도 이익이 됨을 보여준다.

## ••• 선택에 전념하기: 포착, 대기, 변경, 형성

성공에 필요한 요소를 모두 써버리면 혁신을 위해 투자하기가 어려워질 수 있다. 그러나 복잡성을 알았다고 해서 상황이 더 복잡해지는 건 아니며 단지 더 많은 정보를 얻은 것뿐이란 사실을 명심해야 한다. 성장을 위해 노력하는 기업은 새롭고 불확실한 계획에 자원을 투자하라는 명령을 받아들여야 한다. 그러나 이런 투자 전략이 불투명하기 때문에 투자 구조가 단편화되다 결국 자멸하는 경향이 있다. 재무 담당자와 힘든 예산 회의를 마친 뒤 아무 제품 관리자에게나 물어보라.

여기서 제시되는 논리는 점진주의를 강요하기보다 헌신에 대한 확신을 안겨준다. 상황의 역학 관계를 잘 알고 있으면 본인의 실행 능력을 명확하게 아는 것이 더 중요해진다. 새로운 제안과 관련된 생태계가 굴러갈 준비가 됐는가 아니면 발현 장벽 목록이 압도적으로 긴가? 이전 제안과 관련된 생태계에 여전히 개선 가능성이 있는가 아니면 실행할 개선안이 고갈됐는가? 이런 질문에 대한 합리적 관점은 행동하기로 결심할 때와 전략적 인내 과정을 선택할 때 결의를 다지게 해줄 것이다.

**옵션 A―기회를 잡자.** 모든 조건이 무르익으면 시장 교란 기회를 포착하기 위해 전력 질주하자. 훌륭한 실행은 꼭 필요하면서도 힘든 일이지만 승리를 가져오기에 충분하다.

**옵션 B―확신을 갖고 기다린다.** 기술 예측 전문가는 일이 언제 벌어질지 예측하는 데 서투르기로 악명 높다. 이 프레임워크는 실제 행동을 시작하기 전에 녹색으로 바뀌어야 하는 중요한 신호를 배치해 일이 발생하지 않을 시기를 예측하는 강력한 지침으로 사용할 수 있다. 발현 장벽 수와 규모가 당신의 해결 능력을 넘어설 때, 특히 그것이 당신이 계획한 최소한의 실행 가능한 생태계 구성을 방해하면 한동안은 아무 일도 일어나지 않으리라는 걸 알 수 있다. 발현 장벽을 해결하기 위해 속도를 늦추는 것이 자원을 다 소모하고 오랜 기다림을 시작하는 것보다 현명한 방법이 될 수 있다. 필립스의 아날로그 HDTV 대실패는 너무 이른 시작이 얼마나 고통스럽고 무익한 일인지 강력하게 상기시킨다.

기다리는 쪽을 선택했다면 자신이 뭘 기다리고 있는지 명확하게 알아야 한다. 뭘 모니터링해야 하는지 알고 FOMO(좋은 기회를 놓치고 싶지 않은 마음)가 엉뚱한 때 무분별한 헌신을 부추겨도 당초 결심을 유지해야 한다. 기다림에 대한 확신이 있으면 처음에는 흥분했다가 그다음에는 딴 데 정신이 팔렸다가 좌절했다가 필연적으로 실망하게 되는 어중간한 조치와 상징적인 투자를 피할 수 있다.

**옵션 C—목표를 바꾼다.** 가치 제안의 목표를 변경하는 것도 진행 속도를 늦추기 위한 대안이다. 동일한 혁신을 서로 다른 시장에 배치하면 저마다 다른 성능 임계값과 다른 생태계 요구 사항에 직면한다. 예를 들어 공공 도로가 아닌 민간 건설 현장에서 움직이는 자율 주행 차량은 고속 조작 숙달이나 우호적이면서도 포괄적인 규제 환경을 요구하지 않고도 가치를 창출할 수 있다. 기술을 개발하고 학습과 비용 곡선을 낮추고 노력에 대한 수익을 얻고 새로운 가능성을 열 수 있는 기회 등이 이런 '디딤돌' 시장으로 노력을 유도하는 매력이다. 이 변화에 성공하려면 조직의 유연성과 발현 장벽을 명확하게 이해해야 한다.[3]

2007년 생물학자 린다 아베이Linda Avey와 기업가 앤 워치츠키Anne Wojcicki는 DNA 분석으로 고객의 조상을 알아내고 (조상을 찾아주는 다른 기업들과의 주요 차별화 요소로) 고객의 특정 유전자 돌연변이를 분석해 특정 질병 소인을 밝히겠다고 약속하는 스타트업 23앤드미를 설립했다. 이들의 보고서에는 특정 유전자 구성이 암, 심장병, 비만 등의 위험에 어떤 영향을 미치는지 보여주는 '확률 계산기'가 포함될 것이었다. 이 회사는 "23앤드미 서비스는 질병이나 의학적 상태를 진단하기 위한 검사나 키트가 아니며 의학적 조언을 위한 것도 아니다"라고 부인했지만 의사, 생명윤리학자, 개인 정보 보호 옹호자들은 의료 정보를 건설적인 방식으로 맥락화하는 고객의 능력에 우려를 표했다. 특히 나쁜 '소식'을 듣게 될 경우의 감정적 파급 효과를 감안하면 더 그랬다. 2013년까지 23앤드미는 키트 비용을 999달러에서 99달러로 낮추고 고객 50만 명에게 서비스를 제공했다.

이 회사의 공동 설립자 워치츠키는 "당신이 스스로를 돌보지 않는다면 아무도 돌봐주지 않을 것이다"라고 말했다. "내가 의료 서비스와 관련해 모욕적이라고 생각하는 것 중 하나는 환자를 위해 수많은 결정을 내리면서 환자 스스로 결정할 기회는 주지 않는다는 것이다." 그가 생각하는 23앤드미는 개별화된 유전 지식을 통해 건강관리 권한을 소비자 손에 넘겨주는 회사다. "유전학은 더 건강한 삶을 살아갈 방법과 관련된 전체 경로의 일부"라고 그는 말한다. "빅 데이터는 우리를 더 건강하게 만들어 줄 것이다." 그러나 미국 식품의약국FDA은 상

4장.
───────
생태계 붕괴 타이밍: 너무 빠른 건 너무 늦는 것보다 나쁠 수 있다

황을 다르게 봤다. FDA는 그 키트가 의학적 진단을 도출하는 데 사용된 사실상의 '의료 장비'이므로 규제 승인을 얻으려면 엄격한 (그리고 비용도 많이 들고 시간도 오래 걸리는) 시험을 통해 검증을 받아야 한다고 판결했다.

FDA 승인 요건은 23앤드미의 목표 가치 제안에 예상치 못한 발현 장벽으로 떠올랐다. 이에 대응해 23앤드미는 환자에게 직접 접근하는 방식을 재고하면서 제약 회사와 협력하는 쪽으로 상업적 노력을 전환했다. 규제 당국을 대하는 데 능숙한 제약 회사는 잠재적인 약제 표적, 연구 참여자 그리고 심지어 잠재적 환자를 식별하기 위해 대규모로 분석 가능한 유전자 데이터를 갈망하고 있었다. 23앤드미는 독특한 유전자 데이터베이스 덕분에 유일하고 매력적인 파트너가 됐다. 2015년 이 회사는 화이자와 제휴해 5,000명의 연구 대상을 상대로 루푸스를 연구한다고 발표했다. 2018년 거대 제약 회사인 글락소 스미스클라인은 처음에 파킨슨병 치료를 위한 약물을 개발하려고 23앤드미 지분을 3억 달러어치 인수했다. 그 이듬해 23앤드미는 앨라일람 파마슈티컬스와 손잡고 +마이패밀리 +My Family 프로그램을 시작했다. 이를 위해 유전적 질환과 관련된 유전자 변형이 있는 1급 가족 구성원에게 무료 검사 세트를 제공했다. 2020년 초 23앤드미는 염증성 질환 치료를 위해 개발한 항체를 스페인 제약회사 알미랄에 허가해 줬고 이 약은 임상시험을 거쳐 시장에 출시될 예정이다.

중간 단계에서 대체 시장으로 옮겨 가면 주류 시장으로 되돌아가기가 쉽지 않을 수도 있다는 위험이 생긴다. 다른 시장에 서비스를 제공한다는 것은 원래 목표로 다시 전환하지 못할 수도 있는 조직과 과정을 구축한다는 뜻이다. 그러나 적극적 관리와 현명한 임시 목표 선정은 이런 위험을 완화한다. 23앤드미는 제약 회사와의 파트너십을 추진하면서도 한편으로는 자체적으로 규제 준수 노력을 계속해 2017년 개인 유전자 검사 시장에 재진입했다. 어쩔 수 없이 경로를 바꿨던 23앤드미는 다른 목표 시장으로 전환하는 것이 생존뿐 아니라 기업 번영에도 도움이 될 수 있음을 보여준다.

**옵션 D—맥락을 형성한다.** 물론 기업은 외부 힘에 지배되는 생태계 여정의 승객이 아니다. 전략 구상과 유리한 위치를 얻기 위한 사전 포지셔닝은 당면한 발현 장벽을 이해하고 해결하기 위한 설득력 있는 접근 방식이 있을 때 의미가 있다. 자율 주행에 대한 테슬라의 접근 방식이 좋은 예다. 테슬라는 2016년부터 모든 자동차에 센서, 소프트웨어, 차량 무선 인터넷 서브시스템을 장착해 고급 운전자 지원 옵션 패키지인 '자동 조종'을 가능하게 했다. 그들은 구매자가 자동 조종 패키지를 선택했는지 여부에 상관없이 차에 이런 부품을 포함하고 비용을 부담했다. 따라서 사용자는 차를 구입할 때 자동 조종 장치 비용으로 8,000달러를 내거나 나중에 잠겨 있는 기능을 사용하기 위해 1만 달러를 내거나 돈을 내지 않고 이 기능을 사용하지 않을 수도 있었다. 하지만 사용자가 자동 조종 장치를 이용하는지에 상관없이 테슬라는 항상 자동 조종 장치에 접속해 모든 자동차와 운전자의 주행 데이터를 계속 수집했다. 무선으로 차량에 연결된 테슬라는 계속 증가하는 차량에서 데이터를 수집할 수 있었다. 2018년까지 테슬라의 자동 주행 하드웨어가 장착된 차량 약 50만 대가 도로를 달렸다. 테슬라 운전자들의 주행거리는 100억 마일에 이르렀고(그만큼의 데이터를 제공하면서) 테슬라는 이 경주에서 다른 어떤 경쟁사보다 훨씬 앞서나갔다. 테슬라가 현장에 배치한 엄청난 수의 데이터 수집 차량을 따라잡으려고 노력하는 모든 기업은 버거운 도전에 직면해 있다. 이기는 내기일까? 확실치 않다. 자율 주행 차량의 미래를 주도하는 데 관심 있는 회사 입장에서 합리적 내기인가? 물론이다.

...

## 과감히 베팅하기: 시간 압축 비경제와 관련성 반감기

전략이 가장 중요한 경우는 옵션을 두는 데 시간이 걸리고 선택 비용이 많이 들 때다. 생태계 경쟁을 위한 투자 속도를 정할 때 두 가지 보완 아이디어를 고려하면 도움이 된다. 첫째, 시간 압축 비경제는 작업 과정을 서두를수록 비용이 증가하는(효율성이 떨어지는) 정도를 평가한다.[4] 평판 구축이 전형적인 예로 평판을 쌓을 시간이 적을수록 파트너와 고객에게 동일한 수준의 작업 신뢰도를 제공하기 어렵다. 자원이 시간 압축 비경제의 영향을 받는 범위가 넓을수록 조기 투자의 정당성은 커진다. 시간 압축 비경제는 특히 관계 구축과 상호 신뢰가 지지의 초석이 되는 비기술 활동과 파트너십 분야에 널리 퍼져 있다.

그 반대는 관련성 반감기, 즉 자원을 배치한 후 자원 가치가 하락하는 속도다. 예를 들어 공장과 가정이 인터넷에 연결된 세상에서 연결 방식을 무선으로 전환하면 유선 인프라의 가치가 떨어진다. 파트너의 인내와 열정도 마찬가지로 새로운 투자가 없으면 감소할 수 있다. 당신이 모아야 하는 요소들이 시간이 지나면서 활력을 잃는다면 그걸 너무 일찍 모으는 건 투자 가치를 파괴하는 좋은 방법이다.

이런 논리로 볼 때 테슬라가 모든 차량에 자동 조종 장치를 포함하는 비용을 부담해야 한다는 주장의 설득력 있는 근거는 자율 주행의 기술적 성취는 자율 주행 알고리즘(개선된 방법론이 정기적으로 대두됨에 따라 반감기가 짧음)이 아니라 이 알고리즘을 훈련하고 조정하는 데 사용되는 주행 데이터 축적에 달려 있다는 것이다(반감기가 길고 시간 압축 비경제에 따라 달라짐).

가치 제안이 시간 압축 비경제에 따라 달라지는 요소에 의존하는 경우 일찍 씨앗을 심으면 엄청나게 유리할 수 있다. 3장에서 논의한 내용을 되짚어 보면 이런 투자가 새로운 생태계에서 MVE를 시작할 수 있는 토대를 마련한다고 볼 수 있다. 테슬라가 계획한 서비스를 시작하기 몇 년 전부터 미리 자동차보험 쪽에 손을 써둔 것도 잘한 일이다. 2019년 이 회사는 테슬라 보험을 발표했다. "테슬라 소유주들에게 최대 20퍼센트, 경우에 따라서는 최대 30퍼센트까지 낮은 요금을 제공하도록 설계된 경쟁력 있는 가격대의 보험 상품이다. 테슬라는 자사 차량, 기술, 안전, 수리 비용을 알고 있는 유일한 회사며 기존 보험업자들이 부담하던 수수료를 없앴다. 테슬라의 능동적인 안전성과 모든 신차에 기본적으로 제공되는 첨단 운전자 지원 기능을 반영한 가격 책정 정책 덕분에 테슬라 보험은 자격을 갖춘 많은 소유주들이 보험료를 절감할 수 있게 해준다." 절대 싼 가격에 파는 사람이 아닌 머스크는 "다른 어떤 보험보다 훨씬 설득력 있을 것"이라고 선언했다.

전설적 투자자(이자 거대 자동차보험사 가이코의 소유주) 워런 버핏Warren Buffet은 테슬라의 움직임에 대해 "자동차 회사들이 보험 사업에 뛰어드는 건 아마 보험 회사가 자동차 사업에 뛰어드는 것과 같을 것"이라고 일축했다. 이 발언은 기존 업계에 경쟁을 더할 뿐인 내부 교란과 다각화 세계에서는 합리적인 비평이다. 그러나 가치 아키텍처의 여러 요소에서 변화를 확인하거나 유발할 수 있을 때 생기는 가능성은 놓치고 있다.

1장에서 본 코닥에 관한 논의를 떠올리면 제지업체와 LCD 제조업체는 절대 서로의 산업으로 다각화하지 못했을 거라고 말해야 옳을 것이다. 맞는 말이지만 코닥의 경우처럼 산업 분야 사이의 구분 자체가 약해지면 게임 판도가 크게 달라진다. 운전 알고리즘을 개선하기 위해 수집한 테슬라의 데이터를 운전자 안전을 판단하는 데도 적용할 수 있다면 디지털 인쇄의 '소비'와 '생산'이 그랬던 것처럼 '운송'과 '보험' 요소가 수렴되기 시작한다. 이 렌즈를 통해 바라보면 버핏의 일축은 너무 무신경해 보인다. 테슬라는 안전한 차를 만들기만 하는 게 아니다. 모든 차량에 무선 업데이트를 제공하는 능력을 통해 이미 판매한 자동차도 더 안전하게 만들 수 있다. 알고리즘과 제어 소프트웨어의 완벽한 개선을 통해 안전벨트가 달린 차를 샀는데 2년 뒤 어느 날 보니 에어백이 달린 차가 돼 있는 것과 같은 효과를 낸다. 또 여타 보험사들은 오래전부터 고객에게 블랙박스를 설치해 운전 습관을 모니터링해 보라고(예: 공격적 운전의 지표인 급제동 횟수 세어보기 등) 설득하면서 안전하게 운전하는 이들에게는 '보상'을 해주려고 한 반면, 테슬라는 이미 운전

4장.
─────────────
생태계 붕괴 타이밍: 너무 빠른 건 너무 늦는 것보다 나쁠 수 있다

행동의 모든 측면을 완벽하게 파악할 수 있는 능력을 갖추고 있다. 허용만 된다면(물론 안 되겠지만) 이 회사는 모든 운전자에게 완벽하게 맞춤화된 보험 상품을 제공할 수 있는데 이는 다른 자동차보험사들에서는 절대 불가능한 일이다. 마지막으로 자동 조종 패키지가 완전한 자율성을 제공하기 훨씬 전부터 테슬라는 거의 완벽한 방어 개입 기능을 제공해 안전한 작동을 보험 통계상 요행이 아닌 차량과 연계된 제품 보증서로 전환할 수 있을 것이다. 실제로 가치 역전 현상이 눈앞에서 펼쳐지는 모습을 볼 수 있다. 역사적으로 자동차 제조사의 차량 안전 개선은 보험사 업무에 희소식이었다. 그러나 안전이 20배나 개선된다면(안전성을 우려할 여지가 거의 없는 수준) 기존 보험사의 가치 창출 기반이 완전히 사라질 수도 있다.

　그러나 이 비전을 실현하려면 생태계에서 절차 및 규제에 상당한 혁신이 일어나야 하며 이런 측면에서 보면 시간 압축 비경제가 크게 나타나리라고 예상할 수 있다. 기술과 비즈니스 모델이 준비됐다고 해서 그 자체로 비기술적 발현 장벽 해결이 가속화되지는 않을 것이다. 그리고 바로 이런 이유 때문에 2019년 테슬라의 움직임은 시기상조라기보다는 현명해 보인다. 테슬라는 전통 보험사인 스테이트 내셔널 보험사와 제휴해 발판을 마련한 덕에 보험 게임에 대한 통찰을 얻었고 그보다 더 중요하게는 게임을 하기 위해 관리해야 하는 정책과 규제 혁신에 영향력 있는 발판을 마련했다. 일반적으로 방어적인 기성 기업이 기술 개발 자체를 억제할 수 있는 여지는 거의 없다. 그러나 이전 생태계의 이해 당사자들이 새로운 생태계 부상으로 잃을 것이 있는 경우(이윤을 보호해야 하는 보험사든 조합원을 보호해야 하는 화물 운송 조합이든)에는 비기술적 발현 장벽의 부담을 증가하기 위해 적극적으로 로비할 수 있으며 이로 인해 붕괴 시점이 상당히 지연될 수 있다. 공동의 이해관계를 통한 자연스러운 발전을 기대하는 건 순진한 일이므로 현명한 교란자는 시스템을 형성하고 제도적 타성의 힘에 대항하려면 화이트보드에 적은 개념 증명뿐 아니라 시장 분야 관계자의 노력도 필요함을 알고 있다.

테슬라는 MVE 사전 제안을 시작하기 위한 자원을 배치하면서 발현 장벽 문제가 저절로 해결되길 바라며 수동적으로 방관하기보다 그 문제를 적극적으로 구체화할 수 있는 가능성을 만든다. 성공이 확실한가? 그렇지 않다. 테슬라는 비교적 적은 탐사 비용으로 자신들의 가능성을 높이고 다른 사람들을 위해 문을 열어줄 수 있을까? 물론이다. 기성 기업은 갑작스러운 해고를 쉽게 받아들여야 하는가? 물론 아니다.

4장.

생태계 붕괴 타이밍: 너무 빠른 건 너무 늦는 것보다 나쁠 수 있다

## 보수 세력과 싸우다

이 장이 소심한 태도 요구나 변화에 직면했을 때 행동하지 않는 것에 대한 변명으로 읽혀서는 안 된다. 타이밍의 위험을 좀 더 명확하게 이해하면 불확실성에 더 집중하게 되지만 그렇다고 불확실성이 증가하지는 않는다. 사실 그와는 반대로 불확실한 환경에서 결정을 내릴 수 있는 능력이 커진다. 여기 있는 아이디어를 이용해 어떻게 나아갈 것인지 구체적으로 대화를 나누고 관성과 마비를 조장하지 못하게 하자.

자기만의 '현실 왜곡장'이 있는 선구적 창업자 머스크는 확실히 표준 조직 내에서 일하는 대부분의 혁신 챔피언보다 교묘한 술책을 쓸 수 있는 여지가 많다. 하지만 다른 사람들이 기꺼이 따르도록 설득할 수 없을 때만 자신의 의지를 강요해야 한다는 사실을 명심하자. 여기서 요점은 명확한 논리가 있고 이 논리를 제대로 전달할 경우 의사 결정권자들의 의견을 하나로 모으는 데 많은 도움이 된다는 것이다. 이 주제는 7장에서 다시 살펴볼 예정이다.

서로 다른 기업은 서로 다른 옵션과 제약 조건에 직면한다. 타이밍 맥락에서 보면 이는 보편적 '정답'의 개념이 여기에는 적용되지 않는다는 뜻이다. 그보다는 일관성 있고 이성적인 답을 제시하는 게 핵심이다. 특정 기업 내에서도 개인과 팀

마다 견해가 다를 것이다. 팀이 집단 통찰을 최대한 활용하려면 서로 다른 관점을 구조화된 방식으로 표현하는 과정을 거쳐야 한다. 이는 가치 창출 이론에서 가치 아키텍처 논의와 유사하다. 즉, 참가자마다 다른 직관을 갖게 되는 것이다. 경영진의 과제는 해야 하는 일에 대한 합의뿐 아니라 왜 이런 행동 방침을 선택했는지에 대해서도 상호 이해에 도달하는 것이다.

어느 조직에서나 사람들은 모두 성공적인 혁신을 원한다는 데 쉽게 동의한다. 하지만 그 꿈을 좇는 데 필요한 자원을 할당할 때가 되면 긴장감이 생긴다. 후속 논쟁에서는 할 건지 말 건지에 관한 질문에 언제 할 건지에 관한 질문이 포함되는 경우가 많다. 하지만 이는 두 가지 별개의 질문이다. 흔히들 전략은 하지 말아야 할 일을 선택하는 것이라고 말한다. 역동적인 상황에서는 그 일을 하지 말아야 할 때와 자신 있게 행동해야 할 때를 알아야 한다.

조정해야 하는 사항과 조정이 가능한 시기에 따른 의사 결정은 혁신 노력의 효율성과 효과를 향상한다. 그러나 무엇보다 중요한 질문은 누가 필요한 조정을 추진하고 누가 생태계를 이끌기에 가장 적합한 위치에 있으며 누가 이런 리더십에 의존했을 때 더 도움받을 수 있는가다. 이것이 다음 장의 초점이다.

4장.
———————

생태계 붕괴 타이밍: 너무 빠른 건 너무 늦는 것보다 나쁠 수 있다

## 기회의 창이 열리고 닫히는 때를 비롯해 생태계 붕괴가 발생하는 시기를 어떻게 예측할 수 있을까?

| 장 | 4장. 생태계 붕괴 타이밍: 너무 빠른 건 너무 늦는 것보다 나쁠 수 있다 | | |
|---|---|---|---|
| 주요 사례 | · 테슬라와 자율 주행차<br>· 볼터르스 클뤼버르<br>· 23앤드미<br>· 지브라 테크놀로지스 | 도구 | · 궤적도<br>· 타이밍 프레임워크 |

① 확장 기회와 발현 문제의 영향을 타이밍 기대치와 어떻게 통합하고 있는 가? 당신이 가장 많이 하는 가정 두세 가지는 무엇인가? 이를 검증하기 위한 전략은 무엇인가?

② 〈표 4.1〉의 사분면에서 전환을 계획하기 위해 추적하려는 신호는 무엇인 가? 귀사에서 이런 진척을 이룰 수 있는 잠재력이 가장 큰 곳은 어디인가?

③ '포착, 대기, 형태 지정, 이동'에 대한 논리를 시간 압축 비경제나 관련성 반감기 관점과 어떻게 연결할 것인가? 팀 내에서 다양성의 원천은 무엇 이며 이를 어떻게 분류할 것인가?

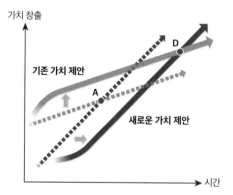

**그림 4.4** 새로운 가치 제안의 발목을 잡는 발현 장벽이 기존 가치 제안의 확장 기회 와 상호작용해 교란 시기와 교란에 필요한 성능 수준을 A지점에서 D지점으로 대폭 지연한다.

**5**

장

# 자아계의
# 함정

The Ego-System Trap

자신이 남들을 이끈다고 생각하지만
실제로 따라가는 이가 아무도 없는 사람은
그냥 산책을 하는 것뿐이다.

– 존 맥스웰John Maxwell

조직을 언제나 가장 중요한 참여자로 간주하는 경우, 생태계
를 뭐라고 부르겠는가?

자아계Ego System.

아이들은 자기 주변에서 벌어지는 일을 자신의 자아나 욕
구와 관련지어 해석한다. 그들의 세계는 자신을 중심으로 회
전한다. 아이가 자신의 세계관을 확장해 다른 사람의 관점에
서 상황을 볼 수 있을 때 성숙했다고 판단한다. 우리는 자신이
이곳에 현존할 수 있지만 반드시 중심일 필요는 없다는 사실
을 인정할 때 심오한 변화를 겪는다.

생태계도 마찬가지다. 기업 리더들은 상호의존성이 가치 창출 능력에 얼마나 중요한지 인식하기 시작할 때 주변의 상호작용을 기본적으로 '자신의' 생태계에 맞춰서 해석한다. 즉, 스스로가 중심이 돼 세계를 해석하는 것이다. 이보다 더 자연스러운 게 뭐가 있을까? 결국 '애플 생태계', '구글 생태계', '(당신 회사 이름) 생태계' 같은 꼬리표도 이런 식으로 생겨나는 것이다. 그리고 회사 규모가 크고 성공적일수록 이런 경향은 더 강해진다.

그러나 기업 리더들이 기본적으로 자기 회사를 중심으로 생태계를 정의할 경우 자아계의 함정에 빠진다. 그들은 자기가 의존하는 파트너가 같은 생각을 하고 있을 가능성을 깨닫지 못한 채 자신들이 책임자라고 가정하는 관점에 갇혀버린다 (〈그림 5.1〉).

조직 내에서처럼 생태계 내에도 지지 구조, 이동 타이밍, 참여자 조정, 참여 규칙을 정하는 책임자를 두는 게 좋다. 하지만 모든 사람이 다 자신이 리더라고 믿는다면 결국 아무도 리더가 아니게 되고 조정과 효율성이 무너진다.

생태계 리더십에 어떻게 접근해야 할까? 또 하나 중요한 질문, (훨씬 일반적이지만 훨씬 전략적이지 않은) 리더를 따르는 이들의 역할을 생산적으로 생각하려면 어떻게 해야 할까?

'추종자'는 비즈니스 사전에서는 나쁜 단어로 시장 출시 시

**그림 5.1** 자아계의 함정은 참가자들이 자신이 의지하는 파트너가 일을 주도하고자 하는 그들의 열망을 받아주리라고 가정할 때 발생한다.

간 지연, 낮은 마진과 낮은 시장점유율, 부족한 혁신, 야망 부족, 기타 많은 부정적 단어와 관련 있다. 하지만 생태계에서 이런 식으로 생각하는 건 실수다.

생태계를 선도하는 일은 업계를 선도하는 것과 다르다. 업계에서의 리더십은 상대적 시장점유율, 이익, 브랜드 강점 같은 경쟁 결과로 평가된다. 생태계에서의 리더십은 결과가 아닌 역할이다. 가치 제안을 전달하는 가치 아키텍처에 맞춰 다른 부분을 조정할 수 있는 능력으로 측정된다. 그러므로 생태계를 선도(역할)하는 것과 선도적 생태계에 참여(결과)하는 것을 구별해야 한다. 성공적으로 조정된 생태계에서 가치 제안의 약속이 실현되면 리더와 추종자 등 모든 참가자가 승리한다. 이에 반해 리더 역할을 시도하지만 조정에 성공하지 못한 기업은 그냥 손해를 본다.

본 장에서는 기업 수준에서, 6장에서는 개인 수준에서 살펴보겠지만 전략적 성숙이란 다른 이들을 생산적으로 이끄는 방법과 다른 사람이 책임자일 때 생태계의 일부로 번창하는 방법을 모두 아는 것을 의미한다.


...
## 자아계의 충돌: 미국의 모바일 결제

휴대폰으로 할 수 있는 모바일 결제는 물리적 세계의 경제 거래에 혁명을 몰고 오리라고 예상됐다. 애플 CEO 팀 쿡$^{Tim}$ $^{Cook}$은 2014년 애플페이를 출시하면서 "애플페이는 우리가 물건을 구입하는 방식을 영원히 바꿀 것"이라는 기대를 밝혔다. 다른 이들도 "애플페이가 모든 면에서 더 낫기 때문에 물리적 신용카드(그리고 더 나아가 지갑까지)를 없애는 해결책이 될 수 있다"고 입을 모았다.

그러나 미국에서는 모바일 결제가 경제 거래에 미치는 전반적인 영향이 미미한 편이다. 이는 스타벅스의 자체 모바일 결제 앱의 인기에서 알 수 있듯이 모바일 결제의 가치 제안이 매력적이지 않아서가 아니다. 노력이 부족해서도 아니다. 2011년 이후 구글이나 시스코 같은 거대 기술 기업, 주요 소매 업체, 통신 업계 리더, 기타 무수히 많은 회사들이 물리적 신용카드를 접촉식 모바일 결제로 대체하려는 시도를 주도하기 위해 큰돈을 투자했다.

일부 시장, 특히 위챗 페이와 알리페이가 실제로 금융 교환을 변화시킨 중국에서는 모바일 결제 비전이 실현됐다. 이 내용은 본 장 뒷부분에서 자세히 살펴보자. 그러나 미국에서는 혁명의 결과가 실망스러웠다. 2019년이 돼서야 겨우 애플페이가 스타벅스 앱을 밀어내고 미국 모바일 결제 거래에서 1위를 차지했다. 이건 실패다. 커피 가게를 간신히 이긴 정도로는 확실한 인상을 줄 수 없다.

여기서는 애플페이 사례를 주로 살펴보겠지만 구글 월렛이나 다른 경쟁자들에 관해서도 비슷한 실패담을 이야기할 수 있다. 왜 대기업 가운데 아무도 성공적인 모바일 결제 환경을 이끌지 못했을까? 다들 자신이 그 시장을 주도하고자 하는 열의가 너무 컸던 탓에 자아계의 함정에 빠졌기 때문이다.

미국에서는 코로나19 위기 중 모바일 결제 사용량이 증가했다. 하지만 모바일 결제 채택을 이끈 건 애플이나 구글이 아니라 세계적인 유행병이었다. 그러나 일생에 한 번 있을까 말까 한 이러한 자극 속에서도 달러의 거래 가치는 신용카드보다 훨씬 낮은 수준에 머물렀고 "물건을 구입하는 방식을 영원히 바꾸겠다"는 약속과도 거리가 멀었다. 물론 어느 시점이 되면 모바일 결제가 미국 거래를 지배할지도 모른다. 그렇게 될 즈음에는 다음과 같은 두 가지 상황이 기정사실화돼 있을 것이다. 첫째, 관계자들 사이의 조정이 마침내 이뤄졌을 테고 둘째, 원래의 기대를 오랫동안 충족하지 못한 채로 필요한 것보다 훨씬 늦게, 믿을 수 없을 만큼 비효율적인 경로를 거쳐 이 성공 지점에 도달할 것이다.

중요한 점은 역사상 가장 수익성 높은 회사이자 지배적인 스마트폰 제조사, 권력의 정점에 있는 생태계 거인 애플에도 이런 일이 일어난다는 것이다. 어떤 기업도 한 생태계에서의 리더십이 다른 곳에서의 리더십으로 자연스럽게 바뀌리라고 착각해서는 안 될 것이다.

### 진정한 리더십에는 자발적 추종자가 필요하다

미국 모바일 결제 생태계에서의 성공은 스마트폰 사업자, 은행, 소매업체, 모바일 운영자라는 네 가지 유형의 핵심 주체 간의 협력에 달려 있다(상황을 지나치게 단순화한 것이긴 하지만 이렇게 해두면 기술이나 법률, 규제의 세부 사항에 얽매이지 않고 다양한 상황을 탐색할 수 있다).

아이폰 생태계의 확고한 리더십, 수십억 명의 사용자, 앱 스토어에 대한 직접적 통제권을 가진 애플은 모바일 결제를 애플 생태계의 중요한 확장으로 봤다. 애플 관점에서 다른 세 주체는 이미 행복한 추종자들이었다. 은행과 소매업체는 앱스 토어 배포에 필요한 검사와 승인을 받기 위해 기꺼이 앱을 제출했고 휴대폰 사업자들은 아이폰 소매업체나 서비스 제공업체로 긴밀히 협력하고 있었다. 그리고 모든 관계자가 모바일 결제로의 전환이 지닌 가치를 알고 있었기 때문에 계속해서 애플의 리드를 따를 것이라고 쉽게 가정할 수 있었다. 결국 모바일 결제의 키워드는 모바일이고 휴대폰이 있어야만 존재할 수 있는 기능이다. 그런데도 누가 생태계를 주도해야 하는지 여전히 혼란스럽다면 애플페이라는 브랜딩이 기억을 상기시키는 데 도움이 될 것이다.

그러나 이동통신 사업자들은 상황을 다르게 봤다. 그들에게도 키워드는 역시 모바일이었는데 모바일은 자신들의 영역이었다. 결국 그들은 누구보다도 오랫동안 모바일 상호작용을 위한 요금을 청구해 왔다. 2010년 초 AT&T, 버라이즌, T-모바일은 휴대폰을 이용한 결제를 촉진하기 위한 자체 계획을 발표했고 최종적으로 시장의 관심을 끌기 위해 비자, 마스터카드, 아메리칸 익스프레스를 컨소시엄에 추가했다. "오늘 전국에 출시된 아이시스 모바일 월렛은 소비자, 상인, 은행에 중요한 이정표가 될 것"이라고 당시 아이시스 CEO였던 마이클 애벗Michael Abbott은 말했다. "이것은 더 현명한 지불 방법의 시작이다." 이동통신 사업자들은 아이시스 계획에 수억 달러를 투자했다(아이시스는 똑같은 이름의 테러리스트 조직이 생기는 바람에 2014년 소프트카드로 브랜드명을 바꿨다).

소매업체들도 나름의 생각이 있었다. 그들에게 모바일 결제는 신용카드 거래 시 부당하게 높은 수수료를 내야만 하는 거래 조건을 다시 설정할 수 있는 기회였다. 또 스마트폰에 결제 기능을 연결하면 뛰어난 판촉 대상 타깃팅, 발전된 사용료 프로그램, 재고 예측 향상에 필요한 소비자 기호와 습관 데이터를 수집할 수 있는 매력적인 기회까지 제공됐다. 이런 목표를 염두에 두고 2011년 미국 최대 소매업체들(월마트, 타깃, CVS, 라이트 에이드, 베스트 바이 등)이 모여 MCXMerchant Customer Exchange를 결성했다. MCX 회원은 11만 개가 넘는 소매점으로 연간 1조 달러 이상의 지불을 처리했다. 이들이 제안한 커런트C라는 모바일 결제 시스템은 사용자의 은행 계좌와 직접 연결돼 신용카드가 필요 없고 가맹점에서 부담하는 결제 수수료도 없애준다.

2014년 애플페이가 출시될 무렵 MCX는 설립한 지 3년이 지난 상태였고 커런트C는 여전히 상용화 전 베타 버전에 머물러 있었다. 이런 실망스러운 실적을 본 소매업체들이 기꺼이 애플페이 생태계로 들어가려고 할까? 그럴 리 없다. 소매업체들은 앱스토어에서는 애플의 규칙에 잘 따랐지만 결제 관리는 완전히 다른 이야기였다. 이들이 잘 따라주지 않으면 어떻게 될까? 월마트는 애플페이가 출시된 뒤 자신들의 외교적 관점을 내놓았다.

확실히 많은 매력적인 기술들이 개발되고 있는데 이는 모바일 상거래 산업 전체에 좋은 일이다. 근본적으로 중요한 사실은 소비자들이 그들의 최대 이익을 염두에 두고 개발된, 널리 인정받는 안전한 지불 옵션을 갖고 있다는 것이다. … **MCX 회원들은 고객의 쇼핑과 구매 경험에 관한 깊은 통찰력을 지닌 가맹점들이야말로 모바일 솔루션을 제공하기에 가장 좋은 위치에 있다고 믿는다.**

덜 외교적인 점: MCX는 자체 개발 앱이 준비될 때까지 회원들이 다른 휴대폰 결제 시스템을 사용하지 못하도록 금지하는 규칙을 통과시켰다. 대형 약국 체인인 라이트 에이드는 심지어 매장 관리자들에게 불참을 설명하는 방법에 관한 명확한 지침이 담긴 메모까지 보냈다.

고객이 애플페이로 대금을 지불하려고 할 경우 (금전등록기에) 고객과 계산원 모두에게 다른 형태의 지불을 요구하는 메시지가 나타난다. 계산대 직원은 고객에게 사과하고 현재 애플페이는 받지 않지만 내년이 되면 자체 모바일 지갑이 생길 예정이라고 설명하라는 지시를 받는다.

커런트C 또는 아이시스/소프트카드가 더 나은 기술인지, 아니면 소비자에게 더 좋은 제안인지 여부는 중요하지 않다. 둘 다 그런 존재가 아니었고 둘 다 몇 년 안에 문을 닫게 될 것이다. 중요한 건 애플페이가 의지하던 여러 중요 파트너들이 이 새로운 생태계에서 자신들을 추종자가 아닌 다른 어떤 존재로 여겼다는 것이다.

스스로를 리더로 간주하는 이들은 추종자에 대한 환상을 품는다. 그리고 이들은 추종자가 아니라 적이나 마찬가지다.

은행은 애플이 지지를 얻기 위해 뛰어난 전략을 전개한 유일한 당사자였다. 애플페이의 기본 설계안 중에는 소비자가 애플페이로 거래할 때 기본 카드인 '톱 카드'를 하나 지정해야 한다는 요건이 있었다. 초반 수는 명확했다. 당장 애플페이를 지원할 준비가 돼 있지 않은 은행은 고객의 단골 카드가 될 기회도 잃고 해당 결제 관련 수수료도 받지 못할 것이었다. 은행들은 서둘러 행동에 들어갔고 2015년 2월까지 2,000개가 넘는 은행이 참여했다. 하지만 안타깝게도 우리가 이미 알고 있듯이 한 주체의 지지를 얻는 데 성공했다고 해서 생태계를 차지하지는 못한다.

사람들이 자신을 따라줄 거라고 당연시할 수는 없다. 그리고 참가자가 리더 자리를 포기했다고 해서 반드시 추종자의 위치를 받아들이는 것도 아니다. 미국에서 성공적인 모바일 결제 생태계를 이끄는 애플의 능력이 약화된 것은 바로 이 같은 비추종 때문이었다. 하지만 좀 더 광범위하게 원인을 찾자면 관계자들이 모바일 결제의 진정한 이점을 누리지 못하게 하는 실행 가능한 조정 구조를 찾을 수 없었기 때문이다. 잘 조정되지 않은 생태계는 가치 제안을 전달할 수 없다. 결국 모두가 지는 게임이 돼버린다.

어떻게 해야 더 잘할 수 있을까?

### ···
## 조정 유지 대 성장 추구를 위한 조정 재설정

생태계에서는 당신이 다른 이들과 뭘 하고 싶은지만 중요한 게 아니라 다른 이들이 당신과 뭘 하고 싶은지도 중요하다.

특히 당신의 MVE를 구성하는 핵심 관계자들의 경우 파트너가 당신의 제안을 지지할 수도 있지만 그 제안을 실행하는 방법이나 책임자(특히 시간이 어느 정도 흐른 뒤)에 대해서는 전혀 다른 비전을 품고 있을지도 모른다. 1장에서 얘기한 생태계의 정의를 상기해 보자.

생태계는 파트너들이 상호작용하면서 최종 소비자에게 가치 제안을 전달하는 구조다.

특정 기업이 아닌 구조, 즉 가치 제안을 생성하는 파트너들의 전반적인 역할과 위치, 흐름을 중심으로 생태계를 정의하는 데는 타당한 이유가 있다. 이런 관점에서 보면 유일한 애플 생태계 같은 건 없다. 오히려 애플이 참여하는 생태계는 다양하며 파트너가 가치 제안을 전달하기 위해 조정되는(혹은 조정되지 않는) 구조에 따라 구별할 수 있다.

성장 계획이 구조를 보호하는 경우(파트너가 상대적 역할과 위치에 만족하는 경우)의 확장은 현재 생태계를 확대하는 것이다. 그러나 새로운 기회를 추구하기 위해 현재 구조를 유지해야 하는지와 관련해 새로운 가치 제안이 새로운 긴장과 갈등을 야기하면 확장은 기존 구조에 도전한다. 이는 리더-추종자 역할을 재검토해야 할 필요성과 잠재적으로는 새로운 생태계를 개발해야 할 필요성을 나타낸다.

애플이 아이폰에서 아이패드로, 애플워치로 향하는 여정

5장.
———
자아계의 함정

은 생태계 내에서의 확장을 완벽하게 보여준다. 가치 제안이 물리적 외형과 사용 사례 전반으로 확장됨에 따라 파트너들이 계속해서 애플의 리더십을 기꺼이 받아들였고 스마트폰 생태계에 자리 잡은 앱 개발자, 유통업체, 이동통신 사업자의 관계도 유지됐다.[1]

이를 모바일 결제 사례에서 본 생태계 전반의 확장과 비교해 보자. 애플이 지금까지 건강, 교육, 지능형 주택, 텔레비전, 비디오, 자동차 이동성 분야에 기울인 노력에서도 이와 유사한 특징이 나타난다. 약속된 가치 제안을 전달하기 위해서는 다양한 파트너를 조정해야 하기 때문에 이 생태계를 별개의 생태계로 인식할 수 있다. 애플은 이 모든 생태계에 참여할 수 있는데 비록 참여가 동일한 공유 요소(아이폰, iOS, 앱스토어)에 고정돼 있긴 하지만 주요 파트너 연합 내에서 애플의 역할과 위치는 생태계마다 다르다. 사실 모든 환경에서 상황을 주도하려는 애플의 통일된 노력은 의료 서비스가 애플의 "인류에 대한 가장 큰 기여"가 될 것이고 홈팟HomePod은 "가정용 오디오를 재발명"할 것이며 애플의 교실용 교육 플랫폼은 "애플만이 할 수 있는 방식으로 학습과 창의성을 향상할 것"이라는 야심 찬 목표를 검토하기 위한 조사 과정이었다. 물론 다 실망스러운 결과만 얻었지만 말이다.

이 글을 쓰는 시점에 애플은 믿을 수 없을 정도로 성공한 회사다. 그러나 생태계 관련 부분에서는 노력과 실패를 반복하고 있기 때문에 게임 방식을 소성한다면 얼마나 더 큰 성공을 거둘 수 있을지 질문을 던져봐야 한다.

모바일 결제 시장을 차지하기 위해 노력하던 초반, 추종자들을 육성하는 일의 중요성을 알았더라면 애플은 다른 일련의 조치를 취했을 것이다. 우리는 은행들이 '톱 카드' 전략에 따라 훌륭하게 애플과 제휴하는 모습을 봤다. 그러나 상인들에게는 이와 비슷한 제안이 없었다. 애플페이는 아이폰 6와 함께 출시됐는데 이는 NEC(근거리 무선통신) 기술(휴대폰이 판매자의 결제 단말기와 '대화'를 나눌 수 있는 기술로 애플페이에 매우 중요하다)을 통합한 최초의 아이폰이었다. 그러나 이는 휴대폰 출시 당시 애플의 설치 기반이 상인들과 무관했음을 의미한다. 미국에 사는 7,200만 명의 아이폰 사용자 모두가 편리함을 요구하는 건 아니었다. 새로 나온 고급형 아이폰을 산 사람들만 그랬다. NEC 기술을 이전 모델에 통합(그리고 4장에서 테슬라가 자율 주행 차량에 한 방식으로 비용 흡수)했다면 상인들의 지지를 얻는 데 도움이 됐을까? 데이터에 대한 상인들의 절박한 욕구를 우선시하거나 거래 수수료를 낮출 방법이 있었을까?

모바일 결제 제안을 뒷받침하려면 생태계 리더십을 새롭게 확립할 필요가 있다는 명확한 인식 덕분에 애플이 다른 길로 향하게 됐는지도 모른다. 3장에서 아마존이 알렉사를 통해

5장.
─────────
자아계의 함정

선택한 경로나 애플이 음악에서 휴대폰으로 전환한 경로처럼 말이다. 현재 논의에 비춰보면 "당신의 MVE는 무엇인가?"라는 질문은 "당신의 리더십 기반은 무엇인가?"에 대한 대답임을 알 수 있다.

여기서 말한 내용이 미국에서는 앞으로도 모바일 결제가 광범위하게 채택되지 않을 것이라거나 애플이 결국 그 생태계를 이끌지 못할 것임을 암시하진 않는다. 우리 눈에 명확하게 보이는 건 리더십은 자동으로 생기지 않으며 리더 위치를 당연하게 여기면 추종자를 만드는 능력이 약화될 수 있다는 것이다.

혼자서 리더 역할을 할 필요는 없다. 흥미롭게도 공격적 경쟁자들도 때로는 조정된 구조에 맞추기 위해 경쟁을 제쳐놓는 게 타당하다고 생각한다. 스마트폰 운영 플랫폼 제조업체들(복수형)을 생태계 리더로 합법화하기 위해 애플은 구글과 공통점을 찾으려고 노력했을지도 모른다. 주목할 만한 사실은 통신사와 소매업체는 공통된 대의를 찾아 각각 컨소시엄을 구성한 반면 애플과 구글은 혼자 힘으로 해보기로 했다는 것이다(이 글을 쓰는 시점에도 여전히 그런 상태다). 그런데 모바일 결제 제안의 맥락과 이를 추진하기 위한 지지 구조에서 이 경쟁사들의 이익이 게임의 다른 어떤 당사자와보다도 더 일치한다는 점이 아이러니다.[2]

## 생태계 리더십의 리트머스 시험

가치 제안이 확장되면 조정 구조와 역할을 다시 검토해야 한다. 기존 생태계 범위 내에서 확장이 이뤄지고 있는지(이 경우 현재 역할이 계속되리라고 예상할 수 있다) 아니면 확장이 경계를 넘어 새로운 생태계로 향하고 있는지(이 경우 새로운 역할에 대한 경쟁과 협상이 이뤄질 것이다) 확인할 수 있는 명확한 과정을 갖추는 게 중요하다. 두 시나리오 모두 성공할 수 있지만 시나리오마다 다른 전략을 적용해야 한다.

어떤 경우에든 그리고 당신이 현재 생태계에서 리더인지 아니면 추종자인지 관계없이 현재 리더십 기반의 출발점은 명확하다. 생태계 모든 관계자는 참여 정당성, 즉 가치 창출에 기여할 권리를 어느 정도씩 쥐고 있다. 그러나 생태계 리더는 단순한 기여 이상의 일을 해야 한다. 리더는 주도권을 놓고 다투기보다는 다른 파트너들이 자신을 따라야 하는 이유를 제시해야 한다.

리트머스 시험을 위한 다음의 두 가지 질문은 확장이 생태계 내부에서 진행되는지 아니면 생태계 전반에 걸쳐 있는지에 대한 지침을 제공한다.

1. 가치 제안을 확장하는 동안 당신의 새로운 파트너도 현재

파트너들만큼 당신의 리더십 주장이 설득력 있다고 생각하는가?

정당성 주장은 보편적이지 않다. 다양한 파트너 유형과 모든 새로운 맥락에서 검증돼야 한다. 파트너 유형이나 상황이 바뀌면 정당성 주장에 이의가 제기될 가능성이 있다.

2. 가치 제안을 확장하는 동안 기존 파트너들은 현재 역할을 계속 받아들이는가?

상황이 바뀌면 파트너의 참여 근거도 바뀔 수 있다. 어떤 영역에서는 다른 영역보다 추종자의 위치를 받아들이기가 쉬울 수도 있다.

질문 1과 2에 명확한 '긍정'의 답이 나오는 것은 현재의 조정 구조를 유지하는 쪽으로 확장되고 있음을 보여주는 좋은 신호다. 리더십의 연속성을 기대할 수 있다. 예를 들어 애플이 아이폰과 함께 확립한 리더십(운영체제 및 하드웨어 통제권) 덕분에 휴대폰 기반의 가치 제안뿐 아니라 태블릿과 웨어러블 기기에 대해서도 앱 개발자나 다른 참가자에게 조건을 지시할 수 있는 정당성이 생겼다. 두 질문에 모두 "예"라는 확실한 답이 나와 있기 때문에 우리가 목격한 대로 원활하게 확장할 수 있었다.

어느 쪽 질문에든 "아니요"라는 답이 나온다면 앞으로 리더 역할을 놓고 경쟁을 벌이게 될 것이고 그 자리를 당연하게 맡는 게 아니라 되찾아야 한다는 신호다. 파트너에 따라 답이 '예'가 될 수도 있고 '아니요'가 될 수도 있기 때문에 이 질문은 당신이 선택한 역할과 파트너에 관한 정보를 동시에 알려줄 수 있다.

질문 1과 2는 추종 동의 여부도 시험한다. 새로운 파트너의 경우(질문 1) 제안을 둘러싼 공통된 흥분에서 비롯되는 과신을 경계해야 한다. 여기서 가장 큰 걸림돌은 노력의 가치가 아니라 '누가 누구에게 적응할 것인가' 하는 근본적 논쟁이다. 누가 속도와 방향, 규칙을 정할 것인가? 관련자 모두가 '내가' 정해야 한다고 생각한다면 미국 모바일 결제 분야가 겪고 있는 어려움의 특징인 지지부진한 과정을 보게 된다.

기존 파트너의 경우(질문 2) 흥분에 뿌리를 둔 과신이 습관에서 비롯된 기대감으로 인해 더욱 악화된다. 이는 모바일 결제에서 발생한 자아계 문제의 가장 곤란한 부분이다. 소매업체와 은행은 고객과의 연결을 개선하는 앱 부문에서는 기꺼이 추종자 역할을 하지만 제안 내용이 편리한 연결성에서 금융 운영으로 전환되면 리더 자리를 자발적으로 양도하길 꺼린다.

모든 리더는 추종자들이 만족한다고 생각하고 싶어 한다. 그러나 행복한 추종자들도 자기가 리더 역할을 하는 대안 세계의 이미지를 쉽게 떠올릴 수 있다. 새로운 파트너보다 기존 파트너 쪽이 '자연스러운' 주도권이라는 망상에 굴복할 가능성이 훨씬 크기 때문에 이런 경향을 경계하는 게 훨씬 더 중요하다.

당신에게는 이것이 무슨 의미인가?

## 성공으로 향하는 다양한 경로: 중국의 모바일 결제

미국이 고전하는 것과 다르게 중국에서는 모바일 결제가 대변혁을 이루고 있다. 두 나라는 상황뿐 아니라 리더십 전략도 다르기 때문에 서로 비교해 보면 도움이 된다. 미국에서는 잘 확립된 신용카드 결제 시스템이라는 기존 기술 생태계가 이미 널리 퍼져 소비자와 가맹점 모두에 높은 수준의 편의를 제공하고 강력한 추가 확장 기회까지 안겨주고 있었다(4장 분석 결과). 중요한 차이점은 현금 기반의 거래 생태계 실적이 저조하고(편의성 및 보안성 결여) 혁신을 강화할 확장 기회를 제공하지 않는 중국에서는 신용카드가 아직 확실하게 뿌리를 내리지 못했다는 것이다. 중국의 상황은 본질적으로 백지상태였기 때문에 파트너들이 이전 역할의 연속성을 요구하는 문제가 없었고(즉, 리트머스 질문 2에 대한 대답이 기본적으로 '예'였다) 따라서 리더십 확립은 전적으로 새로운 조정 구조에 달려 있었다(리트머스 질문 1에 대한 대답도 '예'가 된다).

이런 점에 비춰볼 때 과거에 생태계에 참여해 본 적 없는 파트너들을 조정하는 방식이 매우 중요했다. 리트머스 시험 문제 1의 답은 누가 묻느냐에 따라 달라짐을 알 수 있다. 중국에서 모바일 결제 제안은 단말기 제조업체나 전통 소매업체가 주도하지 않았다. 알리바바(전자 상거래 분야 선두 주자)와 텐센트(메시징 분야 선두 주자)가 각자 생태계 구축 여정을 나란히 주도했다. 그들이 모바일 결제 분야에서 거둔 성공은 생태계 이관과 단계적 확장 덕분이다. 알리바바의 경우 배달 시 현금을 내야 하는 문제의 대안을 찾던 고객들이 알리페이를 쓰게 됐다. 알리페이는 별도 계좌에 예치된 돈으로 대금을 낼 수 있는 디지털 지갑으로 구매 대금을 믿을 만한 방식으로 지불할 수 있게 해줬다. 텐센트의 경우 위챗페이 메시지 시스템 사용자들끼리 돈을 송금하는 P2P 방식이었다. 단계적 확장을 통해 갈수록 많은 제3자 온라인 판매점과 서비스에 접근할 수 있었고 결국 상대방의 스마트폰 카메라로 스캔할 수 있고 판매자 입장에서 많은 투자가 필요 없는 앱 생성 QR 코드를 이용해 물리적 상거래 세계에까지 진입했다.

3장에서 논의한 것처럼 우리는 중국의 이 두 거대 기업이 각자의 초기 생태계 지위를 활용해 단계적으로 발판을 마련한 뒤 모바일 결제 분야에서 리더십을 확립했음을 알 수 있다. 아직 구축되지도 않은 생태계에서 관계자 모두에게 추종자가 돼달라고 요구하는 것보다 이렇게 리트머스 질문 1에 "예"라고 답하게 해 리더 자리를 얻는 것이 훨씬 생산적이다. 사실 알리바바와 텐센트에게 모바일 상거래는 종착점이 아니라 더 폭넓은 서비스로 향하는 훨씬 거대한 여정을 위한 단계의 하나였다.

새로운 분야로 옮겨 가면서도 계속 리더십을 발휘할 수 있다는 확신을 가지려면 리트머스 시험 질문의 답이 둘 다 "예"라고 확신해야 한다.

하지만 만약 그렇지 않다면 어떻게 될까?


## 생태계 승자의 계층 구조

선택은 제시된 대안에 의해 결정된다. 자신이 생태계 리더 역할(자아계의 함정)을 하게 되리라고 추정하지 않는다면 추종자도 고려할 필요가 없기 때문에 대안이 빈곤해진다. 전통적 산업 환경에서 성장한 기업의 경우 항상 리더가 되려고 노력하는 게 타당하다. 업계 선두 주자가 되면 큰 자부심과 이익이 생긴다. 사회계층상 리더와 추종자는 곧 승자와 패자로 해석된다. 아니, 정확하게 말해 패자는 아니지만 확실히 더 수치스러운 위치를 감수해야 한다. 업계에서 리더 자리를 원하는 건 합리적인 추구다. 목표를 달성하지 못하더라도 당신과 당신 조직은 그 노력을 통해 더 나아지고 더 경쟁력을 갖추게 될 것이기 때문이다. 경쟁자들은 목표 지표의 세부 사항(시장점유율 대 이익 점유율 대 영업이익 이윤)은 다를 수 있지만 동일한 일반 목표를 추구하므로 누구나 리더가 되기 위해 노력해야 한다.

생태계는 다른 게임이다. 생태계 리더와 추종자는 가치 창출 퍼즐의 다른 부분을 완성한다. 성공적인 생태계에는 승자와 패자가 없다. 서로 다른 방식으로 승리한 파트너들만 있을 뿐이다. 반대로 성공하지 못한 생태계에는 패자만 존재한다. 생태계에서 리더십에 실패했다는 것은 파트너 조정과 가치 창출에 실패했다는 것이다. 실패에 위로금이 없다는 뜻이다. 노력했다고 더 나은 것도 아니다. 그냥 실패한 것이다.

조정이 이뤄지지 않았다고 협업까지 배제되는 건 아니다. 수많은 시범 사업 프로젝트가 역할을 명확하게 정하지 않은 채로 일에 착수해 성공을 거뒀다. 하지만 역할을 조정해 두지 않으면 대규모 협업은 불가능하다. 시범 사업 프로젝트는 모호한 상태에서도 성공할 수 있지만 역할 분담이 해결되기 전까지는 성공에 필요한 자원을 상업적 규모로 배분할 수 없다. 생태계 비즈니스 개발의 악몽은 계약을 체결하지 못해서 일을 시작하지 못하는 게 아니다. 시작은 했지만 아무 성과도 얻지 못하는 것이다. 좀비 계획이 시범 사업 지옥에 갇힌다.

이런 이유 때문에 생태계는 전통적 환경에서 보던 것과는 다른 승자 계층 구조를 보여준다(〈그림 5.2〉).

**1위**: 정상에는 성공적인 생태계를 이끄는 리더들이 있다. 당연한 일이다. 이 기업은 파트너들과의 상호 동의하에 그들을 일관된 위치에 배치하는 데 성공했다. 파트너들은 추종자로 살아가는 게 더 이익임을 알기 때문에 활동과 거래 구조 면에서 협업을 통제하는 지시와 보호를 수용한다. 리더는 이런 조정을 달성하기 위해 일찍 시간과 자원에 투자하고 보통 전체 이익 중에서 큰 몫을 차지한다(아이폰을 보유한 애플을 생각해 보라).

**2위**: 2위는 성공한 생태계의 추종자들이다. 이들은 가치 제

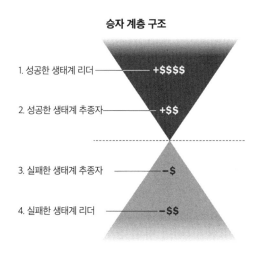

**승자 계층 구조**

1. 성공한 생태계 리더 —— +$$$$

2. 성공한 생태계 추종자 —— +$$

3. 실패한 생태계 추종자 —— -$

4. 실패한 생태계 리더 —— -$$

**그림 5.2** 생태계 승자와 패자의 계층 구조는 리더와 추종자로 나뉘지 않는다.

안을 표명할 수 있는 능력의 기여자이자 수혜자다. 생태계 내에서 이들의 협업을 통해 다른 방법으로는 불가능했을 가치를 창출하고 포착할 수 있다. 생태계에서 추종자가 된다고 해서 반드시 규모나 영향력, 야망이 작아지는 건 아니다. 그냥 다른 사람의 설계에 순응하기 위해 타협한다는 뜻일 뿐이다. 스포티파이의 노력으로 이득을 본 음반사들을 생각해 보자.

자신의 업계나 협업 분야에서 지배적 역할을 하는 데 익숙한 기업들이 추종자 역할을 받아들이려면 경영 면에서나 기업 문화 면에서나 힘들 수도 있다. 그러나 파트너십이 산업 경계를 넘어설 때, 특히 여러 파트너가 각자 자기 산업 분야에서 지배적 위치를 차지하고 있을 때는 역할 문제를 명확하게 하는 일이 매우 중요하다. 추종자가 얻는 이익의 절대적 크기는 종종(항상 그렇지는 않지만) 생태계 리더의 이익보다 작다. 하지만 추종자들은 해야 하는 투자도 더 적다. 이는 성공적인 생태계에서 추종자들에게 돌아가는 상대적 수익이 실제로 매력적일 수 있다는 뜻이다.

3위: 계층 구조의 3위 자리는 성공하지 못한 생태계 추종자들에게 돌아간다. 생태계가 설득력 없는 가치 제안에 기반을 둔 탓에 실행이 완벽해도 고객들이 별 관심을 보이지 않으면 실패할 수 있다. 그러나 이런 경우보다는 약속한 가치 제안을 약속한 규모로 제공하지 못해 실패하는 생태계가 더 많다.

5장.
———————
자아계의 함정

미국의 모바일 결제 부문처럼 파트너 조정에 실패하면 생태계 실패로 이어진다. 이런 상황에서는 추종자(예: MCX를 지원하는 소규모 가맹점)들도 함께 실패하지만 이들은 애초에 판돈을 적게 걸었기 때문에 손실 규모도 작다.

**꼴찌**: 손실이 가장 큰 쪽은 성공하지 못한 생태계 리더들이다. 이들은 비용, 시간, 필요 자원, 명성 등을 가장 먼저 투자하는 기업이다. 그리고 생태계가 융합되지 못했을 때 가장 큰 손실에 직면하는 것도 이들 기업이다. 이런 손실은 느리게 진행되다가 어느 순간 갑자기 닥쳐오기 때문에 더 고통스럽다.

### 성공하지 못한 리더: GE 프레딕스

GE 프레딕스의 산업용 사물 인터넷[IoT] 계획은 아주 높은 기대감을 안고 시작됐다. 당시 회장 겸 CEO였던 제프리 이멜트[Jeffrey Immelt]는 2020년까지 프레딕스 매출액이 150억 달러에 이를 것으로 전망하면서 "GE는 10대 소프트웨어 회사가 될 것"이라고 선언했다. 이 거대 기업은 "산업 기업이 필요한 곳이라면 어디서든 더 빠르고 더 스마트하고 더 효율적으로 운영될 수 있도록" 하겠다는 비전에 40억 달러 이상을 투자했다. 이들이 품은 열정은 GE의 제트 엔진 원격 진단에서 거둔 성공적인 내부 노력에 뿌리를 두고 있었다. 실제로 프레딕스 이전에는 각 비행에 유용한 제트 엔진 데이터 크기가 약 3.2

킬로바이트였는데 이는 기본적인 비행 세부 정보를 위한 로그시트였다. 프레딕스를 사용하면 약 1테라바이트의 유의미한 데이터를 만들 수 있으며 자세한 엔지니어링 데이터를 실시간으로 추적해 운항, 유지·보수, 예측 수리를 안내할 수 있었다. 새로운 비전은 이 기능을 확장하고 외부 생태계를 조성하는 것이었다. 이멜트는 론칭 자리에서 "고객과 GE의 생산성을 높일 수 있는 산업용 인터넷의 잠재력을 실현할 도구가 준비됐다"고 말했다. "세계 각지의 기기를 최대한 많이 연결하고 모니터링하고 관리할수록 고객에게 더 많은 통찰과 가시성을 제공해 예상치 못한 비가동 시간을 줄이고 예측 가능성을 높일 수 있다."

이멜트는 이 기회의 중요성을 강조하면서 "산업 인터넷은 GE와 우리 고객에게 윈-윈이다. 우리 제품은 GE 서비스 이윤을 증가하고 유기적 산업 성장을 촉진하며 산업 전반에 걸쳐 연간 200억 달러의 비용 절감 효과를 일으킨다"고 덧붙였다. 이 말에는 훌륭한 가치 제안과 성공적인 생태계 사이의 차이를 나타내는 단어가 빠져 있다. 바로 파트너다. 이 부재는 부가가치 재판매자에게 의존해 상품을 이동시키는 서비스 사업과 체계적 방식으로 새로운 가치를 창출하기 위해 파트너를 조정하는 생태계를 구분한다. 확실히 GE 같은 우량 기업이 중요한 발표를 하면 모든 사람이 주목하고 인텔이나 시스코 같은 유명 기업과의 관계가 보도 자료에서 눈에 띄게 다뤄진다. 그러나 우리는 이미 시범 사업 프로젝트를 위한 협업을 대규모 파트너십과 혼동해서는 안 된다는 사실을 알고 있다. GE의 수석 디지털 설계자는 2016년 다음과 같은 계획을 발표했다. "우리는 플랫폼 측면과 데이터 통합 방법을 다룰 것이다. 그리고 다른 기업의 뛰어난 기술을 모아 전반적인 생태계를 구축할 것이다."

"다른 기업의 뛰어난 기술을 모아" 우리를 위한 생태계를 구축하겠다는 말은 자아계의 함정에 대한 경고만큼이나 강력하다. 성공적인 플랫폼은 그냥 시작하는 게 아니라 시간을 들여 구축해야 한다. 명확한 MVE와 파트너 추가를 위한 단계적 접근 방법이 없다는 건 조정 계획을 세우기보다 그를 당연시하고 있다는 신호다.

기성 기업의 경우 새로운 계획을 내부 고객과 연결할 수 있는 기회가 리더십에 대한 망상을 증폭할 수 있다. 이는 조심히 다뤄야 하는 양날의 검이다. 긍정적 측면에서 보면 내부 고객이 규모를 신속하게 늘리면서 활동을 보여줄 수 있는 기회를 만든다. 그러나 여기에는 여러 가지 위험도 따르는데 (a) 내부 고객을 시장 수요를 보여주는 편향되지 않은 신호로 간주하는 것, (b) 내부 고객이 만드는 사업 기회를 초기 단계 파트너를 유치하고 조정하는 데 활용하지 않고 벤처 수익원으로 사용하는 것, ⓒ 내부 고객을 지원하기 위해 인위적으로 낮춘 장벽 때문에 회사 내부 생태계를 외부 파트너와 고객을 지원할 수 있는 방식으로 재편해야 할 필요성이 감춰지는 것 등이다. 6장에서 마이크로소프트의 클라우드 컴퓨팅 노력을 살펴볼 때 이런 긴장 상태를 다시 확인할 수 있다.

프레딕스는 기업이 리더십에 대한 망상에 빠지기가 얼마나 쉬운지 보여준다. 그리고 그런 부적절한 야망은 지도부 교체, 여러 차례의 정리해고, 매각 및 기업 분할 발표와 철회, 막대한 기대치 상실 같은 결과를 낳는다. 오늘날 프레딕스는 산업 혁신 생태계라기보다 전통적 디지털 서비스 기업처럼 보인다. 이후 GE의 분투를 보면 GE 리더들이 실패한 생태계의 꿈 때문에 날아간 40억 달러의 대체 용도를 찾았으리라고 확신할 수 있다.

### 포기의 역설

생태계는 성공할 때까지는 성공하지 못한 상태로 유지된다. 그러나 리더가 되려는 이들이 마침내 포기하면 결국 실패로 끝나버린다. 이것이 자아계 함정의 고통스러운 징후다. 당신에게 꼭 필요한 파트너가 당신의 리더 입후보를 아무리 가능성 없고 불합리한 일로 여기더라도 기꺼이 선거운동 자금을 댈 수만 있다면 계속해서 자신을 리더 후보로 지지할 수 있다.

기업이 이미 많은 돈을 낭비한 일에 돈을 더 쓰는 걸 막는 유일한 방법은 은행 계좌 한도액 또는 투자자의 인내심이다. 핵심 사업에서 얻은 막대한 현금으로 계좌를 보충하는 기업에는 이 두 가지 제약 조건이 가장 약하기 때문에 매번 똑같은 기업이 수많은 생태계에 발을 들여놓고는 아무런 진전을 이루지 못하는 모습을 많이 본다.

새로운 생태계를 선도하겠다는 과감한 발표는 종종 초반에는 빛을 발하지만 지속적인 열기를 발생시키지는 않는다. 야망이 전략의 뒷받침을 받지 못하면 연료만 소비하면서 주의를 산만하게 하고 흥분과 불안이 뒤섞인 탓에 일이 진척되기보다는 혼란스러운 결과만 초래한다.

현명한 혁신자는 역할에 전념하기 전에 항상 승자의 계층 구조에 존재하는 모든 선택 가능성을 확인할 것이다. 그들은 생태계에서는 좋은 아이디어와 이를 실행할 적절한 자원이 있다는 것이 끝이 아닌 시작임을 알고 있다. 당신이 본인의 리더십을 중심으로 다른 이들을 조정할 수 없다면 사람들은 언제든 다른 기회를 추구하기 위해 떠날 수 있다. 그러나 사람들을 제대로 이끌 수 없을 때, 그냥 물러나는 것보다 더 좋은 방법은 다른 사람의 비전 안에서 자신의 제안을 충족할 방법을 찾고(추종자를 만들어서 승리할 수 있다고 생각하면서) 이를 성공적으로 추구할 전략을 개발하는 것이다.

## 현명한 팔로어십 전략

자아계의 함정을 피하려면 리더십이 팔로어십에 의존한다는 사실을 받아들여야 한다. 리더가 되고자 하는 이들이 새겨들어야 할 메시지는 자신에게 권한이 자동으로 주어지리라는 가정을 경계하고 추종자들을 적극적으로 확보하라는 것이다. 하지만 이것이 잠재적 추종자들에게 의미하는 바는 무엇일까?

팔로어십도 리더십 못지않게 전략적이지만 그 규칙은 엄연히 다르다. 초기 생태계에서 리더를 결정할 권한은 추종자들이 갖고 있다. 그러나 리더가 정해지고 시스템이 안정되면 추종자들의 힘이 약해질 수 있다. 현명한 추종자들은 이런 영향력의 창이 어떻게 열리고 닫히는지 곰곰이 생각할 것이다. 그들은 또 각자의 역할이 영구적이지 않다는 사실을 알고 자신에게 리더를 바꿀 수 있는 힘과 잠재적으로는 스스로 리더 자리에 오를 수 있는 힘이 있음을 깨닫게 될 것이다. 이런 의미를 이해하는 것이 똑똑한 추종자와 순진한 추종자의 차이다.

### 자신에게 맞는 리더 고르기: 전자책

새로운 생태계의 현명한 추종자들은 특별한 힘이 있다. 그들은 생태계를 상업적 규모의 프로젝트로 구축하겠다는 리더

지망자의 계획을 지지하겠다고 주도적으로 선택한다. 따라서 이들은 자신이 합류하기 전에 불확실성이 해소되길 기다리는 방관적 기업이나 자신이 리더가 되기를 바라는 마음으로 시범 사업에 참여하는 초기 파트너와는 다르다. 추종자들은 리더 뒤에서 추진력을 높이기 위해 지지한다. 진정한 정치는 영향력을 얻기 위한 권력 교환이다. 즉, 똑똑한 추종자는 리더 후보를 신중하게 선택하고 그 대가로 무엇을 원하는지도 신중하게 생각해야 한다.

첫째, 리더가 구축하고자 하는 가치 아키텍처를 이해해야 한다. 그들은 가치를 어떻게 정의하는가? 그 제안에 대한 당신의 기여를 어떻게 예상하는가? 해당 가치 아키텍처가 당신의 비전이나 전략과 일치하는가? 생태계는 협업의 장이지만 모든 기업은 구조, 역할, 위험에 관한 관점이 포괄된 자체 생태계 전략을 세운다. 참가자들 전반에 걸쳐 이 전략은 일관성 있는 것부터 모순되는 것까지 다양할 수 있다. 관련자들의 전략 일관성이 높을수록 그들의 행동이 집중돼 성공할 가능성도 커진다.

둘째, 리트머스 시험 문제를 리더 후보에게 적용해 본다. 당신이 보기에는 그들이 리더가 되는 게 타당하지만 다른 참가자들도 그렇게 생각할까? 애플페이 사례에서 은행의 모습을 떠올려 보자. 다른 중요한 파트너들이 동의하지 않는다면 관계자 한 명만 기꺼이 따르는 것으로는 충분하지 않다. 초기 연합에는 또 누가 있고 그들과 어떻게 지내게 될까?

셋째, 똑똑한 추종자들은 리더에게 소중한 자원과 신용을 부여하기 전 리더를 이끄는 목표와 동기를 명확히 이해하기 위해 투자한다. 당신이 성공하면 리더도 성공하는가? 리더가 성공하면 당신도 성공하는가? 두 질문 모두 답이 '그렇다'여야 한다.

전자책 생태계가 좋은 예다. 아마존과 애플은 출판사들을 각자의 플랫폼으로 끌어들이기 위해 애쓰는 과정에서 전혀 다른 선택과 제약을 제시했다. 아마존은 전자책 가격을 정해놓자고(처음에는 전자책 1권당 9.99달러였는데 출판사들은 가격이 너무 낮다고 생각했다) 주장한 반면 애플은 출판사들이 스스로 가격을 책정하도록 허락했다(스티븐 킹Stephen King 소설이 1,000달러의 가치가 있다고 생각한다면 그렇게 책정해도 괜찮다). 출판사들은 애플이 부여한 가격 결정 권한을 마음에 들어 했다. 하지만 우리 질문에 대한 애플의 대답은 모호했다. 출판사에서 간과한 사실은 애플의 수익 동인이 하드웨어 판매라는 점이었다. 사람들이 아이패드를 사기만 한다면 책은 한 권도 안 팔려도 괜찮다는 것이다. 반면 아마존의 수익은 콘텐츠 판매에 기반을 두고 있었다. 그들에게 하드웨어는 손실의 선두 주자였다. 출판사와 아마존은 가격 책정 방식에서는 서로 의견이 달랐지만 책 판매량을 늘리고자 하는 점에서는 의견이 완벽하게 일치했다. 그리고 실제로 애플의 디지털 서점을 통한 책 판매량은 아마존에 비하면 매우 적은 수준이었다.[3]

## 더 큰 게임 만들기: 전자건강기록

똑똑한 추종자들은 리더뿐만 아니라 다른 추종자들과 어떻게 상호작용하고 싶은지도 고려한다. 가장 똑똑한 추종자들은 리더와 협상할 때가 아니라 다른 추종자들을 위한 규칙을 만들 때 가장 최선을 다한다. 미국 의료 시스템의 전자건강기록EHR만큼 이 둘의 대조가 뚜렷하게 드러나는 지점도 없다. IT 산업은 규제가 사업에 해로울 것이라는 가정하에 미국 정부가 EHR 논의에 관여하지 못하도록 20년간 로비를 벌여왔다. 그러나 20년간의 노력에도 불구하고 병원 시스템이 기술을 구매하도록 설득하는 데 실패한 IT 챔피언들은 모두 자신들이 상황을 주도할 수 있는 위치가 아님을 깨달았다. 서너와 에픽이라는 거대 기업이 추종자가 되기 위한 노력을 이끌어 미국 정부가 이 복잡한 생태계 조정에 앞장서도록 로비하는 데 성공했다.[4] 의료 시스템의 경우 채택의 가장 큰 장벽은 비용(막대한 선지급금과 연간 서비스 요금을 내야 하는 고가의 IT 시스템이다)과 의사들(정확히 말하면 이 시스템 때문에 발생할 데이터 입력 부담을 경계하는 사람들)의 반대였다. 물론 이 데이터와 시스템은 오류 방지, 프로세스 효율성, 중복 테스트 제거 등(생산적인 디지털 변환에 수반되는 이점)에 대한 약속을 강화했다.

2009년 경제적·임상적 건전성을 위한 의료 정보 기술에 관한 법률HITECH(실제로 이름이 이렇다)이 통과되면서 정부가 공식 책임을 맡았다. 이 법률은 EHR을 도입하지 않은 의료 제공자에게 불이익을 줌으로써 IT업체들의 목표를 달성했고 EHR 도입 시 보조금을 지급해 의료계의 목표도 달성했다. 총 270억 달러를 할당해 "공인된 EHR 시스템을 유의미하게 사용"할 경우 메디케어와 메디케이드 지급금을 늘려줬다. 2015년 EHR을 "유의미하게" 활용(디지털 기록에 진단 결과를 계속 업데이트하고 약물 상호작용을 모니터링하고 처방약을 주문하는 등)하지 않는 의료 제공자의 경우, 이 보조금 당근이 지급금을 삭감하는 채찍으로 바뀌었다. 행동이 제한되거나 소소한 부분까지 관리받기를 좋아하는 추종자는 없겠지만 병원들이 이런 유의미한 사용을 달가워하지 않더라도 계약을 깨는 것만큼 부담스럽지는 않을 것이다. 어쨌든 합의점을 찾아야 하는 이유가 270억 달러어치나 있지 않은가.

그리고 가장 중요한 문제는 이것이다. 병원들은 따르기로 동의하고 그 대가로 금전적 보상을 요구하면서 자신들이 내세운 조건을 리더와 협상했다. 이는 팔로어십에 대한 순진한 접근 방식이다. 반면 IT 기업은 더 현명한 게임을 했다. 그들은 영업에 도움이 될 재정적 지원을 얻기 위해 리더와 협상했을 뿐만 아니라 유의미한 사용 조건(리더가 아니라 다른 추종자들의 행동에 부과되는 의무)을 포함하기 위한 협상도 했다. 규칙이 아직 유연한 상태일 때 생태계의 장기적 관리 방식을 정한 것이다. 정말 현명한 방법이다.

조정과 합의를 위한 협상이 아직 진행 중일 때 병원들은 EHR 시스템 전체의 상호 운용성 표준을 마련해 달라고 주장하는 등 상호적 요구를 할 수 있었다. IT업체들은 개발비와 업체 간 경쟁이 증가할 것이라는 명백한 이유 때문에 이 아이디어에 반대했다. 하지만 이런 요구가 거래를 망치지는 않을 것이었다. 그들 역시 합의해야 하는 이유가 270억 달러어치나 있었으니 말이다. 그런데 병원은 거래가 성사되고 법이 통과되기 전까지는 이런 요구를 하지 않았다. 그리고 요구를 했을 때는 이미 너무 늦었다. 규칙은 다 정해졌고 조정된 구조가 자리를 잡았으니… 상호 운용성에 대한 진지한 움직임이 관심을 끌 기회가 다시 생기기까지 앞으로 10년은 더 걸릴 것이다.

이는 추종자 버전의 자아게 함정이다. 게임이 생태계에 속한 다른 참가자들과 함께 폭넓게 진행되는 게 아니라 자신들과 리더 사이에서만 진행되는 양 행동하는 것이다. 헛된 리더 자리를 얻기 위해 계속 돈을 쏟아붓는 걸 아무도 막지 않듯이, 영향력을 발휘할 여지가 아직 남아 있는 동안에는 아무도 당신에게 현명한 팔로어십을 강요하지 않을 것이다.

## 역할은 영구적이지 않다: 개인용 컴퓨팅

생태계가 성숙하고 새로운 추종자가 합류하고 상호작용 패턴이 대중화되고 한 단일 기여자의 퇴장이 집단의 생존 가능성을 위협하지 않으면 어떤 추종자든 그 힘이 사라질 수 있다. 하지만 팔로어십은 여전히 선택 사항이다. 그리고 다수의 추종자가 선택에 의문을 제기하면 그들의 힘이 되살아난다. 그러면 지도부 수준에서 경쟁을 벌일 수 있으므로 리더의 권력이 약해지거나 조작된 역할 역전을 통해 추종자가 스스로 리더 역할을 맡을 수도 있다.

우리는 이미 2장에서 음악 스트리밍 업계에서 경쟁하는 애플과 스포티파이의 모습을 살펴보면서 경쟁자 리더들의 소개를 통해 문제 있는 리더십 사례를 확인했다. 스포티파이가 업계 주류로 부상할 수 있었던 건 아이튠즈 스토어를 통한 디지털 음악의 합법적 유통과 관련해 애플이 보여준 비협조적 태도에 모욕감을 느낀 주요 음반사들 덕분이었다. 음악 전문가들이 지적재산권을 보호하기 위해 한 세기 동안 유지해 온 방식과 결별하고 판매 가능한 제품을 스트리밍 형식으로 재정의한 일은 정말 놀라운 도약이었다. 그들이 애플 경영진들에게 더 많은 지지를 받았다면 스포티파이의 급진적인 생각을 받아들일 가능성이 훨씬 낮았을 것이다.

추종자들 또한 리더를 물러나게 할 수도 있다. 1981년 IBM의 개인용컴퓨터PC 출시로 계산 능력이 기업의 IT 전문가와 기술 애호가의 손에서 벗어나 대중의 데스크톱으로 옮겨 가면서 디지털 시대의 상업적 시작을 알렸다. IBM은 PC 개발을 가속화하기 위해 당시 규모가 작고 위협적이지 않으면서 열성적인 추종자였던 마이크로소프트와 인텔을 끌어들여 운영체제(MS-DOS)와 컴퓨터 성능을 높이는 데 도움이 되는 마이크로프로세서를 공급받았다. IBM은 이런 요소를 자체 개발할 수도 있었지만 IBM 리더들은 진행 속도를 높이기 위해 외부 파트너에 의존하기로 결정했다. 대신 IBM은 컴퓨터 내에서 정보 이동을 관리해 가치 창출을 제어하는 BIOS(기본 입출력 시스템)를 맡기로 했다. IBM은 리더 자리를 지켰고 마이크로소프트와 인텔은 추종자 위치에 만족했다.

하지만 BIOS에 대한 IBM의 영향력은 미미한 것으로 판명됐다. 경쟁사들은 몇 년 안에 프로토콜을 역설계해 복제한 BIOS와 마이크로소프트 MS-DOS 운영체제 그리고 인텔 프로세서를 탑재한 '100퍼센트 호환 가능한' 컴퓨터를 출시했다. 여기서 역설계보다 더 중요한 역할을 한 것은 MS-DOS를 탑재한 모든 IBM 컴퓨터에 독점 사용권을 제공하고 계속 사용료를 받는 대신 8만 달러를 받고 MS-DOS를 영구적으로 사용할 수 있는 권한을 IBM에 판매하기로 한 마이크로소프트의 결정이었다. 당시에는 과감한 선택이었던 이런 융통성을 발휘한 덕분에 마이크로소프트는 IBM의 BIOS를 복제한 컴퓨터로 이익을 누릴 수 있었다.

그러나 마이크로소프트가 인텔과 제휴해 확실한 리더 자리에 오른 건 윈도우가 등장하고 난 뒤의 일이다. 호환성 중심이 'IBM 호환'에서 '인텔이 탑재된 윈도우'로 옮겨 간 바로 이 시기부터 소프트웨어 개발자, 컴퓨터 조립업체, 주변 기기 제조사 등 모두가 마이크로소프트와 인텔이 정한 방향과 속도를 따라가면서 PC 생태계의 공공연한 리더가 확실하게 바뀌었다.

마이크로소프트 창업자 게이츠는 자사 소프트웨어를 다른 회사에 판매할 권리를 계속 보유해야 한다고 주장한 이유를 분명히 밝히면서 "컴퓨터 업계의 교훈은 사람들이 시간이 지나면 호환 가능한 기계를 만든다는 것"이라고 설명했다. 인텔도 이런 야심을 잘 보여준다. 인텔 CEO 그로브는 이렇게 지적했다. "열역학법칙은 컴퓨터 산업에도 적용된다. 다시 말해 결국 모든 건 상용화된다는 뜻이다. 그로브의 법칙은 마지막으로 상용화된 제품이 승리한다는 것이다." 이들은 단순한 팔로어십보다 더 큰 야망을 품은 추종자들이었다.

5장.
———————————
자아계의 함정

## 생태계 리더십 대 자아계 리더십

생태계에서 성공하려면 자아계 함정을 극복해야 한다. 모바일 결제, 프레딕스, 전자건강기록, 컴퓨터 운영체제 사례는 전부 당신 자신뿐만 아니라 당신의 성공이 걸려 있는 파트너들도 역할과 구조를 이해하고 전략을 세우는 것이 중요하다는 사실을 보여준다.

현명한 리더십이란 본인에게 리더가 될 당연한 권리가 있다고 추정하지 않는 것이다. 팔로어십을 확립하고 유지할 수 있는 능력이 리더십을 측정하는 리트머스 시험이다. 이를 위해서는 기존 조정 구조 안에서 작업해야 할 때와 구조를 다시 조정해야 할 때를 명확하게 알고 기존 생태계를 확장하는 것과 새로운 생태계를 구축하는 것의 차이점을 이해해야 한다. 또 자기가 맡을 역할은 리더뿐이라고 생각할 만큼 시야가 좁아져서도 안 된다.

현명한 팔로어십은 넓게 생각하는 것이다. 추종자들은 다른 사람이 만든 아키텍처 안에서 적절히 조정되면서 자기 자리를 얻는다. 그들은 이런 선택의 유연성에서 힘을 얻는다. 그러나 힘을 갖는 것과 이를 현명하게 행사하는 건 다른 문제다. 추종자 전략은 리더가 제대로 조정할 수 있도록 추종자가 가진 역할의 힘을 활용해야 한다. 현명한 추종자들은 생태계가 성숙하면 이 힘이 사라질 것이고 새로운 옵션을 만들어야 당연하게 여겨지는 위험에 대응한 수 있음을 안다.

리더를 지망하는 이들에게 전하고 싶은 메시지는 추종자들의 마음을 얻고 또 얻어야 한다는 것이다. 리더 자리를 오래 유지하려면 항상 주변에 신경 쓰고 감사하고 어떤 것도 당연하게 여기지 않으면서 겸손함을 지켜야 한다. 말로는 쉬워도 실천하기 어려운 일이다. 그리고 다음 장에서 살펴보겠지만 성공에 직면했을 때는 그렇게 행동하기가 훨씬 더 어렵다.

5장.
―――――――
자아계의 함정

## 생태계에서 자신의 역할을 보호하고 자아계의 함정을 피하려면 어떻게 해야 할까?

| 장 | 5장. 자아계의 함정 | | |
|---|---|---|---|
| 주요 사례 | · 애플과 모바일 결제<br>· 전자책<br>· GE 프레딕스<br>· 전자건강기록<br>· 마이크로소프트 대 IBM | 도구 | · 리더십 리트머스 시험<br>· 승자 계층 구조 |

① 현재 생태계의 경계를 명확히 한다. 팀 내에서 경계를 둘러싸고 의견 차이가 가장 심한 부분은 어디인가? 이것이 자아계 함정에 대한 조직의 민감도에 어떤 영향을 미치는가?

② 생태계 계획과 리트머스 시험 문제에 대한 자신의 반응을 생각해 보자. 당신을 가장 지지해 주는 파트너와 추종자는 누구인가? 이것이 귀사의 MVE에 어떤 영향을 주는가?

③ 좀 더 넓게 볼 때 자신의 역할을 어떤 식으로 전략화하고 있는가? 리더가 할 수 있는 최선의 역할은 무엇이라고 생각하는가? 현명한 추종자가 할 수 있는 최선의 역할은 무엇일까? 이 두 가지 옵션의 무게를 어떤 식으로 측정하는가?

**승자 계층 구조**

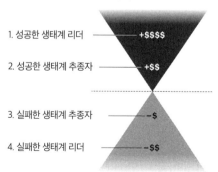

1. 성공한 생태계 리더 ———— +$$$$

2. 성공한 생태계 추종자 ———— +$$

3. 실패한 생태계 추종자 ———— -$

4. 실패한 생태계 리더 ———— -$$

**그림 5.2** 생태계 승자와 패자의 계층 구조는 리더와 추종자로 나뉘지 않는다.

**6**

장

# 사고방식의 중요성: 리더십 확립과 리더십 발휘는 다르다

Mindsets Matter: Establishing Leadership Is Different
from Exercising Leadership

모든 사람은 필연적으로 자기 인생 이야기의 주인공이다.

– 존 바스John Barth

훌륭한 전략은 훌륭한 시작점이지만 결국 어떤 일이든 실현하
는 것은 개인(리더로서 도전과 기회를 받아들이기로 한 개인과 리더를 따
르거나 따르지 않기로 결정한 개인)에게 달려 있다.

현실에서는 전략과 리더십이 서로 뒤얽혀 있다. 그러나
MBA 수업에서처럼 기업 기획 회의를 할 때는 전략을 논의하
면서 개인의 리더십에 관한 질문은 피하는 경향이 있다. 리더
십 관련 내용이 빠지는 이유는 전략가들이 개인을 중요하게
여기지 않기 때문이 아니라 그들이 해주는 충고가 '더 좋은 리
더를 찾아라'처럼 너무 포괄적이기 때문이다. '더 좋은 리더를

찾는' 게 항상 올바른 조언은 아니기 때문에 개인 차원에서 리더십 원칙을 고려하는 생태계 전략이 꼭 필요하다. 어기서는 생태계 상황에 따라 다양한 리더십 유형이 필요하다는 점을 알게 될 것이다. 더 빠른 육상 선수는 수영 팀에 도움이 되지 않고 더 빠른 수영 선수는 육상 팀에 도움이 되지 않는다.

이번 장에서는 성숙한 생태계 내에서 리더십을 발휘하는 데 필요한 실행 마인드와 새로운 생태계에서 리더십을 확립하는 데 필요한 조정 마인드 사이의 긴장 관계를 살펴본다. 당신의 목적이 리더를 선택하는 것이든, 리더 밑에서 일하는 것이든 아니면 리더로서 자신을 발전시키는 것이든 생태계 주기에서 이런 사고방식과 자기 위치 사이의 적합성을 관리하는 방법을 아는 일은 중요하다.

이 같은 전환 문제를 다루려면 개별 리더, 조직, 경영 이사회가 모두 균형 잡기에 숙달돼 있어야 한다. 마이크로소프트 CEO였던 스티브 발머Steve Ballmer와 그의 후계자 사티아 나델라Satya Nadella가 이끈 여정의 진화는 왜 그런 전환이 오해받기 쉬운지, 이를 효과적으로 관리하기 위해 우리가 할 수 있는 일은 무엇인지 명확하게 보여준다. 이 장 마지막 부분에서는 내부 생태계를 탐색하는 의미와 조직의 비CEO가 직면한 과제를 알아본다. 그리고 이것이 리더십 전환과 조직 혁신에 어떤 의미가 있는지 생각해 보면서 마무리할 것이다.

6장.
─────────
사고방식의 중요성: 리더십 확립과 리더십 발휘는 다르다

하지만 먼저 리더십 과제의 차이부터 규명해야 한다.

## 권한 없는 지지

우리의 공식적 리더십 모델은 보고 체계, 조직도, 특정 리더가 최상위에 있는 시스템 같은 계층 구조 내에서 작동한다. 생긴 지 얼마 되지 않은 가장 초창기의 신생 기업도 누가 CEO고 누가 CEO가 아닌지 명확하다.

모든 관리자는 자기가 직접 제어하지 못하는 보고 라인이나 사일로 등 공식구조 밖에서 수행해야 하는 작업의 어려움을 알고 있다. 그리고 다들 조직 내에서와 같은 권한 없이도 영향력을 행사할 수 있는 방법을 찾아보라는 권고를 받는다. 하지만 그 배후에는 어딘가에 상사가 있고 그에게 권한이 있으며 결국 당신과 상대방 모두 상사에게 해명해야 한다는 인식이 숨어 있다. 이때 비상 스위치를 당기고 문제를 상부로 올려 보낼 수도 있다. 당신도 그러고 싶지 않을 테고 상사도 싫어하겠지만 필요하다면 유리를 깨고 레버를 당기면 된다.

생태계에서의 조정은 조직 내부 조정과는 다르다. 우선권을 가진 사람이 아무도 없기 때문이다.[1]

- 조직 내에서는 경영진이 당신 계획을 승인할 경우 상대방이 이를 거부할 수 없다. 새로운 생태계에서는 파트너가 작업 도중에라도 당신을 완전히 거부하고 모든 노력을 막아설 수 있다.
- 조직에서 협력 부족으로 계획이 전달되지 않으면 모두가 똑같이 나쁘게 보인다. 새로운 생태계에서의 실패 비용(금전과 평판 모두)은 당신이 누구냐에 따라 완전히 달라진다.
- 조직 내에서는 사람들이 공식 역할에 따라 일을 하면서 조직도상에서의 자기 위치를 받아들인다. 새로운 생태계에서는 잠재적 파트너들이 당신의 리더십에 이의를 제기하고 당신이 동의하지 않는 방향으로 연합을 전환할 수 있다.

그리고 당신이 호소할 수 있는 더 높은 권력자도 없다.

···
## 회사 우선 대 연합 우선

5장에서는 새로 등장한 모바일 결제 생태계에서 구조와 역할이 경쟁을 벌이는 동안 리더십이라는 뼈다귀를 놓고 싸운 알파독 기업이 어떤 결과를 맞았는지 봤다. 애플과 월마트가 어떻게 각자의 산업 내에서 먹이사슬 최상위에 올랐는지도 봤

6장.
___
사고방식의 중요성: 리더십 확립과 리더십 발휘는 다르다

다. 그들의 리더는 각자 영역에서 권한을 행사하는 데 익숙했다. 그러나 새로운 가치 제안을 추진하기 위해 다 함께 힘을 모아야 할 때가 되자 누구도 추종자 역할을 받아들이지 않았다. 그 결과 10년간의 통일되지 않은 활동, 비생산적 투자, 이행되지 않은 약속으로 인해 관련된 모든 이들의 가치 창출 잠재력이 약화됐다.

CEO는 집 안에서는 왕족으로, 조직 내부 생태계 안에서는 위계적으로 존중을 누린다. 그러나 다른 CEO들에게 연합에 가입하라고 구애하는 CEO는 다른 왕국을 방문한 군주다. 자기 조직 안에서 서번트-리더 방식을 받아들인 CEO는 배려와 겸손을 보여주면서 부하 직원들에게 동기를 부여한다. 하지만 이런 서번트 리더십은 희생할 권한이 있을 때만 유효하다. 외국 땅에 간 이방인은 그런 힘이 없다. 따라서 성공한 기업 리더들이 자신의 권위가 존재하지 않는 초기 생태계를 조정하기 위해 고군분투하는 건 놀라운 일이 아니다. 이럴 때는 권위가 아니라 외교적 수완을 발휘해야 한다.

우리는 대개 그리고 당연히 조직 복지를 자기 이익보다 우선시하고 팀원들이 새로운 성취를 이루도록 동기를 부여할 수 있는 리더를 모범으로 삼는다. 그러나 새로운 생태계 환경에서 '내 조직을 우선시하는' 접근 방식은 이익을 보호받지 못할까 봐 두려워하는 잠재적 파트너에게 거부감을 줄 수 있다.

새로운 생태계를 조정하는 상황에서는 본 장 첫머리에 인용한 "모든 사람은 필연적으로 자기 인생 이야기의 주인공이다"라는 문장이 뚜렷한 의미를 지닌다. 리더십을 구축하는 것은 독립된 파트너들을 당신이 선택한 목표를 향해 이끌면서 동시에 그들 각자가 여전히 자기 이야기의 주인공이라는 인식을 유지할 수 있도록 하는 것이다.

이런 맥락을 만들려면 다른 사람의 감정을 이해하고 공유할 수 있는 능력인 공감 능력이 필요하다. 개인 차원의 공감은 감정을 공유하는 것이다. 전략 차원의 공감은 관점을 공유하는 것이다. 공감은 다양한 연합 파트너에게 승리가 의미하는 바가 무엇인지 이해하는 열쇠다. 각자 다른 최종 목표를 가슴에 품고 다른 게임을 펼칠 수도 있다는 사실에서 파생되는 가능성을 만드는 것이다. 이는 모든 당사자가 성숙한 생태계를 규정하는 안정적 지지 구조에 정착할 수 있는 윈-윈 해법을 찾기 위한 전제 조건이다.

새로운 생태계에서 리더십을 확립하려면 반드시 타사의 가치 창출 보호를 우선시해야 한다. 그래서 모든 능력과 정체성이 본인 조직을 위한 가치 포착 극대화와 관련돼 있는 리더는 어려운 상황에 처한다. 아직 조정되지 않은 상황은 연합을 만들고 굳건히 하는 데 달려 있다.

이 두 가지 사고방식(실행 중심 대 지지 중심)은 어느 한쪽이 더

사고방식의 중요성: 리더십 확립과 리더십 발휘는 다르다

좋거나 나쁜 게 아니라 다양한 상황에 더 적합하거나 덜 적합하다고 생각해야 한다. 한 가지 일에 뛰어난 리더나 경험과 성공이 한 가지 일에만 뿌리를 두고 있는 리더는 다른 일로 옮겨 가기 힘들 수도 있다. 사실 이런 모드들 사이에는 많은 모순이 있다. 구조가 명확할 때는 좋은 자산인 집중력과 조직의 헌신이 구조를 새로 만들어야 하는 상황에서는 부채가 될 수도 있어서 더 광범위한 연합을 지원하는 방향으로 단기적 절충을 전환해야 한다.

### ···
## 리더의 사고방식은 생태계 사이클과 일치해야 한다

새로운 생태계 내에서 조정이 이뤄지기 전까지 기업이 전략적으로 집중해야 하는 부분은 가치 제안을 제공할 상호작용 구조를 확립하는 것이다. 리더의 과제는 가치 창출에 필요한 파트너들끼리 지켜야 하는 규칙을 정하고 역할에 대한 합의를 이끌어 내는 것이다.

조정이 이뤄진 후의 전략적 초점은 구조 내에서 교환 조건과 이점을 협상하는 쪽으로 이동한다. 리더의 과제는 현재 구축된 생태계 범위 내에서의 실행과 관리로 옮겨 간다. 이는 성공을 위한 필수 요건으로 조정을 위해 노력해 놓고 끝까지 실행하지 않는 건 실망스러운 잠재력 낭비다.

기존 생태계 경계 안에서 엄청난 성장이 이뤄질 수 있다는 사실에 유의하자. 리더들이 성장의 '플라이휠 구동'에 관해 얘기할 때면 대개 성숙한 구조 내에서의 긍정적 피드백 주기를 통한 규모 확대 추진을 언급한다(예: 다른 업체에서 많이 따라 하는 월마트의 판매 전략은 염가 판매 → 매출 증대 → 운영비 절감 → 저렴한 구매 → 염가 판매 → … 순으로 진행된다). 또 기존 생태계 지지 구조를 강화하는 새로운 가치 제안에 일대 혁신이 일어날 수도 있다(예: 아이폰에서 아이패드에서 애플 워치로 이어지는).

기업은 어떤 생태계 내에서 오랫동안 성장하고 번성할 수 있다. 그러나 이들의 야망이 새로운 협업 구조(예: 모바일 결제)가 필요한 성장을 추구하는 쪽으로 바뀔 경우 생태계 경계를 넘어 전환해야 하는 문제에 직면하므로 동조적 사고방식의 필요성이 다시 대두된다.

〈그림 6.1〉은 다양한 단계에서의 생태계 사이클과 과제를 보여준다. 초기 장애물은 새로운 생태계에 통합되지 않은 관계자들을 우리가 산업이나 플랫폼이라고 인식하는 안정적이고 구조적으로 내재된 교환 패턴으로 전환하는 것이다. 이를 위해서는 동조적 사고방식이 필요하다. 일단 구조가 확립된 뒤에는 가치 제안을 확대해 현재의 성숙한 환경 내에서 성장

6장.

사고방식의 중요성: 리더십 확립과 리더십 발휘는 다르다

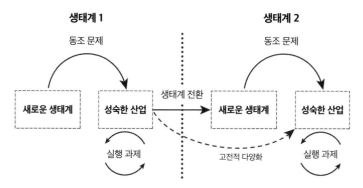

**그림 6.1** 생태계가 출현해 성숙해지는 주기와 각 단계의 리더십 과제

을 관리하는 쪽으로 문제가 옮겨 간다. 이를 위해서는 실행 마인드로 전환해야 한다.

생태계 1에서 생태계 2로 넘어가는 건 기업 자체의 확장 노력을 통해 추진될 수 있다. 이 경우 첫 번째 생태계는 계속 번창할 수 있다(예: 스마트폰이 추가 기회로 부상했어도 PC는 여전히 큰 시장이다). 아니면 외부 요인이 기존 생태계를 교란(예: 개인용 내비게이션 장치 시장에서 톰톰의 위치를 뒤엎어 놓은 구글)함에 따라 회사가 어쩔 수 없이 이런 전환을 추진할 수도 있다. 이 경우 생태계 1의 생존 가능성에 의문이 제기된다. 가장 큰 차이는 첫 번째 시나리오에서는 변화를 주도하다가 실패할 경우 성장 기회만 잃는다는 것이다. 반면 외부에서 변화를 강요하는 두 번째 시나리오의 경우 변화를 감당하지 못하면 영구적으로 추락한다.[2]

기존 다각화(그림의 점선으로 설명)는 이미 동조된 기존 산업(예: 마이크로소프트의 비디오 콘솔 시장 진입, 추후 논의)으로 직접 이동해야 한다는 점에 유의하라. 이때 새로운 시장에서의 성공 여부는 모든 성숙한 환경에서와 같이 실행 마인드에 달려 있다.

마이크로소프트의 사업 그리고 발머와 나델라 밑에서 진행된 리더십 여정의 공진화를 통해 이 단계들의 차이와 리더십 마인드에서 야기된 긴장감을 확인할 수 있다.

···
## 마이크로소프트의 리더십 여정: 스티브 발머와 사티아 나델라

발머는 2000년 1월 13일 마이크로소프트의 CEO가 됐다. 그는 14년 동안 CEO로 재직하면서 회사의 연간 매출을 기존 세 배인 780억 달러, 수익은 기존 두 배가 넘는 220억 달러로 늘렸고 세계 최대 소프트웨어 제조사로서 마이크로소프트의 위치를 확고히 했다. 이 회사의 서른 번째 직원이자 첫 번째 비즈니스 매니저인 발머가 마이크로소프트와 그 직원, 개발자, 광범위한 생태계에 보여준 헌신은 가히 전설적이었다. 세계에서 가장 강력한 기술 회사의 CEO가 땀에 흠뻑 젖은 모습으로 직원들에게 열의를 불어넣는 모습을 자주 볼 수 있었다.

사고방식의 중요성: 리더십 확립과 리더십 발휘는 다르다

발머는 자신의 재임 기간을 돌아보면서 "내 모든 삶은 가족과 마이크로소프트를 위한 것이었다"라고 요약했다. 진정한 헌신이라고 할 만한 모습이다.

그러나 시장에서의 이 같은 객관적 성공에도 불구하고 발머가 CEO직을 맡았을 당시 6,040억 달러였던 마이크로소프트의 시가총액은 그가 2013년 8월 은퇴를 발표하기 전 2,690억 달러까지 떨어졌다(2014년 2월 공식 사임). 그의 퇴임 소식에 마이크로소프트 주가는 7.5퍼센트나 급등했다. 언론은 발머가 "실패했다"고 호통을 쳤다. 〈그림 6.2〉와 〈그림 6.3〉의 대조가 눈에 띈다. 발머의 천재적 실행 능력은 핵심 사업 부문 내에서는 놀라운 수익 성장을 이뤘지만(〈그림 6.2〉) 주가 하락은 마이크로소프트가 그의 리더십 아래에서 혁신적인 성장을 이루지 못할 것이라는 월스트리트의 불신을 말해준다(〈그림 6.3〉).

발머가 수장일 때 마이크로소프트는 PC와 서버 분야에서

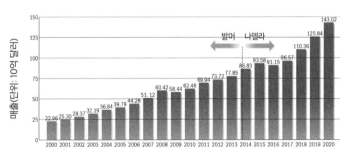

**그림 6.2** 마이크로소프트의 2000~2020회계연도 전 세계 연간 매출

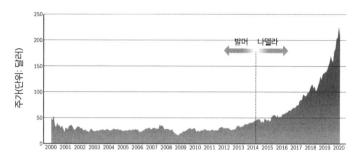

**그림 6.3** 마이크로소프트 주가

는 우위를 점했지만 스마트폰 혁명, 태블릿 혁명, 클라우드 혁
명은 놓쳤다. 선도적 기술 회사가 어떻게 그리도 많은 중대한
변화를 보지 못했을까? 다른 회사들이 강력한 미래를 발명하
는 동안 왜 그렇게 좁은 시야로 멍하니 앉아 있기만 했을까?

답: 보지 못한 것이 아니다. 앉아 있기만 하지도 않았다.

2000년 CEO로 취임한 발머는 "우리에게는 인터넷 사용자
경험을 혁신할 수 있는 놀라운 기회가 있다"고 대담하게 선언
했다. 발머의 비전은 마이크로소프트 소프트웨어가 지능형 주
택의 허브, 모바일 장치의 운영체제, 디지털 의료의 심장 역할
을 하는 미래였는데 이는 시작에 불과했다. 그는 다양한 소비
자용 온라인 기기의 출시를 감독하고 중요한 기업을 인수하고
과감한 내기를 걸었다. 2010년 마이크로소프트는 3년 이상의
개발 기간을 거친 끝에 클라우드 컴퓨팅에 거는 이 회사의 판
돈이라고 할 윈도우 애저Windows Azure를 출시했다. "우리는 클

라우드에 모든 걸 걸었다"고 발머는 말했다. "클라우드는 마이크로소프트에 연료를 공급하고 마이크로소프트는 클라우드에 연료를 공급한다. 전 세계에서 4만 명의 마이크로소프트 직원이 소프트웨어 구축 작업을 하고 있는데 그중 70퍼센트가 클라우드 전용으로 설계된 작업을 하고 있다." 그는 미래에 대한 이 흥미롭고 정확한 비전을 실현하기 위해 수백억 달러를 투자했다.

그러나 이런 노력은 대부분 발머의 감시 아래서 실패했다. 이는 비전이나 헌신, 열정, 자원 부족 때문이 아니다. 그보다는 이 비전을 실현하는 데 필요한 생태계 조정에 실패했기 때문이다. 마이크로소프트가 PC 생태계에서 거둔 압도적인 성공을 생각하면 이런 실패가 놀라워 보일 수도 있다. 하지만 바로 이 성공 때문에 그들은 회사가 추구하는 다른 모든 생태계에서도 당연히 윈도우가 토대가 되고 마이크로소프트가 리더가 돼야 한다고 믿었다. 자아계의 함정이 나타난 것이다.

### 생태계 성공이 자아계 문제를 일으키다

PC 생태계에서 추종자 입장이었던 마이크로소프트가 리더로 변모한 과정은 5장 말미에서 살펴봤다. 게이츠는 윈도우 운영체제를 지렛대로 사용해 IBM을 리더 역할에서 물러나게 했다. 마이크로소프트의 힘은 그 이후로 계속 커져만 갔다. 이 회사가 "모든 책상에 컴퓨터를 올려놓겠다"는 게이츠의 비전을 추진하는 개발자와 부가가치 재판매자들로 이뤄진 거대한 생태계의 중요한 핵심이 됐기 때문이다.

발머는 이런 우위를 확대해 마이크로소프트를 인터넷 시대로 이끌었고 윈도우 서버, SQL 서버, 셰어포인트Share-Point 등을 통해 대규모 사업 시장으로 진출했다. 여기서 우리는 컴퓨터 생태계를 정의하는 조정 구조 내에서 눈부시게 성공적이었던 확장 과정을 볼 수 있다. 각 단계가 추가될 때마다 마이크로소프트의 리더십은 더욱 인정받고 강화됐다.

리더십은 얻기는 힘들지만 익숙해지기는 쉽다. 그리고 너무 당연하게 받아들이다 보면 남용하기 쉽다. 2001년 미국 정부가 경쟁사 웹 브라우저보다 자체 웹 브라우저를 선호하는 마이크로소프트를 상대로 반독점 소송을 제기하면서 주장한 것처럼 말이다. 그러나 경쟁사들을 대신해 정부가 제기한 불만보다 더 근본적인 문제는 잠재적 파트너들의 망설임이었다.

마이크로소프트는 냉철한 리더였다. 이 회사의 공격적인 성장 추구는 컴퓨터 시장을 확장하고 관련된 모든 이들을 위한 시장을 넓히는 데 결정적 역할을 했다. 그러나 자사의 지배적인 플랫폼에 새로운 기능을 번들로 끼워 넣어 소프트웨어 경쟁사의 제품을 '뒤덮어' 버리고 호환성을 결정하는 위치에서 하드웨어 공급업체의 위치를 상품화한 이 회사의 역사는

사고방식의 중요성: 리더십 확립과 리더십 발휘는 다르다

다른 시장의 잠재적 협력자들에게 불쾌감을 안겨줬다. 실제로 발머 체제하의 마이크로소프트는 컴퓨터 생태계라는 보루 바깥의 거의 모든 단계에서 망설임이나 적개심의 대상이 됐고 소프트웨어 혁명을 새로운 맥락으로 이끌려는 노력은 실패로 끝났다.

## 엑스박스 — 다각화 대 혁신

발머 체제 당시 컴퓨터 생태계 외부에서 성공한 사례 중 하나인 엑스박스 게임 콘솔은 다른 분야에서의 실패를 이해하는 데 도움이 된다. 소니와 닌텐도가 지배하는 시장에 맞서 2001년 엑스박스를 출시한 마이크로소프트는 자체 하드웨어를 개발하고 독점 프랜차이즈를 위해 게임 스튜디오를 인수하고(가장 유명한 것이 1인칭 슈팅 게임인 할로Halo 시리즈다) 독립 게임 개발자들을 끌어들이기 위해 구애했다. 마이크로소프트가 엑스박스 콘솔 제품군을 최고의 경쟁자로 만들기 위해 엑스박스 출시 후 4년 동안 37억 달러 이상을 투자했다는 소문이 돌았다. 이 노력은 성공을 거뒀다. 2006년까지 마이크로소프트는 엑스박스 본체를 2,400만 대 이상 팔았다. 이 분야에서의 혁신은 콘솔 세대(엑스박스 360, 엑스박스 원, 엑스박스 시리즈 X)뿐만 아니라 하드웨어(예: 동작 인식 키넥트Kinect)와 온라인 서비스(예: 엑스박스 라이브)에서도 계속됐다.

그러나 엑스박스의 성공을 뒷받침하는 영웅적인 노력을 깎아내리지 않더라도 이 분야에서 마이크로소프트의 핵심 과제는 새로운 생태계를 조정하는 게 아니라 기존 서식을 복제하고 관리하는 것임을 알 수 있다. 엑스박스 출시는 나중에 태블릿 컴퓨터 서피스를 출시해 컴퓨터 하드웨어 시장에 진입한 것과 마찬가지로 생태계 혁신이 아닌 다각화의 일환이었다. 물론 대단한 성과를 거뒀고 업계에 경쟁을 추가했지만 판도를 바꾸지는 못했다.

기존 업계에 진입하는 것과 새로운 생태계를 조정하는 것 사이의 차이는 마이크로소프트가 휴대폰 분야에서 기울인 노력과 대조하면 더욱 명백해진다. 마이크로소프트는 1996년 윈도우 CE를 출시한 후 모바일 컴퓨팅의 미래를 쟁취하는 데 주력해 왔다. 저메모리 장치(컴퓨터에 비해 메모리 용량이 작은)에 최적화된 운영체제인 윈도우 CE는 PDA, TV 셋톱박스, 태블릿 PC 등에 사용됐고 윈도우 모바일과 윈도우 폰 소프트웨어 플랫폼으로 재탄생해 애플 iOS 및 구글 안드로이드와 경쟁할 수 있는 위치가 됐다.

전통적 렌즈를 통해 바라보면 스마트폰 분야에서 마이크로소프트가 당면한 조건은 게임 콘솔 분야의 조건과 다르지 않았다. 시장에는 이미 확실한 리더들이 있었다. 사용자를 끌어들이기 위해 소프트웨어 개발자를 끌어들이고 그렇게 확보한 사용자가 다시 개발자를 끌어들이는 긍정적 피드백 루프가 무한히 이어져야 했다. 또 이미 정해진 명확한 제품 외형도 있었다. 그리고 마이크로소프트는 입지를 굳히기 위해 막대한 자금을 투입할 수 있는 능력과 의지가 있었다.

물론 중요한 차이는 콘솔 시장에서는 구조, 역할, 리더십이 잘 정의돼 있고 잘 수용된다는 것이었다. 콘솔 제조업체는 각자의 생태계를 주도하고 소매업체는 제품을 판매하며 소프트웨어 제조업체는 선두의 리드에 따르면서 유망해 보이는 기업이나 자신들의 노력에 재정적 수익을 보장해 줄 의사가 있는 기업을 위해 게임을 개발했다. 이는 돈으로 해결할 수 있는 조정 문제다.

이와 대조적으로 여러 당사자가 다양한 역할을 수행하면서 리더가 됐거나 되고자 하는 꿈을 품고 있는 스마트폰 업계에는 훨씬 복잡한 파트너[단말기 제조업체, 모바일 사업자, 훨씬 많은 소프트웨어(앱) 개발자 등] 조정 과제가 존재한다. 윈도우 폰 사업에 2류 단말기업체만 유치한 데 실망한 발머는 마이크로소프트 이사회를 설득해 2013년 노키아 휴대폰 사업부를 72억 달러에 인수했다. 루미아Lumia 단말기 라인처럼 윈도우 폰을 추진하려는 몇몇 노력은 호평을 받았지만 중요한 소프트웨어 앱의 부재 때문에 소비자 채택 면에서는 실패했다. 예를 들어 구글은 윈도우 폰 플랫폼을 위한 유튜브 앱 개발을 거부했다. 마이크로소프트 운영체제 그룹 부사장인 조 벨피오레Joe Belfiore는 찌푸린 얼굴을 나타내는 이모지를 써서 트윗을 올렸다. "우리는 앱 개발을 장려하기 위해 아주 열심히 노력했다. 돈도 지불하고 전용 앱도 만들었지만 … 사용자 수가 너무 적어서 대부분의 회사가 투자할 수 없었다." 마이크로소프트가 예전에 안드로이드(또는 iOS)에서 작동하는 주요 애플리케이션(특히 오피스Office 제품군) 버전 제작을 거부했던 일을 생각하면 구글 같은 거대 기업이 이 제안을 거절한 건 매우 이해할 만한 일이다.

### 같은 사명, 다른 사고방식

발머의 비전은 광범위했고 다양한 생태계에서 정확히 올바른 가능성만 봤다. 그러나 그의 사고방식은 이런 생태계를 조정하는 데 필요한 첫 단계를 수행하는 것보다 이를 관리하는 데 더 적합했다.

2013년 발머는 원 마이크로소프트One Microsoft라는 새로운 전략을 발표하면서 회사의 중심축을 가치 창출이라는 더 크고 광범위한 목표로 옮기겠다고 공식화했다.

앞으로 우리 전략은 전 세계 사람들이 집이나 직장 혹은 이동 중 자신에게 가장 중요한 활동을 할 수 있도록 개인과 기업을 위한 다양한 기기와 서비스를 만드는 데 주력하는 것이다.

6장.

사고방식의 중요성: 리더십 확립과 리더십 발휘는 다르다

발머의 후임 CEO 나델라는 그와는 대조되는 방식을 제시했다. 그가 '더 나은' 리더라서가 아니라 그가 추구하는 접근 방식과 마음가짐, 프로젝트가 생태계 조정 작업에 더 적합했기 때문이다. 나델라가 2015년 발표한 유명한 사명 선언문을 읽고 위와 비교해 보자.

우리 임무는 지구상의 모든 사람과 모든 조직이 더 많은 일을 성취할 수 있도록 힘을 실어주는 것이다.

명시된 목표, 즉 사람들에게 힘을 실어주겠다는 마이크로소프트의 사명과 관련된 진술은 거의 동일하다. 그러나 그 목표를 달성하는 방식은 천지 차이다. 발머는 마이크로소프트의 장치와 서비스 제품군을 통해서였고 나델라는… 정해져 있지 않았다. 모든 가능성이 열려 있었다. 그리고 바로 이런 개방성이 그의 리더십 아래에서 마이크로소프트가 변화하는 열쇠였다.

나델라는 마이크로소프트를 최우선시하는 접근 방식을 버리고 가치 창출을 우선시했다. 이는 마이크로소프트가 항상 모든 일을 주도할 수는 없다는 것(그래서는 안 된다는 것)을 의미한다. "우리는 현실을 직시해야 한다. 우리에겐 빙Bing, 오피스, 코타나 같은 훌륭한 제품이 있지만 다른 기업도 자신들의

310

311

서비스나 기기를 이용해 강력한 시장 입지를 구축했으니 이렇게 수수방관하고 있으면 안 된다." 나델라는 마이크로소프트의 오랜 금기를 깨고 오픈 소스 소프트웨어 운동을 수용해 인터페이스를 개방하고 경쟁 플랫폼과의 통합을 허용했다.

　나델라가 초기에 취한 조치 중 하나는 애플 iOS용 오피스 제품군을 출시하는 것이었는데 그는 세일즈포스Salesforce의 2015년 드림포스Dream-force 개발자 콘퍼런스에서 이 사실을 발표했다. 마이크로소프트 CEO가 한때 최대 경쟁자였던(마이크로소프트의 다이나믹스 CRMDynamics CRM은 발머 시절 사내에서 '적'으로 간주했던 세일즈포스와 직접 경쟁하기 위해 출시한 제품이다) 회사가 주최한 행사의 연단에 서서 비非윈도우 폰을 손에 들고 플랫폼 통합을 얘기하는 게 얼마나 중요한 일인지는 말로 다 설명하기 힘들 정도다. 이는 새로운 파트너십 시대에 대한 그의 주장이 행동으로 뒷받침될 것이라는 명백한 증거였다. 세일즈포스 설립자이자 CEO 마크 베니오프Marc Benioff도 이 변화를 언급했다. "전에는 마이크로소프트와 협력할 수 없었다. 사티아가 꼭꼭 닫혀 있던 문, 자물쇠가 채워지고 바리케이드까지 쳐져 있던 문을 열었다."

　CEO로 재직한 지 3년도 되지 않은 2017년 나델라는 마이크로소프트의 문화와 가치관을 재정의하기 위한 책을 출판했다. 책의 내용은 대개 메모와 토론을 통해 내부적으로 전달된다. 이 책과 세심하게 조율된 책 홍보 투어의 목표는 마이크로소프트 고객이나 파트너와 외부적으로 소통하는 것이었다. 전기이자 경영 철학서이자 기술 로드맵이기도 한 이 책을 통해 나델라는 자상하고 겸손하고 개방적이며 무엇보다 공감 능력이 뛰어난 현실적이고 가정적인 남자라는 평판을 얻었다. 나델라는 이렇게 말했다. "나는 새로운 얼굴, 새로운 피라는 단순한 사실에 도움을 받았다. 과거의 앙금을 털어내면 오랜 불신의 벽을 허물기가 쉬워진다." 사실 《히트 리프레시》라는 책 제목에는 "나는 이전 사람과 다르며 내가 이끄는 마이크로소프트도 달라질 것이다"라는 그의 분명한 선언이 담겨 있다. 그래서 공감과 겸허한 태도를 천명한 겸손한 리더가 홍보 투어에 나선 이 책은 생태계 리더십의 역설에 대한 완벽한 증거다. 이 책은 냉소적이지 않다. 오히려 겁 많은 파트너들을 설득하기 위해 "우리에게 새로운 기회를 주고 우리가 보이는 새로운 행동으로 우리를 판단해 달라"고 주장한다.

개방성과 부드러움을 혼동해선 안 된다. 마이크로소프트는 직접적인 경쟁자들에게는 여전히 무서운 경쟁 상대로 남아 있다. 예를 들어 슬랙이 마이크로소프트가 팀즈Teams 앱에 여러 가지 기능을 끼워 파는 것에 제기한 독점 금지 소송은 1990년대 브라우저 전쟁을 연상시키는 형국이 됐다. 사실 보완재 공급자들은 언제나 우리가 1장에서 얘기한 생태계 가치 반전 논의를 기억하는 게 현명할 것이다. 그러나 파트너와 '프레너미$^{frenemy}$(친구인 척하는 적_옮긴이)'를 조정하기 위한 나델라의 새로운 방식이 마이크로소프트의 위상과 성공을 변화시켰다는 데는 의심의 여지가 없다.

## 잠재력이 현실로: 올바른 역할에서의 올바른 마음가짐

나델라가 경영권을 잡은 뒤 마이크로소프트는 2020년까지 시가총액이 1조 달러 이상 늘어났다. 1,000,000,000,000달러니 0이 정말 많다. 이 회사는 조용히 세계에서 가장 가치 있는 회사 중 하나가 됐다. 이는 많은 이들에게 놀라운 일이며, 또 이게 바로 요점이다. 마이크로소프트는 겸손함을 바탕으로 조용히 위상을 높였다.

시가총액은 대부분 클라우드 컴퓨팅 플랫폼에 대한 기대치에서 오는 미래 성장에 대한 기대를 반영하며 마이크로소프트가 애저 클라우드 서비스 플랫폼 투자·개발을 통해 서비스를 개시한 건 발머가 CEO이던 때임을 기억하자. 그리고 나델라가 기업 고객들과 함께 애저 MVE를 시작하기 위해 사용한 클라우드 호스팅 버전의 오피스 365를 개발하고 출시한 것도 발머 시절의 일이다. 그러나 이 제품이 시장에서 꽃을 피운 건 모두 나델라가 CEO로 재임할 때다.

그 차이는 야망이나 열정, 힘, 헌신이 아니다. 발머도 그런

사고방식의 중요성: 리더십 확립과 리더십 발휘는 다르다

목표를 추구하기 위해 수백억 달러를 투자하지 않았던가. 진짜 차이는 조정을 위한 마음가짐이었다.

애저를 이용해 성공하려면 주요 관계자들을 새롭게 조정해야 했다. 나델라는 오피스 365를 생태계 이관용 제품으로 활용해 보수적인 기업 IT 부서가 처음으로 마이크로소프트에서 직접 서비스를 구입해 클라우드에 발을 담그게 했다. 직접 구매 기회를 만든 덕분에 마이크로소프트 재판매자들이 차지했던 손쉬운 수익 기반을 회수할 수 있었고 이전에는 난색을 표하던 영업 채널이 새로운 애저 기반 기능에 투자하도록 자극을 줬으며 가치가 높은 기능을 더 능동적이고 효과적으로 판매할 방법을 찾는 계기를 만들었다. 그 결과 마이크로소프트는 고객에게 소프트웨어 판매업체에서 컴퓨터 연산 엔진, 분석 파트너, AI 의사 결정 강화업체로 위치가 바뀌었다.

이것이 우리 논의와 특히 관련 있는 이유는 나델라가 2011년부터 마이크로소프트 클라우드 사업부 사장으로 재직하면서 발머에게 직접 보고를 했기 때문이다. 사람도 같고 제품도 같은데 역할이 달라지자 다른 결과가 나왔다. 마음가짐도 중요하지만 조직 내에서의 위치도 중요한 것이다.

CEO로서 나델라는 마이크로소프트 우선주의, 윈도우 우선주의 사고방식으로는 지원할 수 없는 절충안을 끌어낼 수 있었다. 애플, 구글, 세일즈포스 같은 유명 기업과 거래할 때,

독자적인 개발자들이 새로운 기능에 대한 투자를 추진할 때, 미이크로소프트의 강력한 영업 채널에 변화를 요구할 때, 보수적인 기업 IT 고객들을 대상으로 클라우드 기반의 운영을 추진할 때 등 모든 상황에서 모바일 우선, 클라우드 우선이라는 미래 비전에 대한 약속을 현실로 바꾸려면 파트너들을 조정하는 데 주력하는 리더가 맨 위에 있어야만 했다.

나델라는 마이크로소프트가 확고한 리더 자리를 차지하고 있는 애저 생태계를 조정하는 동시에 생태계 내 파트너들이 다른 분야의 발전에 참여할 수 있게 하는 등 확실하게 균형을 맞췄다. 비유하자면 그의 목표는 지능형 자동차를 위한 운영체제를 만드는 것이 아니라 정보를 처리하는 인프라가 되는 것이다(적어도 현재는). 프로비던스 세인트 조셉 헬스 CEO 로드 호크먼Rod Hochman은 51개 병원 시스템의 데이터와 앱을 애저 클라우드로 이전하기로 결정했다고 발표하면서 아마존이나 애플, 구글이 아닌 마이크로소프트를 선택한 이유가 "(마이크로소프트는) 건강관리 사업에 참여하려는 게 아니라 이 분야를 더 좋게 만들려고 노력하고 있기 때문"이라고 설명했다.

나델라는 광범위한 생태계의 야망을 연합에 맞추고 다른 이들이 기꺼이 따르려고 하는 분야에서는 남들을 이끌고 스스로 추종자가 되는 게 더 생산적인 분야에서는 다른 이들의 리더십을 지원하면 그 야망이 지속될 수 있음을 보여준다. 자아

6장.
_____
사고방식의 중요성: 리더십 확립과 리더십 발휘는 다르다

계 함정의 현명한 해결책은 모든 사람이 자기 여정의 주인공
이 될 수 있는 조정 구조를 만드는 것이다.

## ··· 선도적 전환과 전환적 리더

기업 침체에 관해 얘기할 때는 대개 리더십 비전 실패, 기
술적 무능, 위험을 감수하려는 의지 부족, 탐색과 착취 사이의
긴장을 관리할 수 없는 무능력 등을 강조한다. 물론 이것들도
중요하다. 코닥의 실패에 대한 일반적인 설명이기도 했고 여
기 마이크로소프트 사례에서도 다시 볼 수 있다. 그러나 두 경
우 모두 이 설명은 잘못된 것일 뿐만 아니라 역효과를 낳기도
한다. 실패 원인을 엉뚱한 데로 돌리면 잘못된 해결책을 추구
하게 된다. 그리고 잘못된 약을 먹으면 처음보다 더 아플 수도
있다.

마이크로소프트 사례가 설득력 있는 이유는 일반 이론 중
에는 발머가 CEO일 당시 겪은 침체와 관련해 신뢰할 만한 설
명을 제공하는 것이 없기 때문이다. 우리는 발머가 비전이 있
었고, 기술을 개발했으며, 수십억 달러를 투자할(그리고 손실을
입을) 용의가 있었고, 새로운 기회를 탐색하거나 추구하는 동
안 핵심 사업에 부담을 주지 않았다는 사실을 알고 있다.

발머의 리더십(그리고 그의 리더십 체제에 관한 일반적 설명)에서 부족한 부분은 야망이 그를 생태계 경계 너머로 이끌 때 조정적 사고방식으로 제대로 전환하지 못했다는 것이다.

이 책 전체에서 말하는 성공과 실패는 기업이 기존 생태계 범위 안에서 운영될 때(실행 우선)와 경계를 넘어설 때(생태계 조정 우선)가 언제인지 알고 생태계 주기 단계마다 적합한 전략을 실행하는 데 달려 있다.

하지만 개별 리더들은 어떨까? 전략과 마찬가지로 사고방식도 생태계 주기에 따라 바뀌어야 함은 분명하다. 같은 사람이 이 모든 일을 다 할 수 있을까? 개인뿐 아니라 조직의 인력 채용 및 기술 재교육 방식과 우선순위를 두는 역량이 무엇인지가 문제다. 생태계 주기가 진행되는 동안 우리는 단절과 불연속성을 예상해야 한다.

생태계를 구축하려면 조정적 사고방식이 필요하다. 하지만 일단 조정이 완료되면 이를 위한 기술과 사고방식은 객관적으로 중요성이 떨어진다. 이 시점에서 중요한 건 생태계 범위 안에서 일을 진행하면서(열차가 정시에 운행되도록 하는 관리상 문제, 상징적인 열차 노선을 최대한 활용할 수 있는 기회 등) 새로운 서비스를 확대하고, 인접 비즈니스를 연결하는 것 그리고 증가한 규모와 효율성에 따라 이 모든 작업을 수행하면서 생태계 안에서 확립된 관계를 관리하는 것이다.

6장.
―――――――――
사고방식의 중요성: 리더십 확립과 리더십 발휘는 다르다

당신이 성장 중인 벤처를 이끌든 아니면 기성 기업을 이끌든 조정을 생각하지 않는 건 조정 상태를 당연하게 여길 만큼 확립된 생태계 구조 안에서 일하고 있기 때문이다. 당신의 전략 목표가 기존 업계 내에서 기존 가치 제안을 복제하거나 최적화하는 것(식당 프랜차이즈 사업, 방사선 클리닉 운영, 가구 제작 등)이라면 실행에 초점을 맞추는 게 타당할 것이다. 하지만 그런 경우에도 한쪽 눈으로는 지평선을 주시해야 한다. 때로는 외부에서 새로운 조정 구조가 도입되기도 한다(새로운 참여자나 소셜 플랫폼과의 디지털 관계, CVS 헬스 같은 새로운 참여자에게 문을 열어주는 규제 변화, 웨이페어 같은 회사가 만든 새로운 환경 등). 이 경우 조정적 사고방식으로의 전환 여부에 따라 혁신을 이룰 것이냐 아니면 부적합한 기업이 될 것이냐 하는 차이가 생길 수도 있다.

실행 마인드의 수용은 생태계 여정에 꼭 필요한 부분이다. 이게 없으면 조정이 이뤄져도 결코 실현되지 않을 잠재력만 만들어 낸다. 이 외에도 3장에서 살펴본 것처럼 생태계 전반에 걸친 효율적이고 효과적인 전환은 새로운 영역으로의 생태계 이관에 달려 있다. 그리고 생태계 이관은 원래 분야에서의 훌륭한 실행력에 달려 있다. 나델라가 작업할 수 있는 훌륭한 재료(발머가 CEO일 때 개발된)가 없었다면 그의 노력은 그렇게 큰 성공을 거두지 못했을 것이다.

개별 리더의 경우 이 같은 변화가 자동으로 이뤄지지는 않는다. 사고방식을 바꿔야 한다고 알려주는 명확한 도로표지판도 없고 생태계 조정에 재능 있는 사람이 실행과 관리 능력까지 갖추고 있으리라는 보장도 없다. 새로운 회사에는 매우 어려운 시기가 될 수 있다. 물론 예외도 있지만 이런 리더십 과제 변화는 종종 창업자가 스스로의 의지나 이사회 압력 때문에 물러난 뒤 '전문' CEO로 교체되는 지도부 변화와 함께 생기는 경우가 많다. 자리를 계속 지키는 창업자들은 새로운 경영 팀의 지원을 받아 실행 마인드를 수용할 방법을 찾아야 한다.

실행 마인드를 지닌 리더는 핵심 사업을 성장시키고 혁신을 추진하는 능력이 탁월할 수도 있다. 발머의 성공 사례에서 분명히 알 수 있듯이 실행 마인드는 성장을 추진하는 사고방식과 완전히 일치할 수도 있다. 주의할 점은 그게 기존 생태계 테두리 안에서만 성공적인 경향이 있다는 것이다.

그러나 성장 압력과 야망이 확대되면 이런 성공한 기업의 성공한 리더들은 종종 자신의 생태계 밖에 존재하는 새로운 가치 제안을 목표로 삼는다. 그리고 우리가 알다시피 이는 완전히 다른 게임이다. 새로운 시장, 새로운 비즈니스 모델, 새로운 수익 기회에 관한 관심이 커지면 이 모든 새로운 활동의 성공 여부는 생태계 경계를 넘나들면서 새로운 협업 구조를 만들고 현재 영역 외부에서 리더십을 구축하는 데 달려 있다는 사실을 놓치기 쉽다. 5장의 리트머스 시험 문제를 통해 조정적 사고방식이 리더십 요건으로 다시 대두되는 시기를 파악할 수 있다.

혼들리는 진자가 실행에서 멀어져 조정으로 돌아가는 경우, 조정에서 실행으로 향하던 처음 움직임보다 수용이 어려울 수도 있다. 생태계가 성숙한 뒤 처음 흔들릴 때는 조정이 문제가 되지 않았기 때문에 우선순위를 낮추기가 쉬웠다. 두 번째로 흔들릴 때도 핵심 비즈니스가 계속 성공적이려면 새로운 기회 영역에서 조정이 우선순위가 되더라도 여전히 실행이 중요하다. 절충이 필요한 경우 조정이 이뤄질 수 있도록 최적화된 실행에서 다소 덜 최적화된 실행으로 전환하는 등의 원칙과 희생이 필요하다. 거버넌스 관점에서 이는 조정을 위해 투자가 필요하다는(미래의 잠재적 수익을 위해 현재 가진 자원을 투입하는) 걸 알고 단기 목표 이상의 목표를 정한다는 뜻이다. 나델라의 임기 초반 발생한 매출 감소(〈그림 6.2〉 참조)는 애저 생태계를 위한 새로운 비즈니스 모델을 뒷받침하기 위해 기꺼이 희생하겠다는 의지를 보여주는 증거다.

리더 관점에서 보면 조정에서 실행으로 전환하는 데 자연적이거나 자동적인 건 없는 것처럼 사고방식이 실행에서 다시 조정으로 전환되는 것도 자연스럽진 않다. 사실 이는 힘, 성공, 권력의 위치에서 시작되기 때문에 관련된 개인에게는 더 힘든 변화일 수 있다.

초기 단계 벤처의 경우 리더들이 회사 설립을 위해 필사적으로 노력하면서 다른 이들이 사신의 가치 제안을 지지해야 하는 필요성을 분명히 밝히기 때문에 겸손한 태도를 보이기도 비교적 쉽다. 하지만 일단 기업이 성공하고 리더(실제 창업자일 수도 있지만 지금은 성공한 기업 총수)도 남들의 감탄과 합의에 익숙해지면 CEO부터 그 아랫사람들까지 지지와 겸손의 태도를 되살리기가 훨씬 더 어렵다.

## 성공에서 혁신으로

성공적인 실행 마인드를 지닌 CEO는 초기 생태계 안에서 회사를 최고 수준까지 끌어올린다. 혁신적인 CEO는 회사를 여러 생태계로 이끌면서 새로운 아키텍처와 구성을 통해 가치 창출과 경쟁을 재정의한다. 발머와 나델라 같은 두 유형의 CEO 모두 첫 번째 생태계에서 성공하기 위해서는 실행 마인드를 개발해야 한다. 그리고 전설이 되는 건 두 번째 유형이다. 그들의 차이는 다음 생태계에서 성공하는 데 필요한 조정 마인드를 재발견하는 능력이다.

기업 혁신의 바탕이 되는 메커니즘(본질적으로 내부 생태계 재편성)을 자세히 살펴보면 3장에서 외부 생태계 맥락에서 살펴본 것과 동일한 원칙(MVE), 즉 단계적 확장, 생태계 이관을 찾을 수 있다. 조정을 추진하려면 언제나 다양한 사고방식뿐 아니라 절충에 대한 다양한 접근 방식도 필요하다. 즉, 단기 수익보다는 조정과 연합 구축, 공동 가치 창출을 우선시하고 장기적으로는 당장의 희생을 상쇄하는 것 이상의 보상을 받을 수 있다는 확신을 품어야 한다.

이런 분석 도구를 실제 변화에 영향을 미칠 수 있도록 활용하는 방법은 해당 분야 리더에게 달려 있다. 그리고 새로운 절충안에 대한 개방적 태도를 효과적인 조정으로 바꾸는 중요한 요소는 겸손과 공감임을 여기서(개인 수준에서) 발견하게 된다. 조정적 사고방식은 다른 사람이 나를 맹목적으로 따르지 않을 것이라는 현실을 받아들이는 겸손한 태도에 달려 있다. 그리고 지속 가능한 생태계 구조의 기반인 생산적 팔로어십을 가능케 하는 게 무엇인지 이해하는 공감 능력에 달려 있다. 이는 신뢰를 쌓고 또 어떤 절충안이 어떤 파트너에게 언제 타당한지 판단하는 데 중요한 가이드다.

그 무엇도 막강한 기업이 모든 방향에서 대담하게 주도권을 주장하는 일을 막을 수는 없다. 그러나 이 책에서 본 것처럼 리더십을 선언하고 추종자들을 고무하는 것(공허한 야망과 의미 있는 가치 창출의 차이)이 결국 조정과 조정 마인드로 이어진다.

전설적인 CEO를 전설로 만드는 특징은 〈그림 6.4〉에 나와 있는 것처럼 전체 생태계 주기를 통해 자신과 회사를 탐색할 수 있는 능력이 있고 종종 생태계 이관을 통해 경계를 넘나들면서 새로운 시장 공간을 창출한다는 것이다.

변혁적인 모범 사례 목록은 길다. 애플의 스티브 잡스는 아이팟 뮤직 플레이어, 휴대폰, 인터넷 접속 장치의 가치 제안을 결합해 아이폰을 만들고 개인 연결의 개념을 바꿔놓았다. 아마존의 제프 베이조스는 에코 스피커에 스마트 스피커, 음성 비서, 스마트 홈 컨트롤을 결합해 원래 별개의 산업에 속했던 각 분야의 판도를 완전히 바꿔놓음으로써 훨씬 광범위한 알렉사 생태계를 탄생시켰다. 오프라 윈프리는 자신의 영향력을 텔레비전 출연자에서 프로듀서, 방송 제작자, 인쇄, 건강 분야로까지 확대했다. 일론 머스크는 전기 자동차와 충전 인프라, 자율 주행 기술을 결합해 모빌리티 생태계와 그 너머에 새로운 지평을 열었다. 당신이 좋아하는 인물을 여기에 계속

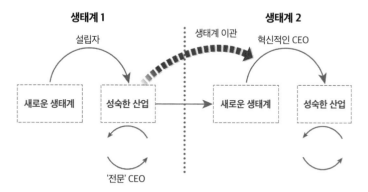

**그림 6.4** 리더십 역할의 전환을 강조하는 생태계 주기와 생태계 경계를 넘나드는 전환을 가능하게 하는 생태계 이관 작업

6장.
———————————
사고방식의 중요성: 리더십 확립과 리더십 발휘는 다르다

추가해 보자.

이 설립자들은 모두 유명한 인물들이다. 하지만 설립자라
는 지위는 여러 생태계에 걸친 기업 전환을 이끄는 데 필요하
지도, 충분하지도 않다. 내가 나델라의 역할, 특히 변혁적 리
더로서의 역할을 부각한 건 그가 회사를 설립한 사람이 아니
기 때문이다. CEO가 되기 전 22년간 회사 내부에서 일한 나델
라는 조정 업무를 훌륭히 해냈다. 나델라는 이런 부분에서 유
일무이한 인물은 아니다. 래리 멀로는 소매 약국이었던 CVS
를 의료 서비스를 제공하는 대기업으로 변신시켰다. 요한 몰
린Johan Molin은 기계식 잠금장치 제조업체였던 아사아블로이를
출입 통제 생태계 리더로 탈바꿈시켰다. 하롤트 호딘은 지리
데이터 생태계에서 톰톰의 지위를 되살리기 위해 개인용 항
법 장치 시장의 대격변을 헤쳐나갔다. 낸시 매킨스트리는 참
고 도서를 만들던 종이책 출판사 볼터스 클뤼버르를 디지털
솔루션 분야로, 안데르스 구스타프손은 자산 추적에 주력하던
지브라 테크놀로지스를 업무 시스템 변환 분야로 옮겼다. 이
모든 사례는 창업자가 회사를 떠난 지 오래되고 공공 시장과
주주들의 감시를 받는 대기업도 판도를 바꿀 수 있음을 보여
준다.

창업자와 비창업자 모두에게 필요한 건 성공한 뒤에도 조
정 마인드를 유지하고 개인 차원에서의 자아계 함정을 피하는

것이다. 이는 최고위 경영진에게만 중요하지 않다. CEO가 분위기를 조성하는 동안 내부 및 외부 파트너와의 행동이나 상호작용의 세부 사항을 관리하는 일은 팀 리더의 일이다. 따라서 조정 마인드는 조직 전체에 중요하다.

## 내부 생태계도 생태계다

생태계에서의 리더십 논의는 외부 파트너십 관리에 초점이 맞춰져 있다. 이 논의의 출발점은 궁극적인 권위의 부재가 어떻게 외부 생태계를 조직 내부 생활과 다른 맥락으로 만드는가다. 그러나 이것이 절대적인 차이는 아니다. 조직 내부 생태계에는 최종 권한을 가진 CEO가 있지만 그 권한에 쉽게 접근할 수 없다면 조직 내부에도 조정 전략이 필요하다. 사실 현명한 CEO들은 단독 권한 행사를 피하려고 최선을 다한다.

외부 생태계를 재조정하려면 내부 생태계에서도 몇 가지 유사한 변화가 필요하다. 내부 맥락과 외부 맥락 양쪽에서 중요한 차이는 우리가 정해진 경계 안에서 일하는지 아니면 이를 넘나들면서 일하는지다. 조직 내에서 CEO는 회사 전체를 자기 권한 범위 안에 두는 특별한 존재다. 그러나 CEO를 제외한 다른 경영진과 기타 모든 직원의 권한은 아래로 갈수록 점점 좁아지는 사일로Silo 수준으로 제한된다.

새로운 계획에서 사일로 간 상호작용이 필요할 때마다 내부 생태계 변화를 관리해야 한다. 따라서 이미 지적한 것과 동일한 새로운 생태계 고려 사항, 즉 조정 마인드와 공감, 연합을 우선시해야 한다. 설계 혁신을 위해 조달 부서와 협력하는 엔지니어링 부서, 회복력 혁신을 위해 영업 부서와 협력하는 공급망, 연속성 혁신을 위해 모든 사람과 협력하는 인적 자원 부서 등 계획이 성공하려면 부서와 사업부 전체의 재편성을 관리할 수 있는 리더가 필요하다.

"혁신과 경쟁은 우리의 사일로, 우리의 조직 경계를 존중하지 않으므로 이런 장벽을 극복하는 방법을 배워야 한다"고 나델라는 말한다. "그러려면 우리 조직 내에서 편한 일만 하는 게 아니라 그 안락한 영역에서 벗어나 고객에게 가장 중요한 일을 하기 위해 손을 뻗어야 한다." 애저가 성장 잠재력을 발휘하려면 고객 통찰과 파트너끼리의 협업이 필요했지만 그 외에도 마이크로소프트 자체의 조직, 문화, 내부 거버넌스까지 근본적으로 재정비해야 했다.

수십 년간 이어진 일반 통념에 따라 애저는 수년 동안 마이크로소프트 내에서 별도 조직으로 관리됐다. 이런 분리는 핵심 사업의 요구와 영향에서 획기적인 신규 벤처를 보호해 좀 더 지원적인 환경에서 사업을 관리하고 평가하기 위한 것이었다. 그러나 이는 진정한 변화를 방해한다는 단점이 있다. 발머가 CEO일 때는 애저기 더 큰 마이크로소프트 조직 내에서 따로 분리돼 있었기 때문에 기술적 장점이나 사업 비전에 관계없이 가치 제안이 잠재력만큼 확장될 수 없었다. 최고의 클라우드 기반 서비스 공급자가 되려면 영업, 재무, 운영에 대한 마이크로소프트의 접근 방식을 바꿔야 하는데 이 모든 분야가 각기 다른 사일로에 존재했다. 애저는 마이크로소프트 내부 생태계의 다른 부분들이 가치 제안을 지원하도록 재정비돼야만 번창할 수 있었다.

마이크로소프트의 핵심 사업은 소프트웨어 개발과 판매다. 마이크로소프트는 애저를 이용해 고객의 클라우드 기반 프로세스를 실행하는 책임을 맡았고 이는 자체 기술 기반이 크게 달라져야 함을 의미했다. 이를 위해 나델라의 지휘 아래 마이크로소프트의 IT 그룹을 재구성하고 핵심 서비스 엔지니어링 및 운영CSEO으로 이름을 변경했으며 새로운 절차, 우선순위, 예산 책정 관계를 통해 조직의 다른 부분과 상호작용하게 했다. 마찬가지로 기업 고객을 애저로 끌어오기 위한 가장 중요한 방법은 클라우드에서 오피스 제품군의 판매 모델을 바꾸는 것이었다. 그러나 오피스 제품군은 애저 사업부 밖에서 관리했기 때문에 내부 공동 혁신이라는 새로운 통합 협업 방법이 필요했다. 마이크로소프트의 애저를 이용한 클라우드 서비스 접근 방식은 마이크로소프트의 생태계 이관이라는 고유 성에 기반을 두고 있었기 때문에 매우 독특했다. 이런 차별화 덕분에 마이크로소프트는 아마존의 AWS(최초이자 여전히 이 분야에서 가장 큰 성공을 거둔 기업)를 따라잡기 위한 경쟁에서 다른 회사들을 뛰어넘을 수 있었다. 주요 업무와의 분리는 사내의 새로운 벤처를 어느 정도 보호할 수는 있지만 종종 대규모 MVE를 시작하기 위해 핵심 비즈니스 자원에 접근해 이를 배포할 수 없다는 단점을 보인다.

혁신 계획은 대개 내부 그룹이 협력할 때 가능한 일들을 시범적으로 보여주는 데서 시작된다. 잠재력이 높은 관리자들이 다기능 팀에 배치돼 미래를 창조하기 위한 과감하고 새로운 노력을 추진한다. 시범 사업 프로젝트가 성공하면 축하를 받지만 성공에도 불구하고 거기서 벗어나지 못하는 이들이 많다. 이는 담당 관리자가 대규모 성공을 위해 업무를 조직하기보다 시범 사업 프로젝트 실행에만 집중하는 경우가 너무 많기 때문이다. 그들은 자신의 헌신과 노력이 너무 독특해 복제를 불가능하게 한다는 사실을 인식하지 못한 채 개인 인맥이나 평판, 일시적 자원 할당을 이용해 성공을 추진한다. 이런 시범 사업 프로젝트는 단기적으로 경영진의 주목을 받는 방어적 어항 안에서는 성공하지만 거대한 조직의 개방 구역에서는 대규모로 지속적인 영향을 미칠 수 없다. 이는 성공을 일상화하기 위해 생태계를 재정비한 게 아니라 눈앞의 일을 성사하기 위해 생태계를 '비틀어' 놓았기 때문이다.

대규모 조직에서 일해본 적 있는 사람이라면 완료되자마자 그 즉시 사라지는 성공적인 교차 기능 시범 사업 프로젝트의 무덤에 익숙할 것이다. 장기적 차이를 만들고자 하는 경영자라면 이 운명을 피하는 일을 가장 우선시해야 한다. 내부 생태계에서의 성공적인 혁신은 외부 생태계에서와 동일한 접근 방식을 따른다. 우리의 MVE는 무엇인가? 단계적 확장을 위한 접근 방식은 무엇인가? 계획의 초기 발판을 마련하는 데 도움이 되는 이관 작업을 수행할 능력이 있는가?

이는 당신에게 어떤 의미인가? 사고방식과 계획을 일치시키는 일은 모든 경영 수준에서 중요하다. 이 프로젝트는 기존 조직 구조 안에서 실행돼야 하는가 아니면 내부 생태계 안에서 새로운 상호작용을 이끌어야 하는가? CEO를 선택할 때와 마찬가지로 역할을 할당할 때(또는 자원봉사를 할 때)도 실행 마인드와 조정 마인드 사이에서 절충안을 선택하는 방법을 명확히 하는 게 중요하다. 이 점을 알고 있으면 일을 실행하기 전 역량을 키우는 일이 핵심이 된다.

하지만 문제는 누구를 언제, 어디에 배치할 것이냐다.

6장.
_____

사고방식의 중요성: 리더십 확립과 리더십 발휘는 다르다

## 리더 선택 및 지원: 생태계 환경의
## 새로운 절충점

기업 대부분이 여러 개의 계획을 동시에 추구하는 상황에서 어떤 기업은 새로운 생태계를 조정해야 하고 어떤 기업은 기존 생태계 안에서 확고하게 자리 잡아야 한다. 실행과 조정 모두에 탁월한 재능을 가진 완벽한 후보자가 없는 경우 이 두 가지 역량을 어떻게 평가해야 할까? 이것이 리더 선택에 어떤 영향을 미칠까?

5장에서는 생태계가 승자의 특정 계층을 드러내는 모습을 봤다. 성공적인 생태계 리더는 큰 성공을 거두지만 성공하지 못한 생태계 리더는 아무것도 얻지 못한다. 성공 수준에 단계적 차이가 있는 산업 환경과 다르게 생태계 결과는 이분법적이다. 조정 대 비조정은 곧 성공 대 실패로 직결되며 부분적 신용을 얻을 여지는 거의 없다.

조직 내에서 리더 임명을 맡은 사람들이 새로운 생태계와 성숙한 생태계가 서로 다른 리더십을 요구한다는 점을 아는 경우 새로운 절충안을 마련해야 한다. 리더십의 어떤 부분을 우선시해야 하는가? 어떤 부분을 기꺼이 희생할 것인가?

이에 대한 답은 자기가 생태계 주기의 어느 지점에 있는지 곰곰이 생각해 봐야 알 수 있다. 가장 시급한 요구, 가장 큰 기회, 가장 큰 취약성이 기존 경계 내에서 더 나은 실행을 촉진하거나 새로운 시장 공간을 창출하기 위한 조정과 관련 있는가?

업계에서 거두는 성공에는 연속성이 있지만 생태계에서는 성공 아니면 실패 둘 중 하나라는 사실을 알면 자기만의 관점이 생긴다. 괜찮은 실행에서 훌륭한 실행으로 전환할 때 발생하는 한계 편익이 새로운 생태계를 조정하는 데 완전히 실패할 위험을 상쇄하기에 충분한가? 그 답은 핵심 사업 규모와 성장 궤적 그리고 생태계 기회의 잠재력에 따라 달라진다. 예를 들어 한 세기 넘는 기간 동안 진행된 자동차 분야의 혁신과 경쟁은 성숙한 생태계, 즉 우리가 편하게 '자동차 산업'이라고 부르는 잘 정의된 구조 안에서 진행됐다. 그 한 세기 동안 경영과 실행에 뛰어난 CEO는 세상에서 큰 인정을 받았다. 하지만 자율성부터 전기 동력, 연결, 인프라 재구성에 이르기까지 여러 경계를 넘나드는 도전과 기회에 직면한 오늘날의 상황에서는 새로운 '모빌리티 생태계'를 정의하는 데 도움이 되는 조정 마인드를 발전시킬 수 있는 리더의 우선순위가 더 높을 것이다.

핵심 부분에서 실행 이득을 포기하는 일을 정당화할 수 있을 만큼의 가치를 생태계 기회에서 발견하지 못한다면 당신 회사는 생태계 리더십 측면에서는 아무것도 하지 말아야 한다. 개인 차원에서도 실행 감소를 감수하는 데 필요한 지원을 받지 못하리라 생각된다면 그 기회가 정말 추구하고 싶은 일인지 다시 생각해 보는 게 좋을 것이다.

생태계 리더십과 관련해서는 처음부터 실패할 게 뻔한 노력을 하는 것보다 새로운 생태계에서 현명한 추종자의 역할을 받아들이는 편이 낫다. 다시 말해 생태계에서 리더십을 발휘하려는 생각을 기꺼이 포기할 의향이 있는 경우에만 조정 능력보다 실행 능력을 우선시해야 한다. 그 외의 모든 시도는 결국 생태계 실패를 초래할 것이다. 동료들을 설득해야 할 필요가 있다면 마이크로소프트가 노키아 인수를 위해 72억 달러를 쓰고도 완전히 실패했던 일을 지적하면 된다.


...
## 사고방식의 중요성

생태계 역학 관계가 날이 갈수록 더 중요해지지 않는 산업 분야나 회사를 생각하기는 어렵다. 어떤 기업 이사회 관점에서든 그들이 선택하는 리더의 사고방식을 고려하는 문제가 더 중요해졌다. CEO 관점에서는 절충안, 문화, 그들이 이끄는 역량을 고려하는 일이 더 중요해졌다. 조직 내 다른 모든 이들의 입장에서는 조정의 필요성에 비춰 자신의 계획과 입장을 재고하는 일이 더 중요해졌다.

보편적으로 '올바른' 전략이 있는 게 아니라 당신 조직에 맞는 '적합한' 진략이 있는 깃처럼 리더십 마인드도 유일무이하게 '올바른' 마인드가 있는 게 아니라 상황과 조직, 개인에 맞아야 한다. 외부 생태계를 위한 새로운 전략을 수립하려면 내부 생태계를 조정해야 하기 때문에 이런 적합성 관리는 꼭 필요하다. 여기서도 변화 목표에 효과적 조정을 위한 계획이 수반돼야 한다. 이는 성공이 리더의 전략과 사고방식뿐 아니라 이런 아이디어를 이해하고 상호작용하는 조직의 능력에 달려 있음을 뜻한다. 7장에서는 이 주제를 다룰 것이다.

프레임워크 & 토론 질문

## 생태계 측면에서 볼 때 개별 리더를 선택하고 계발하는 방식이 어떻게 바뀌어야 하는가?

| 장 | 6장. 사고방식의 중요성: 리더십 확립과 리더십 발휘는 다르다 | | |
|---|---|---|---|
| 주요 사례 | 마이크로소프트 애저 | 도구 | 생태계 주기 |

① 생태계 주기에서 가장 중요한 기회는 어디에 존재하는가? 리더를 계발하고 상황에 맞게 조정하기 위해 어떤 단계를 밟고 있는가?

② 조직에서 자신의 수준에 맞는 성공을 이루기 위해 필요한 실행과 조정 사이의 절충점에 어떻게 다가가고 있는가? 한 단계 위로? 한 단계 아래로? 이런 레벨을 조정하기 위한 단계는 무엇인가?

③ 당신의 계획을 지원하기 위해 내부 생태계에 어떤 변화가 필요한가? 성공을 거뒀지만 결국 좌초되고 마는 시범 프로젝트의 위험을 어떻게 줄일 수 있을까?

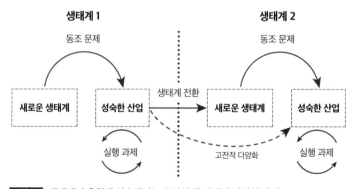

**그림 6.1** 생태계가 출현해 성숙해지는 주기와 각 단계의 리더십 과제

**7**

장

# 전략적 명확성은
# 종합적 문제다

Strategic Clarity Is Collective

자기가 설명하지 못하는 건 이해할 수도 없다.

- 말콤 글래드웰Malcom Gladwell

직원들이 당신의 전략을 설명할 수 없다면
이해하지 못한 것이다.

- 애드너의 추론

위대한 전략과 행운 중 하나를 선택한다면 항상 행운을 선택
해야 한다. 물론 문제는 식당에서 메뉴 고르듯 행운을 선택할
수는 없다는 것이다. 그렇기에 전략의 역할은 성공을 위해 필
요한 행운의 양을 줄이는 것이다. 그게 아니면 어떤 행운이 찾
아오든 그걸 최대한 활용할 수 있게 해주는 것이다.

산업에서 생태계로 전환하려면 전략을 수립하는 새로운
방식이 필요하다. 그러나 전략이 효과를 발휘하려면 이를 폭
넓게 이해해야 한다. 고전적 교란이 산업 영역 내의 경쟁 질서
를 무너뜨린 경우, 가치 제안 자체가 뒤집히면서 생태계 붕괴

가 그 기반을 파괴한다. 이 새로운 세계에서 전략의 목표는 단순히 당신의 승리를 돕는 것이 아니라 당신이 올바른 게임에서 이기기 위해 경쟁하고 있음을 확실히 하는 것이다. 성공을 위한 필수 조건은 조직 내에서 공통된 언어를 사용해 모든 사람이 게임이 어떻게 달라지고 승리가 어떻게 정의되는지 이해할 수 있게 하는 것이다.

당신이 생태계 붕괴를 추진하든 아니면 생태계에 대응하는 방법을 파악하든 변화하는 게임에서 강력한 전략을 수립하는 것은 가치 아키텍처를 깊이 이해하는 데서 시작된다. 이런 이해를 표면화하고 활용하는 방법은 조직 내에서의 역할에 따라 달라진다.

**성장 중인 벤처를 이끄는 역할인 경우:** 당신 마음속에서 발달하고 있을 가치 아키텍처의 명시적 표현 대신 직접적 접촉과 소규모 팀의 역학 관계에서 공유된 직관에 의존하기 쉽다. 그러나 암묵적인 것을 겉으로 드러내면 생태계 구축에 대한 명확성을 높이는 데 도움이 되므로 내부 및 외부 조정에서 모두 이익을 얻을 수 있다. 당신의 MVE는 무엇인가? 단계적 확장은 어떤 식으로 진행되는가? 발현 장벽의 타이밍과 처리 방법은 어떻게 생각하는가? 생태계 안에서 생산적 입지를 구축하고 더 확장할 수 있는 올바른 방법은 무엇인가?

성공적인 벤처의 경우 성공과 함께 따라오는 가장 큰 장애물 중 하나가 이해의 폭을 넓히는 것이다. 팀이 성장하고 새로운 사람들이 들어온다. 이때 그들을 위한 언어를 준비해 두지 않았다면 초기 일관성이 불협화음으로 바뀌어도 놀라지 말자. 성장에 앞서 명확한 전략적 언어를 갖추는 것이 성장 중에 전진하는 가장 좋은 방법이다.

**기성 기업을 이끄는 역할인 경우:** 기성 기업은 확립된 시장 입지, 생태계 관계, 수익원 등 강력한 이점을 제공한다. 그러나 기업과 업계가 성숙함에 따라 효율성과 실행에 관심이 집중되면서 핵심 가치 아키텍처와 생태계 구조에 대한 근거가 흐려지거나 당연하게 받아들여질 수 있다. 그리고 이 때문에 외부 위협과 기회에 대한 사각지대가 만들어질 수 있다. "우리의 가치 아키텍처는 무엇인가?"라는 핵심에 정면으로 부딪히는 데서 시작해 보자. 특정 변화가 모든 요소에 어떤 식으로 반향을 일으키는가? 방어를 위해서는 현재 생태계에서 어떤 요소와의 관계를 우선시해야 하는가? 공격을 위해서는?

직원들이 "왜 우리는 이 일을 지금 같은 방식으로 하는 것인가"라는 의문의 기저에 깔린 구체적 요소나 관계를 명확하게 표현하는 데 어려움을 겪을 때 이 토론은 흥미로운 사실을 드러내고 잠재적인 문제를 제기하리라고 기대된다. "측정할 수 없는 건 관리할 수도 없다"라는 격언에 "확인할 수 없는 건 측정할 수 없다"라는 인식을 덧붙인다.

가치 아키텍처를 명확하게 표현하면 다중 업계 교란이 당신의 입지를 뒤집기 전에 잠재적 위협을 파악할 수 있다. 그와 동시에 이관 기능을 활용해 경계를 바꾸고 새로운 혁신적 지위를 만들 기회를 찾을 수 있도록 도와준다. 그리고 자아계 함정을 피하고 실행 마인드에서 조정 마인드로 전환하거나 다시 돌아가야 할 위치와 시기를 알려준다.

**리더에게 영향을 미치는 역할인 경우:** 우리 대부분은 (아직) 조직을 이끌고 있지 않다. 그리고 대부분 명확한 가치 아키텍처를 가진 조직에서 일하고 있지 않다. '상부' 작업이 가치 아키텍처를 만들거나 재정의하는 데 초점을 맞춘다면 '중간부' 작업은 그 안에서 작업하는 방법을 이해하는 것이다.

모든 조직에는 내재된 가치 아키텍처, 즉 가치를 창출하는 방법에 대한 기본 이론이 있다. 조직과 산업이 성숙함에 따라 가치 요소와 생태계 구조를 명시적으로 생각하는 일을 중단하기 쉽다. 당신이 할 일은 당신 팀을 위해서라도 이를 다시 부각하는 것이다. 당신 조직의 가치 아키텍처 가운데 계획에 반영되는 요소는 무엇인가? 계획은 이런 요소를 이해하는 방식을 어떻게 바꾸는가? 광범위한 조직 아키텍처과 일관된 계획에 맞는 아키텍처를 구축할 수 있는가? 아니면 해결해야 하는 모순이 있는가?

프로젝트와 제안서를 요소와 범주에 따라 배치할 수 있다면 사람들이 그걸 '이해할' 수 있는 확률이 극적으로 높아질 것이다. 이는 자원을 할당받을 때뿐 아니라 조직 내·외부의 다른 사람들과 조정하면서 작업을 완료하는 데도 중요하다. 제안서 내용이 아키텍처와 충돌할 경우 이를 미리 알면 예외나 이의 제기에 더 효과적으로 대비할 수 있다.

**목표가 사회적 영향으로 확장되는 경우:** 생태계 전략의 출발점은 가치 창출에서 사용할 수 있는 선택 폭을 넓히는 것이다. 가치 아키텍처는 환경이 변화할 때 경쟁하는 방법을 알려주는 데서 그치지 않고 경쟁 요소나 의지 관계에 접근하는 방법을 정하는 등 관련 지형을 형성할 수 있는 성찰 도구다. 따라서 가치 아키텍처는 일반적 경계 내에서뿐 아니라 그 너머에서도 상호작용을 재창조할 수 있는 강력한 렌즈 역할을 한다.

생태계 측면에서 생각하면 주주 가치라는 좁은 초점을 넘어 기업 목표를 일관되게 확장해 가치 창출에 더 광범위하게 집중할 수 있는 방법을 제공한다. 당신의 가치 요소는 지역 사회나 사회 전반의 파트너와 어떻게 상호작용하는가? 요소별로 따졌을 때 당신의 아키텍처를 개선하고 윈-윈 솔루션을 개발할 수 있는 차원을 확장할 기회는 어디 있는가? 이런 연관성을 명확하게 밝히는 것은 조직 주변부에 쏠려 있던 이해관계자들의 관심을 전략 핵심부 쪽으로 생산적으로 이동시키는 첫 단계다.

| 장 | 1장.<br>잘못된 게임에서<br>이기는 건 진 것이나<br>다름없다 | 2장.<br>생태계 방어는 집단<br>적으로 이뤄진다 | 3장.<br>생태계 공격 | |
|---|---|---|---|---|
| 주요 사례 | · 코닥 | · 웨이페어 대 아마존<br>· 톰톰 대 구글<br>· 스포티파이 대 애플 | · 아마존 알렉사<br>· 오프라 윈프리<br>· 아사아블로이 | |
| 도구 | · 가치 아키텍처<br>· 가치 전환 | · 생태계 방어 3원칙 | · MVE<br>· 단계적 확장<br>· 생태계 이관 | |
| | | | | |

**표 7.1** 올바른 게임에서 이기다

〈표 7.1〉에 요약돼 있는 이 책에서 소개한 개념과 프레임 워크는 대체품이 아니라 기존 도구 키트에 추가된 툴로 여겨 야 한다. 생태계 전략을 제대로 이해하면 고전적 전략 도구를 활용해야 하는 시기를 정확하게 알고 그 방법을 개선하는 데 도움이 된다.

7장.

전략적 명확성은 종합적인 문제다

| | 4장.<br>생태계<br>붕괴 타이밍 | 5장.<br>자아계의<br>함정 | 6장.<br>사고방식의<br>중요성 | 7장.<br>전략적 명확성은<br>종합적 문제다 |
|---|---|---|---|---|
| | · 테슬라와 자율 주행차<br>· 볼터르스 클뤼버르<br>· 23앤드미<br>· 지브라테크놀로지스 | · 애플과 모바일 결제<br>· 전자책<br>· GE 프레딕스<br>· 전자건강기록<br>· 마이크로소프트 대 IBM | · 마이크로 소프트 애저 | |
| | · 궤적도<br>· 타이밍 프레임워크 | · 리더십 리트머스 시험<br>· 승자 계층구조 | · 생태계 주기 | |
| | | | | |

• • •

## 언어와 전략

리더들은 재능과 경험을 조합해 습득한 전략에 직관적 감각이 있다. 하지만 이 전략을 명확히 표현하는 데는 어려움을 겪을 수 있다.

전략을 설명하고 논의할 수 있는 효과적인 언어가 없기 때문에 전략 검토가 예산 책정이나 판매 예측 활동으로 진행되는 경우가 많다. 목표와 타깃을 표현하는 익숙한 방법인 '목표

수치에 도달했는지'를 물어보면서 진행 상황과 차질을 측정하는 방법은 만족도는 떨어지지만 편하다.

기업은 안정적인 상황에서 전략 수립의 버팀목 역할을 하는 예산을 편성하면서 현재 진행 중인 사업 상황을 따라갈 수 있다. 그러나 변화하는 세상의 맥락에서 보면 예산 편성은 무기력하고 결핍된 언어다. 그것의 차원 수는 당신이 해결하려고 하는 문제의 차원 수보다 훨씬 낮다.

리더들이 예산 불균형을 상쇄하기 위해 열정을 간청하는 쪽으로 선회하는 모습을 종종 본다. 열정은 활력을 불어넣고 불확실한 상황에서 헌신하는 데 필요한 용기를 키울 수 있다. 하지만 열정은 우리를 이끌어 주는 지침이 아니다. 열정은 너무 개인적인 문제다. 여러 당사자에게 일관되고 지속적인 행동을 요구하기에는 너무 많은 해석이 가능하다. 같은 수준의 열정을 가진 사람이라도 그들이 생각하는 최선의 정답은 각자 다를 수 있다. 그 간극을 어떻게 메울 것인가? 더 중요한 문제는 자신이 제시한 정답이 무시당했을 때 열정적이던 사람이 냉소적으로 변하는 걸 어떻게 막을 수 있겠는가?

열정은 시작을 알리는 불꽃이다. 그 불꽃은 동기를 부여하지만 우리를 인도하지는 않는다. 특제 소스이자 비밀 재료지만 그 자체로 식사가 되는 건 아니다. 우리에게는 좀 더 확장 가능하고 조직적인 솔루션이 필요하다.

7장.

전략적 명확성은 종합적인 문제다

## 전략 수립자를 넘어서는 전략적 유창성

이 책에서 소개한 개념과 도구를 전략 수립과 분석에만 활용한다면 그 효과는 무뎌질 것이다. 우리가 탐구한 주제와 구성, 프레임워크가 생태계 환경에서 전략을 명확히 설명하고 이해하는 데 적합한 언어를 제공한다는 사실을 깨달으면 그 가치를 배가할 수 있다.

기업을 적절한 상태로 운영하려면 전략을 잘 짜야 한다. 하지만 영향을 미치려면 전략을 잘 이해해야 한다.

조직의 어느 부분에서 전략에 대한 이해가 끝나야 하는지 자문해 보자. 조직 내 모든 사람이 전략 수립에 참여하길 원치는 않을 수도 있다. 하지만 아마 그들은 전략을 이해하길 원할 것이다. 그들의 동의("난 이 전략에 동의한다")를 얻으려면 먼저 그 전략을 이해시켜야 한다("나는 이 전략의 이면에 있는 논리를 정확히 알기 때문에 결정을 내려야 하는 상황에 직면했을 때 일관된 선택을 할 수 있다").

그러나 전략을 따를 것으로 예상되는 사람들이 전략을 전달할 때 사용하는 언어에 능통하지 않다면 그 전략은 먼지투성이 서랍에 얌전히 처박힌 문서가 될 위험이 있음을 알아야 한다.

다시 말해 전략을 개발할 때 당신 혼자 미묘한 접근 방식을 취하는 것만으로는 충분치 않다. 당신이 실제로 전달하고

자 하는 내용을 이해하려면 직원들도 똑같은 언어를 어느 정도 유창하게 구사할 줄 알아야 한다. 직원들이 전략을 설명할 수 없다면 그들은 그걸 이해하지 못한 것이다.

그렇다면 이런 아이디어를 조직에서 어떻게 전파할지 고민해 봐야 한다. 사람들에게 이 아이디어를 어떻게 가르칠 생각인가? 아이디어를 이용해 상호작용을 유도할 방법이 있는가? 이것이 이 책의 아이디어를 활용해 개인적으로 더 똑똑해지는 것과 집단적으로 더 효과를 발휘하는 것의 차이다.


### ●●●
## 모호한 세상에서 신뢰의 한계

어제의 세상은 우리가 생각하는 것만큼 단순하지 않았다. 그러나 오늘날의 시대가 실제로 더 복잡하고 더 빠르게 움직인다고 느끼는 데는 정당한 이유가 있다. 모호한 조건에서의 경영이 정말로 많은 조직들의 결정적 특징이 됐기 때문이다.

이런 환경에서는 일관성 있는 논리 그리고 그것과 일치하는 일관성 있는 행동이 그 어느 때보다 소중하다. 심층 전략이 제대로 표현되지 않을 때 우리가 할 수 있는 일은 '적합한 팀'을 찾는 것이다. 우리는 '이해할 줄 아는' 사람, 즉 올바른 직관을 갖고 있어 너무 많이 설명할 필요가 없는 사람을 찾는다.

우리에게 좋은 전략이 있다고 생각돼도 이를 전달할 언어가 부족하면 설명할 때 좌절감이 느껴진다.

이 세상에서 신뢰는 이해를 대신한다. 우리는 리더가 보는 걸 보지 못하기 때문에 리더의 비전을 믿어야 한다. 하지만 그들의 생각과 행동을 실제로 이해할 수 있다면 어떨까? 계획과 관련된 사항들이 명확하다면 객관적 관점을 갖게 되므로 신뢰에 의존할 필요가 없다.

신뢰는 고된 노력을 통해 얻은 인내의 열쇠다. 엄청나게 소중하지만 매우 한정된 자원이다. 문제는 당신이 (1) 전략 차원, 즉 우리가 어디로 향하고 있고 왜 그런 선택을 하는지 또는 (2) 실행 차원, 피할 수 없는 충돌과 중심축을 통과하기 위한 믿음과 선의를 지녔다는 신뢰를 보내고 있는지 여부다. 논리를 설명하는 언어가 있으면 첫 번째 차원에서 신뢰를 덜 쓰고 두 번째 차원을 위해 더 많이 남겨둘 수 있다.


• • •
## 마지막 소원

생태계 세상은 다양한 가능성을 만들어 내고 리더와 추종자 모두에게 더 많은 게임, 더 많은 협력 방법, 더 많은 승리를 제공한다. 그러나 이런 풍요로움에는 더 큰 역동성과 복잡성

그리고 어디로도 이어지지 않는 수많은 길이라는 문제가 수반된다.

우리 여정의 출발점은 성공과 실패의 차이가 더는 이기고 지는 것의 차이만큼 단순하지 않다는 깨달음이었다. 복잡한 세상에서는 게임을 선택하는 것 자체가 경쟁의 효율성보다 훨씬 더 중요하다. 잘못된 게임에서 이기는 건 지는 것과 같을 수도 있기 때문이다. 반대로 현명하게 선택하고 판도를 바꿀 방법을 찾는 이들은 경쟁에서 엄청난 이점을 얻는다.

내 바람은 당신이 점점 더 흥미로우면서도 도전적인 그 풍경을 탐색할 때 이 책이 도움이 되는 것이다. 당신에게 더 많은 행운을 안겨줄 수는 없다. 대신 이 책에서 소개한 아이디어가 행운의 필요성을 줄여주는 전략을 세우는 데 도움이 되고 또 상황이 정말 괜찮을 때 판돈을 두 배로 늘릴 수 있는 자신감을 안겨주길 바란다.

7장.

전략적 명확성은 종합적인 문제다

## 새로운 생태계 전략 구축과 구현이 새로운 전략 언어 수용에 달려 있는 이유

| 장 | 7장. 전략적 명확성은 종합적 문제다 |
| --- | --- |

① 조직 내에서 전략의 어떤 부분에 대한 이해도가 가장 떨어진다고 생각하는가? 계층 구조 내(위, 아래, 전체)에서는 어떻게 차이가 나는가? 그 이유가 무엇이라고 생각하는가?

② 귀사의 전략 중 예산 책정을 통한 지원을 가장 많이/가장 적게 받는 부분은 어디인가? 두 가지를 바꿀 수 있다면 무엇을 바꾸고 싶은가?

③ 《올바르게 승리하라》에서 제시된 언어와 개념을 어떻게 활용해야 조직 내 전략적 명확성과 전략적 이해도를 높일 수 있을까?

# 민간 부문 너머의
# 생태계 붕괴에 맞서다

가치 창출의 역동성(진보를 촉진하고 복지를 향상하는)은 어느 조직에나 다 중요하다. 이 책에서 소개한 사례는 주로 영리를 목적으로 하는 분야에서 가져왔지만 생태계 붕괴라는 도전에 맞서려면 훨씬 폭넓은 사회적 사명을 추구하는 일도 시급하다.

예전부터 사회 분야는 일반적 가치 제안을 위해 일하는 비영리 단체, 정부 기관, 재단, 활동가 들의 상호의존성을 통해 정의돼 왔다. 이들은 때로는 일관성 있게 때로는 모순적으로 움직이고 가끔은 충돌하기도 하지만 항상 이 집단들이 안팎으로 협력해야만 해결할 수 있는 문제에 정면으로 맞섰다.

사회문제는 본질적으로 여러 개의 '영역'에 걸쳐 있는 복잡한 구조를 지닌다. 그런 문제의 근본 원인과 광범위한 결과에 대한 이해가 깊어짐에 따라 영역 내부에서 접근하는 것만으로는 이를 해결할 수 없다는 사실이 점점 더 분명해졌다.

- 의료 개념이 국민의 건강 문제를 해결하기 위한 기존 임상 치료 범위를 넘어 확장되고 있다. 생활방식과 식단, 신선한 식품에의 접근, 관리가 미흡한 건물에서 천식을 유발하는 곰팡이 제거 등은 이제 의료 사업자와 보험사의 의무에 속한다.
- 이는 인종 차별, 정신 건강, 경제적 불균형 문제를 설명하기 위해 치안 유지 개념을 재검토하는 것이나 마찬가지다. 이와 더불어 법 집행, 지역공동체 관계, 사회복지 사업 사이의 관계도 논의와 재협상을 거치고 있다.
- 오염된 물과 더러운 대기에서 시작된 공해 결과가 해수면 상승과 초대형 산불로 확대되는 등 환경문제의 가시적 징후에서 이를 확인할 수 있다. 글로벌 문제에 영향을 미치려면 각 지역의 조치를 조정해야 한다.

이 목록은 길고 갈수록 늘어나고 있다. 이런 문제에 대응하는 방법은 계몽된 선택(예: 웰빙에 대한 더 생산적인 접근을 통해 인류의 건강 추구)부터 강제 대응(해수면 상승을 '원하는' 이는 아무도 없다)에 이르기까지 다양하다. 하지만 어떤 경우든 가치 제안을 재정의하고 활동의 경계를 다시 그린다. 따라서 이런 변화를 위해서는 기본적인 가치 아키텍처, 입지, 역할을 새롭게 검토해야 한다. 생태계 렌즈를 통해 이런 노력에 접근하면 효과적인 대응 가능성이 높아질 것이다.

당신은 이 책의 아이디어를 비영리 단체, 정책 입안자, 규제 기관 또는 사회 변화에 기여하려는 영리 관계자 관점에서 다시 볼 수 있다. 생태계를 이해하고 협업을 재고하고 리더십을 재검토하고 오래전부터 해온 싸움이 아니라 올바른 싸움을 하고 있는지 확인하라는 메시지는 당신이 생각하는 성공의 척도가 개인 이익이든 아니면 사회복지든 상관없이 두루 적용된다. 실제로 이는 비영리 단체나 긴급한 사회적 요구에 대응하는 일부 정부 기관처럼 자원 의존적 관계자들에게 훨씬 더 중요하다.

사회 부문 관계자들은 자기 조직이나 생태계 내 위치에 따라 각기 다른 수단(다른 이들의 환경을 형성하는 능력, 자원을 할당하는 능력, 합법성을 부여하거나 철회하는 능력)을 이용할 수 있다. 이런 수단을 활성화하려면 노력과 시간이 필요하며 일단 한번 활성화되면 다시 비활성화하기 어렵다. 우리가 바라는 것보다 민첩성과 반응성이 떨어지는 경우가 많지만 일단 참여하면 엄청난 결과를 초래할 수 있다. 이런 수단이 지닌 힘 때문에 전략에 좀 더 효과적으로 접근할 방식이 매우 중요해지는 것이다.

이 글을 쓰는 2021년 1월 전 세계는 코로나19 대유행과 씨름하고 있다. 이는 전 지구적 특성으로 인해 국가 간 관계와 국가 내부 관계를 모두 변화시킨 생태계 붕괴의 겸손한 사례 연구다. 일반적인 바이러스라면 의료 시스템 내에서만 관심을 가질 테지만 코로나19 바이러스는 지구상의 거의 모든 활동에 영향을 미쳤다. 그리고 상업, 무역, 사법, 국제 관계, 노동관계, 교육, 주택, 교통 등 사회와 정부 조직 전체에 새로운 형태의 상호작용과 협력이 필요한 대응을 요구했다.

팬데믹 때문에 단일 기관이 지닌 권한보다 더 큰 목표를 추구하기 위한 역할과 상호작용을 재고해야 했다. 현재의 건강 위기를 종식할 수 있는 우리 능력은 함께 일하는 많은 사람들과 단체들의 영웅적인 노력과 혁신에 달려 있다. 그러나 이 위기가 지나간 뒤에도 미래의 추세(문제와 기회 양쪽 모두)는 더 큰 복잡성과 경계 변화를 특징으로 할 것이다.

사회적 임무 수행이 갈수록 복잡해지는 가운데 그 임무의 시급성은 계속 증가하고 있다. 또 협업을 가능케 하는 도구와 기술도 빠른 속도로 개선되고 있다. 더 효과적인 전략을 이용해 이 자산을 결합할 수 있다면 미래를 마주할 때 희망을 품을 충분한 이유가 생길 것이다.

예전에 처음 썼던 책을 다시 쓴 적이 있다. 작가 고유의 특권은 초고를 돌아보면서 초고와 최종고 사이의 간극을 확인할 수 있다는 것이다. 초고를 쓰는 일은 외로운 여정이 될 수 있지만 그걸 다시 쓰는 동안 책의 아이디어와 주장, 예시에 의문을 제기하거나 서로 밀고 당기면서 새로운 방향으로 발전시키려는 너그러운 친구, 동료와 교류할 수 있는 특별한 기회가 생긴다. 그들의 시간과 배려, 통찰을 선물받는 것은 영광과 겸손을 동시에 누릴 수 있는 최고의 특권이다.

지금까지 다양한 방식으로 공헌해 준 놀라운 학습 파트너들(학계 동료, 과거와 현재의 학생들, 관리자, 경영진 등)의 지원과 조언, 비판적 피드백을 통해 많은 도움을 받았다. 특히 조디 아킨, 리즈 알트먼, 에릭 앤더슨, 피노 오디아, 구루 반데카르, 매니시 반다리, 마이크 카힐, 큐 달라라, 폴 다노스, 블레이크 다시, 앨리슨 엡스타인, 댄 페일러, 시드 핀켈스타인, 피터 피셔, 지오반니 가베티, 모르텐 한센, 코니 헬팻, 빌 헬만, 마틴 허다트, 스티브 칼, 라훌 카푸어, 케빈 켈러, 애덤 클라인바움, 수레쉬 쿠마르, 트레버 레이히, J. 라몬 레큐오나, 린지 레닝어, 댄 레빈탈, 마빈 리버먼, 아멜리아 루비, 존 린치, 베사베 마다니 헤르만, 캐시 마리탄, 롭 메시나, 마커스 모건, 데이비드 니콜스, 스티브 오블락, 월트 오코, 제프 랄스톤, 수비 랑간, 댄 라이처, 아푸르바 사체티, 스티브 새슨, 조셉 세즈윅, 윌리 시, 피터 시손, 카렌 슐렌스키, 알바 테일러, 겔시 톨로사, 돈 트리그, 테레즈 반라인, 윌 빈센트, 짐 와인스타인, 시드 윈터, 브라이언 우, 피터 젬스키에게 감사한다.

이 아이디어들이 꽃을 피울 수 있도록 연구 및 교육을 위한 훌륭한 환경을 보호하고 강화해 준 맷 슬로터 학장과 다트머스대학교 터크경영대학원의 리더십에 감사드린다. 또 내 아이디어에 도움을 주고 훌륭한 조직에서 이런 아이디어를 실행하는 데 기여한 스트래티지 인사이트 그룹의 소중한 동료 제니퍼 엔디콧과 브랜든 스미스 그리고 멋진 그래픽 디자인을 해준 스티브 스탄키에비치에게도 감사한다.

특히 이 책의 처음부터 끝까지, 그 사이 모든 곳에서 소중한 노력과 창의력, 통찰력을 발휘해 준 알렉시아 폴에게 매우 감사한다.

내 저작권 대리인이자 개인적·지적 정직성의 모범이 돼준 에스몬드 함즈워스는 이 여행의 모든 단계에서 지혜와 조언의 원천 역할까지 해줬다. MIT 출판사에서 나를 담당한 놀라운 편집자 에밀리 테이버는 파트너십의 기준을 다시 정했고 말로 표현할 수 없는 아이디어에 깊이 파고들었으며 원고를 책으로 바꾸는 일에 자신의 시간과 통찰력을 아낌없이 쏟아부었다.

그리고 우리 가족에게 가장 큰 감사와 사랑을 전한다. 이들이 없다면 이 모든 일이 전혀 중요하지 않을 것이다.

# 1장. 잘못된 게임에서 이기는 건 진 것이나 다름없다

**1** 2008년 포터는 5세력 프레임워크를 다시 살펴보면서 산업 경계는 제품
또는 서비스 범위와 지리적 범위라는 두 가지 기본 차원으로 구성된다
는 점을 명확히 했다. Michael E. Porter, "The Five Competitive Forces
That Shape Strategy," 〈Harvard Business Review〉 86, no. 1(2008):
25-40; 38 참조. 이를 리트머스 시험으로 활용할 수 있는데 이 두 가지 차
원이 경쟁업체를 정의하는 데 충분하다고 생각되면 업계 분석을 위한 고
전적 전략을 쓸 수 있다. 그렇지 않은 경우에는 생태계 접근 방식이 필요
할 수 있다.

**2** 이 정의는 Ron Adner, "Ecosystem as Structure: An Actionable

Construct for Strategy," 〈Journal of Management〉 43, no. 1(2017): 39-58, https://doi.org/10.1177/0149206316678451(자유 열람)에서 처음 소개한 것이다. 여기서의 정의에 따라 '구조로서의 생태계'와 플랫폼 그리고 다면적 시장을 논의하는 데 사용되는 '제휴로서의 생태계' 개념을 확실히 구분하게 됐다. '구조' 맥락에서는 특정 파트너가 가치 제안 달성을 위해 명확하게 잘 정의된 기여를 할 수 있는 상호작용을 확립하는 데 중점을 둔다. 가장 중요한 관심사는 이 책의 초점인 조정이다. '제휴' 맥락에서의 관심사는 다른 관계자 사이에 중개자 위치를 만드는 것이다. 중점적인 관심사는 접근, 개방성, 결제 조건, 네트워크 효과를 활용해 새로운 상호작용을 가능하게 하는 것이다. 이런 관점에서 보면 플랫폼과 산업 둘 다 상호작용이 발생하는 어떤 확립된 구조를 가정한다는 점에서 유사하다. 그래서 일반적으로 플랫폼은 생태계 기반이 구축된 뒤마련된다. 구조 측면과 제휴 측면은 특정 환경 안에서 공존할 수 있지만 각기 다른 전략을 통해 관리된다. 생태계 구조가 전략 문헌(예: 비즈니스 모델, 공급망, 가치 사슬, 플랫폼, 개방형 혁신, 가치망)의 상호의존성에 대한 다른 접근 방식과 어떻게 관련돼 있는지 자세히 알고 싶은 독자들은 관심 있는 '구조로서의 생태계'를 발견할 수 있다. 플랫폼 전략에 대한 신중한 검토 내용은 Geoffrey G. Parker, Marshall W. Van Alstyne, Sangeet Paul Choudary, 《Platform Revolution: How Networked Markets Are Transforming the Economy and How to Make Them Work for You》 (New York: W. W. Norton & Company, 2016)를 참조하는 게 좋다.

**3** 생태계 사이클은 조정 구조의 진화와 변혁을 강조한다. 이런 점에서 기술적 선택의 라이프사이클 모델(예: William J. Abernathy & James M. Utterback, "Patterns of Industrial Innovation," 〈Technology Review〉 80, no. 7 [1978]: 40-47; Philip Anderson & Michael L. Tushman, "Technological

Discontinuities and Dominant Designs: A Cyclical Model of Technological Change,"
〈Administrative Science Quarterly〉 35, no. 4[1990]: 604-633)이나 기술 진보(예:
Richard Foster, 《Innovation: The Attacker's Advantage》[New York: Summit Books,
1986])와는 전혀 다르다. 생태계 사이클은 일상화된 상호작용 패턴 출
현(예: Brian Uzzi, "Social Structure and Competition in Interfirm Networks: The
Paradox of Embeddedness," 〈Administrative Science Quarterly〉 42, no. 1[1997]:
35-67; Thomas P. Hughes, 《Networks of Power: Electrification in Western Society,
1880-1930》[Baltimore, MD: Johns Hopkins University Press, 1993]) 및 잠재적 붕
괴와도 관련 있다.

**4** 여기 소개된 가치 아키텍처 구성은 이전에 전략 문헌에 도입된 '아키텍
처'라는 개념과는 구별된다. 이를 기존 흐름과 대조하면 아이디어를 명
확히 하는 데 도움이 될 수 있다.

가치 아키텍처는 기술, 활동, 기능적 속성, 물리적 요소를 통한 구체적
인 표현보다는 추상적이고 표현적인 가치 요소 선택에 뿌리를 두고 있
다. 그러므로 이는 물리적 제품 요소 간 연결에 초점을 맞추고 요소들
의 상호작용 변화를 강조한 Rebecca M. Henderson과 Kim B. Clark
의 획기적인 논문 "Architectural Innovation: The Reconfiguration of
Existing Product Technologies and the Failure of Established Firms,"
〈Administrative Science Quarterly〉(1990): 9-30에서 논의한 제품 아키
텍처 개념과는 다르다. "구조적 혁신은 종종 기존 제품의 다른 구성 요
소와의 새로운 상호작용 및 연결을 만들어 내는 요소 변화(크기나 설계
상의 부수적 조건)에 의해 촉발된다. 중요한 점은 각 요소의 핵심 설계 개
념과 관련된 과학 및 엔지니어링 지식은 동일하게 유지된다는 것이
다"(12). 정보 필터나 통신 채널 역할 같은 변화의 조직적 함의를 논의할
때도 이 문헌은 물리적 기술의 역할로 돌아간다. 표현적 선택과 물리적

인터페이스 사이의 이런 차이는 여기서의 접근 방식을 모듈형 설계 문헌과 구별한다. 예: Carliss Y. Baldwin & Kim B. Clark, 《Design Rules: The Power of Modularity》, vol. 1 (Cambridge, MA: MIT Press, 2000); Karl Ulrich, "The Role of Product Architecture in the Manufacturing Firm," 〈Research Policy〉 24, no. 3(1995): 419-440 참조.

가치 아키텍처에 관한 아이디어는 또한 분업이 산업 가치 사슬 전반의 이익 분할에 미치는 영향에 중점을 두는 '산업 아키텍처'(예: Michael G. Jacobides, Thorbjørn Knudsen, Mie Augier, "Benefiting from Innovation: Value Creation, Value Appropriation and the Role of Industry Architectures," 〈Research Policy〉 35, no. 8 [2006]: 1200-1221)와도 구분된다.

다른 맥락에서 볼 때 활동 시스템의 표현은 재화나 용역을 생산하기 위해 기업이 수행하는 공급 측면 활동에 초점을 맞춘다. 예: Nicolaj Siggelkow, "Evolution toward Fit," 〈Administrative Science Quarterly〉 47, no. 1(2002): 125-159 참조. 그에 비해 가치 아키텍처를 구성하는 가치 요소들은 생산에 필요한 활동보다 더 높고 넓은 수준에서 작동한다. 게다가 가치 요소는 어떤 가치 제안 구성에 참여하는 여러 파트너 기업의 활동을 명시적으로 통합할 수 있는데 이는 어떤 한 기업의 활동이나 정체성과 연결돼 있지 않다.

마지막으로 아키텍처에 배열된 가치 요소는 특정 제품/서비스에 고객이 정의한 선호도를 보여주는 속성과는 다르다. 게다가 이들은 가치 형성을 안내한다는 서로에 대한 관계가 명확하다. 가치 아키텍처는 제품/서비스 특정의 세분화된 목록이 아니다. 이건 W. Chan Kim & Renée Mauborgne, 《Blue Ocean Strategy: How to Create Uncontested Market Space and Make the Competition Irrelevant》(Boston: Harvard Business School Press, 2005)에 제시된 가치 곡선 구성과 대조를 이룬다. 이런 점에서 가치 아키텍처는 가치 곡선의 고객 중심적 속성과 가치 사슬의 공급 측면 활동을 이어주는 가교로 볼 수 있다.

5   가치는 전략 토론에 항상 존재하는 개념이다. 학계 문헌은 가치 창출과 가치 포착의 균형, 가치 사슬의 본질과 역학 관계를 파고든다. 심지어 '가치 기반 전략'이라는 하위 분야도 있는데 이들의 첫 번째 원칙은 부가가치와 지불 의향WTP이라는 개념이다. WTP는 가치 기반 전략 문헌에서 활동이 고객 가치에 미치는 영향에 초점을 맞출 수 있도록 하는 강력한 약칭이다. 이 접근 방식은 보완재가 공급자와 구매자만큼 기업의 결과에 중요한 역할을 하는 기여자로 자리 잡는 데 매우 중요한 역할을 했고 가치 포착의 범위를 고려할 새로운 렌즈를 제공했다. Adam M. Brandenburger & Barry J. Nalebuff, 《Co-opetition》(New York: Currency/Doubleday, 1996)과 Adam M Brandenburger & Harborne W. Stuart Jr., "Value-Based Business Strategy," 〈Journal of Economics & Management Strategy〉5, no. 1(1996): 5-24 참조.

하지만 가치 개념이 항상 존재하기는 했어도 항상 모호했던 것 역시 사실이다. WTP는 이론적 수요곡선의 개별 지점과 그 지점이 어떻게 이동할 수 있는지를 명확하게 보여주는 강력한 추상 관념이다. 그러나 한편으로는 수요 측면에서 공급 측면의 '위젯'과 동등한 역할을 하기도 한다. 이는 실제로 가치를 구성하는 것들을 도외시하고 그 과정에서 가치 창출의 본질을 뒤집을 수 있는 고차원적 변화 같은 눈에 보이지 않는 결정적 역학 관계를 만들어 낸다.

가치 아키텍처 구성을 통해 기업 전략의 핵심에 자리 잡고 있는 가치 창출에 관한 독특한 이론을 접할 수 있다. 따라서 WTP의 기본 동인에 특정 기업이 접근하는 방식을 조사할 수 있다. 요소들 간 구조를 통합함으로써 잉여에 관해 협상하는 보완재와 협력 경쟁자 같은 일반적인 역할을 넘어 가치 창출 목표와 구조에 관한 협상에서 발생하는 구체적 관계와 긴장까지 고려하는 플랫폼을 제공한다. 이런 접근 방식은 서로 일관되고 상호 보완적이며 여기서 살펴볼 수 있는 유익한 상호작용도 있다.

6    '보완재'를 중심 기업의 가치 창출을 촉진하는 파트너로 정의할 경우 공급업체도 분석에 포함해야 한다. 이는 기존 접근 방식에서 중요한 출발점이며 업계 전체에 대한 위협을 식별하는 데도 매우 중요하다. 보완재가 핵심 기업을 뒤집을 수 있는 세 가지 모드는 Ron Adner와 Marvin Lieberman이 자세히 연구했다. "Disruption through Complements," 〈Strategy Science〉 6, no. 1(2021): 91-109, https://pubsonline.informs.org/doi/10.1287/stsc.2021.0125(자유 열람). 이 논문은 모빌리티 생태계 시나리오를 고려하기 위한 논리를 적용한다.

7    이 섹션의 내용은 론 애드너의 "Many Companies Still Don't Know How to Compete in the Digital Age," 〈Harvard Business Review〉, March 28, 2016, https://hbr.org/2016/03/many-companies-still-dont-know-how-to-compete-in-the-digital-age를 바탕으로 한 것이다.

# 3장. 생태계 공격: 경쟁 추가에서 경쟁 변화로

1    S. A. Blank, 《The Four Steps to the Epiphany: Successful Strategies for Products That Win》(San Mateo, CA: CafePress.com Publishing, 2005)과 Eric Ries, 《The Lean Startup》(New York: Crown Business, 2011) 참조.

2    이름 자체는 모기업인 August Stenman Stenman August(ASSA)와 Ab Låsfabriken Lukkotehdas Oy(ABLOY)의 머리글자를 합쳐서 만든 것이라 전부 대문자로 표기한다. 문법 규칙을 따른 것이지만 마케팅적으로

도 영리한 방법이다.

**3**  Clayton Christensen의 《The Innovator's Dilemma: When New Technologies Cause Great Firms to Fail》(Boston: Harvard Business School Press, 1997)은 (고전적) 교란에 대한 우리 이해에 근본적으로 기여했다. 논쟁 개요와 고전적 교란에 대한 관점은 Joshua Gans, 《The Disruption Dilemma》(Cambridge, MA: MIT Press, 2016) 참조. 교란 동인에 관한 경제학적 분석과 기업이 산업 경계를 무너뜨리게 되는 경제적 요인의 초기 평가는 Ron Adner & Peter Zemsky, "Disruptive Technologies and the Emergence of Competition," 〈RAND Journal of Economics〉 36, no. 2(2005): 229-254 참조.

**4**  관계적 시너지 개념은 Jeffrey H. Dyer & Harbir Singh, "The Relational View: Cooperative Strategy and Sources of Interorganizational Competitive Advantage," 〈Academy of Management Review〉 23, no. 4(1998): 660-679에 소개된 '관계적 자산' 개념과는 다르다. 관계적 자산은 특정 기업 관계와 연결된 결과로 "어떤 기업도 단독으로는 창출할 수 없고 특정 제휴 파트너들의 공동 기여를 통해서만 창출 가능한 교환관계에서 공동으로 얻게 되는 초정상적 이익"으로 정의한다. 이와 다르게 생태계 이관의 기초가 되는 '관계적 시너지' 개념은 기업과 그것이 확장되는 맥락 모두에서 매우 구체적이다. 구체적인 가치 창출 목표가 가치 아키텍처의 특정 요소를 채워줄 특정 파트너들과의 관계를 이어갈 수 있는 기업 능력을 결정하기 때문에 맥락이 중요하다.

이관 작업을 통한 관계적 시너지 개념은 MVE를 만들겠다는 목표를 통해 동기를 얻는다. 이들은 최종 고객을 직접 유치하는 게 아니라 파트너 유치를 목표로 배치되기 때문에 다각화에서 관계 자원을 이용하는 전통적인 방법과는 다른 진입 전략을 제시한다.

# 4장. 생태계 붕괴 타이밍: 너무 빠른 건 너무 늦는 것보다 나쁠 수 있다

**1**  본 장은 Ron Adner & Rahul Kapoor, "Innovation Ecosystems and the Pace of Substitution: Reexamining Technology S-Curves," ⟨Strategic Management Journal⟩ 37, no. 4(2016): 625-648과 Ron Adner & Rahul Kapoor, "Right Tech, Wrong Time," ⟨Harvard Business Review⟩ 94, no. 11(2016): 60-67의 아이디어를 기반으로 한다. 이 연구는 1972~2009년까지 반도체 가공 기술lithography 장비 생태계에서 10개 기술 세대에 걸쳐 나타난 전환 증거와 분석 내용을 제시하면서 대체 시기를 탐구했다.

**2**  관심 있는 독자는 공동 혁신 과제를 분석해 3G 전화 통신으로의 전환에 대한 기대감을 뒤집은 《The Wide Lens: What Successful Innovators See That Others Miss》(New York: Penguin/Portfolio, 2013) 2장 내용을 참조하자. 이 전환과 4G에서 5G로의 전환 사이의 유사성은 상당히 주목할 만하다.

**3**  디딤돌 역할을 하는 시장은 시장에 내재된 이질성을 이용한다. 자세한 내용은 Ian C. MacMillan & Rita Gunther McGrath, "Crafting R&D Project Portfolios," ⟨Research-Technology Management⟩ 45, no. 5(2002): 48-59와 Ron Adner & Daniel Levinthal, "The Emergence of Emerging Technology," ⟨California Management Review⟩ 45, no. 1(2002): 50-66을 참조.

**4**  Ingemar Dierickx와 Karel Cool은 "Asset Stock Accumulation and Sustainability of Competitive Advantage," ⟨Management Science⟩ 35, no. 12(1989): 1504-1511라는 획기적인 논문에서 기업 경쟁 우위의 지속 가능성을 평가할 때 고려해야 할 핵심 요소로 시간 압축 비경제 개념을

소개했다. 잠재적 교란에 직면했을 때 기술 투자 맥락에 시간 압축 비경제를 확대 적용하는 것이 혁신 문헌에 아이디어를 제공했다.

# 5장. 자아계의 함정

1  관심 있는 독자는 애플이 아이폰 생태계를 구축한 방법을 자세히 탐구한《The Wide Lens: What Successful Innovators See That Others Miss》(New York: Penguin/Portfolio, 2013) 8장 내용을 참조하길 바란다. 애플은 휴대폰 생태계에 MVE를 구축하기 위해 디지털 음악 재생 기기 생태계에서 이관된 입지를 활용했다. 이후 일관된 조정 구조 안에서 개발자, 광고 담당자, 미디어 파트너를 순차적으로 추가했다.

2  마이크로소프트와 인텔이 '윈텔' 생태계에서 수십 년간 쌓아온 관계에서 알 수 있듯이 하나의 생태계에 리더가 한 명 이상 존재할 수도 있다. 그러나 성공적인 공동 CEO의 사례를 찾는 건 불가능하지는 않지만 꽤 드문 일 같다. 반도체 제조 분야에 있는 세마테크SEMATECH 같은 협력 컨소시엄은 공유 리더십의 잠재력을 보여준다. 우리는 이런 컨소시엄에서도 여전히 가치 창출 구조, 선택, 타이밍에 남들보다 많은 영향을 미치는 구성원들의 영향력이나 기여도와 관련된 내부 계층 구조를 찾는 경향이 있다. 생태계는 리더가 없어도 성공할 수 있지만(적어도 이론상으로는) 리더의 역할은 가장 공동체적인 환경에서도 비공식적으로나마 나타나는 듯하다. 예: Siobhán O'Mahony & Fabrizio Ferraro, "The Emergence of Governance in an Open Source Community," 〈Academy of Management Journal〉 50, no. 5(2007): 1079-1106 참조.

3  이 특정 상황에서는 출판사가 두 생태계 모두에 참여할 수 있다. 이는

한 리더가 다른 리더에게 영향력을 행사할 수 있는 가능성을 만들어 냈다. 그러나 출판사들이 애플의 온라인 서점을 받아들인 건 결국 미국 법무부의 독점 금지 소송으로 이어진 차선책이었다. 생태계가 등장 했을 때 이들이 팔로어십에 더 전략적으로 대응했다면 아마존이 독자와 그들이 선택한 상품에 관한 귀중한 데이터를 공유하도록 더 강하게 요구했을 것이다. 경쟁 플랫폼 간 관계는 그 자체로 흥미로운 사안이 며 Jianqing Chen, Feng Zhu과 함께 진행한 내 연구의 중심 주제기도 하다. "Frenemies in Platform Markets: Heterogeneous Profit Foci as Drivers of Compatibility Decisions," ⟨Management Science⟩ 66, no. 6(2020): 2432-2451, https://doi.org/10.1287/mnsc.2019.3327(자유 열람).

4  EHR을 지원하기 위해 의료 도입 체인을 조정한 과정은 흥미로운 이야 기다. 관심 있는 독자는 이 사건과 관련된 우여곡절을 생태계 기반으로 분석한 《혁신은 천 개의 가닥으로 이어져 있다》 5장을 참조하자.


## 6장. 사고방식의 중요성: 리더십 확립과 리더십 발휘는 다르다

1  조정은 조직 이론의 고전적 주제다. Nadler와 Tushman의 적합성 모델 이 대표 사례로 조직 형태를 고려하면서 조직의 구조, 문화, 업무, 사람 간의 적합성이 기업의 성공을 결정짓는다고 주장한다[David A. Nadler & Michael L. Tushman, "A Model for Diagnosing Organizational Behavior," ⟨Organizational Dynamics⟩ 9, no. 2(1980): (35-51 참조)]. 그 러나 이런 이론은 변화와 결정을 주도할 수 있는 권한과 지위를 가진 한 명의 조직 설계자(즉, CEO나 사업부 리더)가 있다는 관점을 취하는 경우가 많다. 이와 다르게 우리 논의에서는 조직 외부 관계자들의 조정을 고려

하면서 설계자에게는 아무 권한이 없을 뿐 아니라 다른 조직의 다른 설계자가 밀어붙이는 경쟁적 아이디어에 직면할 가능성이 높다고 생각한다. 생태계 차이를 만드는 것은 (a) 당신은 아무 권한도 없는 외부 관계자가 가장 좋은 구조가 무엇인가에 관해 자신의 대립되는 견해를 밀어붙이는 것과 (b) 관계자 사이에서 일관된 적합성을 찾아야 하는 지속적 필요성의 조합이다.

고전적 조직 설계 문헌은 (영향력과 권한을 모두 가진) 전능한 설계자 관점을 취하는 반면 권한 없는 영향력에 관한 논의는 중간관리자 관점을 취한다(예: Allan R. Cohen & David L. Bradford, 《Influence without Authority》[New York: John Wiley & Sons, 2011]). 생태계의 출발점은 이런 관리자들이 호소할 수 있는 더 높은 권력자의 부재다. 조직이 지닌 영향력의 원천은 기존의 비공식 네트워크 내 입지와 연결되는 경향이 있다. 여기서는 우선 네트워크를 구축하는 방법에 초점을 맞춘다. 이런 점에서 볼 때 발머와 나델라의 차이는 그들이 마이크로소프트의 목표를 가장 잘 달성할 수 있다고 믿었던 외부와 내부 네트워크 구조를 구축하는 방법의 차이로 볼 수도 있다.

2   리더십을 조직 성장과 연결하는 논의는 기업 규모에 따른 내부 조정 문제의 변화를 고려하고 이 역학 관계를 이용해 조직 구조(비공식적 구조에서 중앙집중식, 다시 매트릭스 형태로 전환), 경영 스타일, 통제 시스템 같은 내부 조직 기능의 변화를 설명한다(예: Larry E. Greiner, "Evolution and Revolution as Organizations Grow," 〈Harvard Business Review〉 76, no. 3[1998]: 55-64).

이와는 대조적으로 여기에서의 논의는 규모 변화가 아니라 조직이 참여하는 생태계 성숙도에 초점을 맞춘다. 기업 내부의 관료주의가 아니라 외부 파트너 환경에서의 역할 조정과 명확성을 추진 논리로 삼는다.

다양한 리더 유형의 필요성은 외부 생태계를 조정하기 위한 여러 요구에 따라 결정된다.

마이크로소프트는 나델라가 CEO가 되기 훨씬 전부터 크고 복잡한 조직이었다. 그러나 이 사례에서 분명히 알 수 있듯이 혁신을 추진하는 데 누락된 요소는 더 효율적인 매트릭스 구조가 아니었다.

미주
———————————

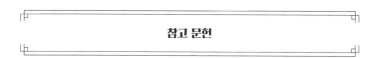
# 1장. 잘못된 게임에서 이기는 건 진 것이나 다름없다

**23** 연구 개발 예산의 45퍼센트인 약 50억 달러를 디지털 사진에 투자: Ernest Scheyder, "Focus on Past Glory Kept Kodak from Digital Win," Reuters, January 19, 2012, https://www.reuters.com/article/us-kodak-bankruptcy-idUSTRE80I1N020120119.

**23** 1,000건 이상의 디지털 이미지 특허: Ben Dobbin, "Digital Camera Turns 30—Sort of," NBC News, updated September 9, 2005, http://www.nbcnews .com/id/9261340/ns /technology_and_science-tech_and_gadgets/t/digital-camera-turns-sort/#.XKt2UxNKjFw.

**24** "오늘날 선진 시장에서는 전통적 필름 및 제지 사업에 구조적 변
화가 일어나고 있다": Kodak press release, September 25, 2003.
Reposted in Digital Technology Review, "Kodak Unveils Digitally
Oriented Strategy," https://www.dpreview.com/articles/1030464540/
kodakdigital.

**24** 이 사업은 매달 12퍼센트씩 성장: "Kodak Is the Picture of Digital
Success," Bloomberg, January 4, 2002, http://www.bloomberg.com/
bw/stories/2002-01-03/kodak-is-the-picture-of-digital-success.

**25** 직원 2만 7,000명을 해고: "Mistakes Made on the Road to Innovation,"
Bloomberg, November 27, 2006, http://www.bloomberg.com/bw/
stories/2006-11-26/mistakes-made-on-the-road-to-innovation.

**25** 내가 관여하기에는 규모가 너무 작다.: Amy Yee, "Kodak's Focus
on Blueprint for the Digital Age," Financial Times, January 25,
2006, https://www.ft.com/content/c04a65cc-8de0-11da-8fda-
0000779e2340.

**25** BBC가 선정한 '2018년 세계에서 가장 비싼 10대 액체': Emily Bella,
"The 10 Most Expensive Liquids in the World," BBC News Hub,
December 15, 2017.

**25** 프린터와 잉크가 엄청나게 팔릴 것이다: Bill Sullivan, senior VP at
Hewlett Packard spin-off Agilent, quoted in Sam Lightman, "Creť
ating the Tools for the Pioneers," Measure, March-April 2000, 18-19,
http://hparchive.com/measure_magazine/HP-Measure-2000-03-04.
pdf.

**26** 4억 달러의 매출을 올렸다: William M. Bulkeley, "Kodak Sharpens
Digital Focus on Its Best Customers: Women," Wall Street

Journal, updated July 6, 2005, http://www.wsj.com/articles/
SB112060350610977798.

**26** 2006년까지 월마트, 케이마트, 타깃, CVS가 소매 영업점에 추가됐고:
"Kodak Investor Review—Kiosks," WW Kiosk SPG Consumer Digital
Group, November 2006, 2, http://media.corporate-ir.net/media_files/
IROL/11/115911/reports/consumer1106.pdf.

**26** 표준 크기 프린트 한 장에 39~49센트: Marcia Biederman, "Meet You
at the Photo Kiosk," New York Times, March 17, 2005, https://www.
nytimes.com/2005/03/17/technology/circuits/meet-you-at-the-photo-
kiosk.html.

**26** 9만 개의 소매 키오스크: Eastman Kodak Company, 2007 Annual
Report, December 31, 2007, 5, http://www.annualreports.com/
HostedData/AnnualReportArchive/e/NASDAQ_KODK_2007.pdf.

**27** 휴렛 팩커드, 렉스마크, 캐논 같은 회사들이 활동하는: Willy Shih, "The
Real Lessons from Kodak's Decline," MIT Sloan Management Review,
May 20, 2016, https://sloanreview.mit.edu/article/the-real-lessons-
from-kodaks-decline/.

**27** 페레즈는 2011년 투자 분석가들에게: Andrew Martin, "Negative
Exposure for Kodak," New York Times, October 20, 2011, http://
www.nytimes.com/2011/10/21/business/kodaks-bet-on-its-printers-
fails-to-quell-the-doubters.html.

**32** 점유율이 높아지면서 주류 시장을 흔들어 놓는다: Clayton Christenson,
The Innovator's Dilemma: When New Technologies Cause Great
Firms to Fail (Boston: Harvard Business School Press, 1997).

**33** 건강관리의 소매화: Ellie Kincaid, "CVS Health CEO Larry Merlo

Says Completed Purchase of Aetna Will Create 'A New Healthcare Model,'" Forbes, November 29, 2018, https://www.forbes.com/sites/elliekincaid/2018/11/29/cvs-health-ceo-larry-merlo-says-buying-aetna-will-create-a-new-healthcare-model/#529463d842c1.

**65** 미국에서 디지털 액자 판매액: Statista Research Department, "Sales of Digital Photo Frames in the United States from 2006 to 2010," Statista, July 31, 2009, https://www.statista.com/statistics/191937/sales-of-digital-photo-frames-in-the-us-since-2006/.

**65** 사용이 복잡하고 귀찮아서: Rick Broida, "Does It Still Make Sense to Buy a Digital Photo Frame?," cnet, May 4, 2012, https://www.cnet.com/news/does-it-still-make-sense-to-buy-a-digital-photo-frame/.

**67** 렉스마크의 고객들이 ⋯ 출력한 문서의 물리적 처리: Lexmark International, Inc., 2010 Annual Report, December 31, 2010, 6, https://www.sec.gov/Archives/edgar/data/1001288/000119312513077056/d475908d10k.htm.

**68** 렉스마크는 종이 인쇄에서 디지털 문서 관리로 초점을 전환했다.: "Lexmark International: Why Is a Printer Company Trying to Reduce Print?," Seeking Alpha, June 3, 2013, https://seekingalpha.com/article/1477811-lexmark-international-why-is-a-printer-company-trying-to-reduce-print?page=2.

**68** 그 결과는? 렉스마크는: Acquisition price source is Bureau Van Dyke Zephyr(Lexmark acquired by consortium led by Apex Technology and PAG Asia Capital, Deal No 1909300149; accessed January 26, 2021), https://zephyr-bvdinfo-com/. Enterprise value information from S&P Capital IQ(Lexmark International, Inc. Financials, Historical Capitalization; accessed

January 26, 2021), https://www.capitaliq.com/.

**69**  코닥 경영진이 생태계 붕괴가 가진 잠재적 힘을 알았다면: Ron Adner, "Many Companies Still Don't Know How to Compete in the Digital Age," Harvard Business Review, March 28, 2016, https://hbr.org/2016/03/many-companies-still-dont-know-how-to-compete-in-the-digital-age.

**70**  코닥은 자사 특허 '218개'를 이용하는 대가로 삼성에서 5억 5,000만 달러, LG에서 4억 1,400만 달러: Tiernan Ray, "Apple, RIM: A Kodak Win Could Mean $1B Settlement, Says RBC," Barron's, June 23, 2011, https://www.barrons.com/articles/BL-TB-33151.

**71**  방어 가능한 틈새시장에 자원을 재배치해: Ron Adner and Daniel Snow, "Bold Retreat: A New Strategy for Old Technologies," Harvard Business Review 88, no. 3(March 2010): 76-81, https://hbr.org/2010/03/bold-retreat-a-new-strategy-for-old-technologies.

**71**  과거 4×6인치 사진의 다량 인화에서: Kim Brady, "Photo Printing Is on the Rise," Digital Imaging Reporter, January 10, 2018, https://direporter.com/industry-news/industry-analysis/photo-printing-rise.

**71**  이런 우려도 제대로 주목을 받지 못한다: Steve Sasson(inventor of the digital camera), in discussion with the author, May 6, 2020.

## 2장. 생태계 방어는 집단적으로 이뤄진다

**87**  2006년까지 샤와 코닌은 150개의 사이트를 운영했다: Kasey Wehrum, "Special Report: Wayfair's Road to $1 Billion," Inc., April 3, 2012, https://www.inc.com/magazine/201204/kasey-wehrum/the-road-to-1-billion-growth-special-report.html.

**87** 우리는 먼 길을 달려왔고: Jeffrey F. Rayport, Susie L. Ma, and Matthew G. Preble, "Wayfair," Harvard Business School, June 12, 2019, Case Study 9-819-045, 7.

**87** 불완전 주문율이 15~20퍼센트에 달하자 웨이페어는 사업 방식을 개선해야 했다: Abram Brown, "How Wayfair Sells Nearly \$1 Billion Worth of Sofas, Patio Chairs and Cat Playgrounds," Forbes, April 16, 2014, https://www.forbes.com/sites/abrambrown/2014/04/16/how-wayfair-sells-nearly-1-billion-worth-of-sofas-patio-chairs-and-cat-playgrounds/.

**88** "덕분에 엔진 뒤에 있는 진짜 엔진이 작동할 수 있었다.": Alex Finkelstein, general partner at the venture firm Spark Capital, quoted in Wehrum, "Special Report: Wayfair's Road to \$1 Billion."

**89** 전체 미국인의 95퍼센트가 2일 안에 제품을 배송받을 수 있는: Janice H. Hammond and Anna Shih, "Wayfair: Fast Furniture?," Harvard Business School, May 10, 2019, Case Study 9-618-036, 8.

**90** 고객들은 시각적 영감을 더 중요하게 여긴다: Wayfair, Inc., "Third Quarter Fiscal Year 2014 Earnings Conference Call," November 10, 2013, 2, https://s24.q4cdn.com/589059658/files/doc_financials/quaterly/2014/q3/final-111014-wayfair-inc-3q-results.pdf.

**90** 웨이페어는 2017년 3월 31일까지 12개월 동안 36억 달러의 매출을 올렸다: https://investor.wayfair.com/news/news-details/2017/Wayfair-Announces-First-Quarter-2017-Results/default.aspx.

**90** 아마존이 새로운 가구 판매 프로그램을 발표한 것이다: Makeda Easter,

"Amazon Hopes to Dominate Yet Another Market—Furniture," Los Angeles Times, May 12, 2017, https:// www.latimes.com/business/la-fi-amazon-furniture-push-20170512-story.html.

**90**  전자 상거래계 거물은 부피가 큰 품목을 위한 새로운 주문 처리 센터를 만들고: Anita Balakrishnan, "Wayfair Shares Tumble amid Report of Amazon Furniture Push," CNBC, April 24, 2017, https://www.cnbc.com/2017/04/24/wayfair-stock-moves-amid-report-of-amazon-competition.html.

**90**  외부 소매업체가 직접 판매 지역을 선택: Tyler Durden, "Wayfair Tumbles after Amazon Launches Furniture Seller Program," Zero Hedge, April 24, 2017, https://www.zerohedge.com/news/2017-04-24/wayfair-tumbles-after-amazon-launches-furniture-seller-program.

**91**  "가구는 아마존의 업무 방식을 근본적으로 변화시킨 유일한 범주다.": Carl Prindle, "Amazon's New Furniture Seller Program: What It Means for Wayfair and Furniture Retailers," Blueport Commerce, April 28, 2017, https://www.blueport.com/blog/amazons-new-furniture-seller-program-means-wayfair-furniture-retailers/.

**91**  "웨이페어는 아마존이라는 거대 기업이 자신들의 사업을 삼켜버리기 전에 어떻게든 아마존을 넘어서야만 했다": Chris Sweeney, "Inside Wayfair's Identity Crisis," Boston Magazine, October 1, 2019, https://www.bostonmagazine.com/news/2019/10/01/inside-wayfair/.

**92**  각각 4배, 9배씩 증가했다: Wayfair's quarterly sales and its market cap sales in quarters ending March 31, 2017, and September 30, 2020, were $960.8 million and $3.8 billion respectively. Market cap grew from $3.372 billion to $30.34 billion.

**92** "사진, 가격, 판매 모델은 더 발전된 경쟁 상대를 만나면 무너진다": Steve Oblak(chief merchandising officer, Wayfair, Inc.) in discussion with the author, January 2020.

**93** "그걸 극복하고 결국 자기 마음에 드는 집을 완성하려면 엄청나게 많은 갈등을 겪어야 한다.": Oblak, discussion with the author.

**95** 2016년 1,000여 명이던 공학과 데이터과학 파트 인력: Wayfair Inc., 2016 Annual Report, December 31, 2016, 5, https://www.annualreports.com/HostedData/AnnualReportArchive/W/NYSE_W_2016.pdf.

**95** 2018년에는 2,300명 이상으로 늘렸다: Wayfair Inc., 2018 Annual Report, December 31, 2018, 4, https://www.annualreports.com/HostedData/AnnualReportArchive/W/NYSE_W_2018.PDF.

**96** 사이트를 그들의 기호에 맞게 더 효과적으로 구현할 수 있다: Wayfair's global head of algorithms and analytics, John Kim, quoted in Suman Bhattacharyya, "How Wayfair Is Personalizing How You Buy Your Furniture Online," Digiday, August 24, 2018, https://digiday.com/retail/wayfair-personalizing-buy-furniture-online/.

**96** 훨씬 풍부하고 통일성 있는 이미지도 '숙고' 요소가 기능하는 데 도움이 됐다: "Wayfair Launches Visual Search, Lets Shoppers Instantly Find and Shop the Styles They See and Love," Wayfair Inc. press release, May 16, 2017, https://www.businesswire.com/news/home/20170516005302/en/Wayfair-Launches-Visual-Search-Lets-Shoppers-Instantly.

**97** 시장의 다른 누구와도 차별되는 경험을 쌓고 싶다: Steve Conine, quoted in Jeff Bauter Engel, "Wayfair's Steve Conine on the Amazon

Threat, Adopting A.I. & More," Xconomy, January 28, 2019, https://xconomy.com/boston/2019/01/07/wayfairs-steve-conine-on-the-amazon-threat-adopting-a-i-more/2/.

**100** 톰톰의 PND 사업 매출은 40배나 증가했다: Charles Arthur, "Navigating Decline: What Happened to TomTom?," The Guardian, July 21, 2015, https://www.theguardian.com/business/2015/jul/21/navigating-decline-what-happened-to-tomtom-satnav.

**101** 2009년까지 전 세계에서 1억 2,000만 대가 넘는 장치가 판매돼: "Global Market Size of Portable Navigation Devices from 2005 to 2015," Statista Research Department, January 2011, https://www.statista.com/statistics/218112/forecast-of-global-pnd-market-size-since-2005/#:~:text=Forecast%3A%20global%20PND%20market%20size%202005%2D2015&text=The%20statistic%20illustrates%20the%20worldwide,be%2035%2C100%2C000%20units%20in%202015.

**101** 2007년 PND 시장의 55퍼센트 이상을 차지했던 이 두 회사: "Global PND Market Share 2007-2009, by Vendor," Statista Research Department, May 24, 2010, https://www.statista.com/statistics/218080/global-market-share-of-garmin-since-2007/.

**102** 톰톰의 CEO 호딘은 스마트폰이 등장하기 전인 이 시기를 되돌아보면서 "영광의 시대"였다고 말한다: Paul Smith, "Google Maps Couldn't Kill TomTom, Now It Is Poised for a Driverless Future," Australian Financial Review, January 25, 2016, https://www.afr.com/technology/google-maps-couldnt-kill-tomtom-now-it-is-poised-for-a-driverless-future-20160122-gmbtzu.

**103** 가민과 입찰 전쟁을 벌인 끝에 텔레아틀라스라는 지도 제작업체를 37

억 달러에 인수했다: "TomTom CEO Has No Regrets about Tele Atlas Buy." Reuters, February 24, 2009, https://www.reuters.com/article/idUSWEA868520090224.

**103** PND, 무선 단말기, 차내 시스템, 인터넷 서비스, 내부 라우팅 서비스를 위해 개선된 지도를 이용하려는 모든 기업: "TomTom to Buy Tele Atlas Digital Mapper," UPI, July 23, 2007, https://www.upi.com/TomTom-to-buy-Tele-Atlas-digital-mapper/98291185220104/print.

**103** 마치 버거킹이 갑자기 맥도날드에서 햄버거를 사야만 하는 그런 상황이 된 것이다.: Daniel McGinn, "Can Garmin Maintain GPS Lead?" Newsweek, November 9, 2007, https://www.newsweek.com/can-garmin-maintain-gps-lead-96469.

**104** 구글 맵 내비게이션은 "처음부터 휴대폰의 인터넷 연결을 활용하도록 제작됐다": Keith Ito, "Announcing Google Maps Navigation for Android 2.0," Google Official Blog, October 28, 2009, https://googleblog.blogspot.com/2009/10/announcing-google-maps-navigation-for.html.

**104** 구글이 내비게이션 서비스 가격 기준을 0달러로 재설정하면서: Unnamed Société Générale analyst, quoted in Sarah Turner, "TomTom Stock Loses Its Way," MarketWatch, November 23, 2009, https://www.marketwatch.com/story/tomtom-stock-loses-its-way-2009-11-22.

**104** 코린 비그뢰는 구글의 움직임을 '쓰나미'에 비유했다: Arthur, "Navigating Decline: What Happened to TomTom?"

**107** 실제로 2015년부터: Toby Sterling, "TomTom CEO Says Its Maps Destined for Use in Self-Driving Cars," Reuters, May

4, 2015, https://www.reuters.com/article/us-tomtom-autos/
tomtom-ceo-says-its-maps-destined-for-use-in-self-driving-cars-
idUSKBN0NP0DZ20150504.

**107** "예전에는 인간을 위한 지도를 만들었지만 지금은 로봇을 위한 지도를
만들고 있다": Management board member Alain De Taeye, quoted
in Natalia Drozdiak, "TomTom Maps Out Revamp with Bet on Self-
Driving Cars," Transport Topics, September 4, 2019, https://www.
ttnews.com/articles/tomtom-maps-out-revamp-bet-self-driving-cars.

**108** 우리는 고객과 경쟁하지 않는다: TomTom, "TomTom Group Strategy,"
September 24, 2019, 2, https://corporate.tomtom.com/static-
files/63c51b37-d16c-40a1-9082-af7436da5bdb.

**109** "[톰톰을 이용하기로 한] 결정은 결국 상호 보완적 비즈니스 모델이라
고 할 수 있다": TomTom, "TomTom Group Strategy," September 24,
2019, 4; min. 7:40 of the "enterprise" presentation transcript of capital
market day, https://corporate.tomtom.com/static-files/63c51b37-
d16c-40a1-9082-af7436da5bdb.

**109** 상위 10위 안에 드는 회사는 모두 톰톰을 택했다: Drozdiak, "TomTom
Maps Out Revamp with Bet on Self-Driving Cars."

**114** 스포티파이는 2014년 사용자 수가 5,000만 명에 이르렀는데: Ingrid
Lunden, "Taylor Swift Would Have Made $6M This Year on
Spotify(1989 Pulled in $12M in 1st Week)," Tech Crunch, November
11, 2014, https://techcrunch.com/2014/11/11/taylor-swift-was-
on-track-to-make-6m-this-year-on-spotify-says-ceo-daniel-ek/?_
ga=2.253692553.1604568107.1610556440-2057245517.1610556440&gu
ccounter=1.

**114** 2015년 애플이 다중 생태계라는 지위를 망치처럼 휘두르며 애플 뮤 직과 함께 스트리밍 파티에 합류했다: Janko Roettgers, "Spotify Has Become the World's Most Popular Music Streaming App," *Variety*, December 1, 2015, https://variety.com/2015/digital/news/ spotify-has-become-the-worlds-most-popular-music-streaming-app-1201650714/.

**114** 애플은 오디오 액세서리 사업과 음악 스트리밍 서비스를 위해 비츠 일 렉트로닉스를 30억 달러에 인수했다: Matthew Johnston, "Investing in Apple Stock(AAPL)." *Investopedia*, October 21, 2020, https://www. investopedia.com/investing/top-companies-owned-apple/.

**114** 광고 기반의 스트리밍 계약을 종료하라고 음반사들을 압박: Micah Singleton, "Apple Pushing Music Labels to Kill Free Spotify Streaming Ahead of Beats Relaunch," *The Verge*, May 4, 2015, https://www. theverge.com/2015/5/4/8540935/apple-labels-spotify-streaming.

**116** 애플은 7,200만 명의 가입자를 보유: Michael Bizzaco and Quentyn Kennemer, "Apple Music vs. Spotify," *Digital Trends*, February 18, 2021, https://www.digitaltrends.com/music/apple-music-vs-spotify/.

**116** 스포티파이 가입자는 3억 4,500만 명으로 늘어났고: "Spotify Technology S.A. Announces Financial Results for Fourth Quarter 2020," Spotify Technology S.A. press release, February 3, 2021, https://investors.spotify.com/financials/press-release-details/2021/ Spotify-Technology-S.A.-Announces-Financial-Results-for-Fourth-Quarter-2020/default.aspx.

**116** 세계 음악 시장의 65~70퍼센트를 공동 지배했다: Alison Wenham, "Independent Music Is a Growing Force in the Global Market,"

Music Business Worldwide, July 21, 2015, https://www.musicbusinessworldwide.com/independent-music-is-a-growing-force-in-the-global-market/.

**117** 스티브는 아이튠즈를 이용해 편리한 인터페이스가 있는 하나의 공통된 기반에서 방대한 음원 카탈로그를 이용하는 경험을 똑같이 복제해 냈다: Paul Vidich, vice president at Warner Music, quoted in Steve Knopper, "ITunes' 10th Anniversary: How Steve Jobs Turned the Industry Upside Down," Rolling Stone, June 25, 2018, https://www.rollingstone.com/culture/culture-news/itunes-10th-anniversary-how-steve-jobs-turned-the-industry-upside-down-68985/.

**117** 노래 한 곡당 99센트(여기서 음반사에 돌아가는 몫은 70센트 정도다)를 받는 아이튠즈: Tim Arango, "Despite iTunes Accord, Music Labels Still Fret," New York Times, February 2, 2009, https://www.nytimes.com/2009/02/02/business/media/02apple.html.

**117** 아이튠즈가 서비스를 시작한 첫 주에 100만 곡의 노래가 다운로드됐다: Knopper, "ITunes' 10th Anniversary."

**117** 냅스터가 등장한 후 5년 동안 12퍼센트 감소했던 미국 음반 업계 수입: U.S. Sales Database, "U.S. Recorded Music Revenues by Format, 1973-2019," Recording Industry Association of America, accessed February 11, 2020, https://www.riaa.com/u-s-sales-database/.

**118** 업계 전체가 앨범 판매량에 의해 좌우된다: Attorney Gary Stiffelman, quoted in Jon Healey and Jeff Leeds, "Online Music Alters Industry's Sales Pitch," Chicago Tribune, August 27, 2018, https://www.chicagotribune.com/news/ct-xpm-2004-04-30-0404300079-story.html.

**118** "난 스티브 [잡스]에게 그 판단이 옳다고 생각한 적이 없다고 말했

다.": Paul Bond, "Warner Music Group CEO: Steve Jobs Got the Best of Us," Hollywood Reporter, February 1, 2012, http://www.hollywoodreporter.com/news/steve-jobs-apple-itunes-warner-music-group-286265.

**118** "[음반사들이] 가격을 올리고 싶어 하는 건 그들이 탐욕스러워지고 있다는 뜻": James Sturcke, "Microsoft 'Ends Music Download Talks,'" The Guardian, October 5, 2005, https://www.theguardian.com/technology/2005/oct/05/news.microsoft.

**118** 애플에 필적할 만한 온라인 소매업체가 없는 탓에: GartnerG2 analyst Mike McGuire, quoted in Charles Duhigg, "Apple Renews 99-Cent Song Deals," Los Angeles Times, May 3, 2006, https://www.latimes.com/archives/la-xpm-2006-may-03-fi-apple3-story.html.

**119** "우리는 스포티파이가 강력한 경쟁자가 되길 바란다.": Unnamed source, quoted in Glenn Peoples, "Fight between Apple and Spotify Could Change Digital Music; Labels Said to Reject Pricing below $9.99," Billboard, March 9, 2015, https://www.billboard.com/articles/business/6494979/fight-between-apple-and-spotify-could-change-digital-music-labels-said-to.

**120** "대부분의 사람들은 스트리밍 서비스가 애플과 구글의 결전의 장이 되는 것만은 막아야 한다고 생각한다.": Unnamed source, quoted in Tim Ingham, "Spotify Is Out of Contract with All Three Major Labels—and Wants to Pay Them Less," Music Business Worldwide, August 23, 2016, https://www.musicbusinessworldwide.com/spotify-contract-three-major-labels-wants-pay-less/.

**121** 페이스북 타임라인에 표시되고 소셜 네트워크에서 검색이 가능해짐

에 따라: David Lidsky, "The Definitive Timeline of Spotify's Critic-Defying Journey to Rule Music," Fast Company, August 13, 2018, https://www.fastcompany.com/90205527/the-definitive-timeline-of-spotifys-critic-defying-journey-to-rule-music.

**123** 2019년까지 30만 명이 넘는 아티스트가 이 서비스를 통해 정보를 얻었다: Stuart Dredge, "Spotify Closes Its Direct-Upload Test for Artists," Music Ally, July 1, 2019, https://musically.com/2019/07/01/spotify-closes-its-direct-upload-test-for-artists/.

**123** 새로운 아티스트를 데려와 녹음하고 홍보하고 투어를 진행하는 데 드는 기본 비용이 5만~200만 달러나 되니: "How Much Do Record Labels Spend on Marketing Their Artists?," Stop the Breaks, May 5, 2020, https://www.stopthebreaks.com/diy-artists/how-much-do-record-labels-spend-on-marketing-their-artists/.

**124** 그들이 지닌 소프트파워를 그런 식으로 이용하는 건 음반사 입장에서는 정말 끔찍한 일이다: Industry analyst Mark Mulligan, quoted in Charles Lane, "Spotify Goes Public Valued at Nearly $30 Billion—But Its Future Isn't Guaranteed," NPR, April 3, 2018, https://www.npr.org/sections/therecord/2018/04/03/599131554/spotify-goes-public-valued-at-nearly-30-billion-but-its-future-isnt-guaranteed.

**124** "스포티파이는 곧 음반사들이 하던 일을 하게 될 것이다.": Industry analyst Mark Mulligan, quoted in Anna Nicolaou, "Revenue Streams: Spotify's Bid to Generate a Profit," Financial Times, March 14, 2018, https://www.ft.com/content/974206c0-2609-11e8-b27e-cc62a39d57a0.

**124** "오늘날에는 아티스트가 본인의 음악을 직접 제작해 발표할 수 있다.":

Anna Nicolaou, "Spotify Drops Plan to Pull in Independent Artists," Financial Times, July 3, 2019, https://www.ft.com/content/c15d5124-9d15-11e9-9c06-a4640c9feebb.

**125** 음악은 어디에나 존재한다는 편재성을 받아들여야 한다: Daniel Ek, quoted in Robert Levine, "Billboard Cover: Spotify CEO Daniel Ek on Taylor Swift, His 'Freemium' Business Model and Why He's Saving the Music Industry," Billboard, June 5, 2015, https://www.billboard. com/articles/business/6590101/daniel-ek-spotify-ceo-streaming-feature-tidal-apple-record-labels-taylor-swift.

**128** 다들 이런 시장 없이는 스포티파이의 글로벌 시장점유율이 늘어나지 않으리라는 걸 알고 있다: Unnamed music executive, quoted in Tim Ingham, "The Major Labels Could Block Spotify's Expansion into India Due to Direct Licensing Fallout," Music Business Worldwide, June 15, 2018, https://www.musicbusinessworldwide.com/the-major-labels-could-block-spotifys-expansion-into-india-this-year/.

**129** "우리는 어떤 음악에 대한 권리도 없고 음반사처럼 행동하지도 않는다.": Amy X. Wang, "Spotify Is in Trouble with Record Labels(Again)," Rolling Stone, September 10, 2018, https://www.rollingstone.com/music/music-news/spotify-record-labels-dispute-720512/.

**129** ⋯ 결코 이 업계를 파괴하려던 게 아니다: Jem Aswad, "Spotify's Daniel Ek Talks Royalties, Data-Sharing, the Future: 'I Was Never a Disrupter,'" Variety, April 11, 2019, https://variety.com/2019/biz/news/spotify-daniel-ek-talks-royalties-future-freaknomics-disrupter-1203186354/.

**129** 그건 나에 대한 큰 오해다: Jem Aswad, "Spotify's Daniel Ek Talks Royalties, Data-Sharing, the Future: 'I Was Never a Disrupter,'"

참고 문헌

Variety, April 11, 2019, https://variety.com/2019/biz/news/spotify-daniel-ek-talks-royalties-future-freaknomics-disrupter-1203186354/.

**131** 세계 최고의 오디오 플랫폼이 되는: Lauren Feiner, "Spotify Makes Another Podcast Acquisition, Buying Bill Simmons' The Ringer," CNBC, February 5, 2020, https://www.cnbc.com/2020/02/05/spotify-spot-earnings-spotify-acquires-the-ringer-to-boost-podcasts.html.

**131** 우리는 낮에도 밤에도 음악과 관련된 일만 한다: Juli Clover, "Apple CEO Tim Cook on Apple Music: 'We Worry about the Humanity Being Drained Out of Music,'" MacRumors, August 7, 2018, https://www.macrumors.com/2018/08/07/tim-cook-apple-music-humanity/.

# 3장. 생태계 공격: 경쟁 추가에서 경쟁 변화로

**147** 알렉사는 완벽하지 않다: Farhad Manjoo, "Amazon Echo, a.k.a. Alexa, Is a Personal Aide in Need of Schooling," New York Times, June 24, 2015, https://www.nytimes.com/2015/06/25/technology/personaltech/amazon-echo-aka-alexa-is-a-personal-aide-in-need-of-schooling.html.

**148** "다시 한 번 강조하지만 아마존 에코를 블루투스 스피커로 쓰려고 구입해선 안 된다." : David Pierce, "Amazon Echo Review: Listen Up," The Verge, January 29, 2015, https://www.theverge.com/2015/1/19/7548059/amazon-echo-review-speaker.

**149** 스마트 홈 시장은 2017년부터 2022년 사이 매년 14.5퍼센트씩 성장해: Trefis Team, "Why Smart Home Devices Are a Strong Growth

Opportunity for Best Buy," Forbes, July 5, 2017, https://www.forbes.com/sites/greatspeculations/2017/07/05/why-smart-home-devices-are-a-strong-growth-opportunity-for-best-buy/#798aa5b24984.

**149** 집의 온도를 자동 조절하거나: "Control4 Launches Amazon Alexa Skill for Voice-enabled Whole Home Automation," Control4 press release, September 14, 2016, https://www.control4.com/press_releases/2016/09/14/control4-launches-amazon-alexa-skill-for-voice-enabled-whole-home-automation/.

**149** "초기 과학소설부터 자연스럽게 대화를 나눌 수 있는 컴퓨터가 존재해 실제로 대화를 나누거나 이런저런 일을 해달라고 부탁하는 게 우리 꿈이었다.": Walt Mossberg, "Mossberg: Five Things I Learned from Jeff Bezos at Code," Recode, June 8, 2016, https://www.vox.com/2016/6/8/11880874/mossberg-jeff-bezos-code-conference.

**151** 에코는 당신이나 당신 주변 세계에 관해 놀라울 정도로 아는 게 없다: "Is the Amazon Echo All Talk?," Consumer Reports, December 19, 2014, https://www.consumerreports.org/cro/news/2014/12/is-the-amazon-echo-all-talk/index.htm.

**151** 알렉사에게 똑같은 질문을 몇 번이나 반복했는지 셀 수 없을 정도다: Jason Fell, "Why Amazon's Voice-Activated Speaker 'Echo' Isn't Worth Your Time or Money," Entrepreneur, June 23, 2015, https://www.entrepreneur.com/article/247655.

**152** "우리는 적극적으로 피드백을 해주고 제품 구성에 참여하고 싶어 할 고객층을 서비스 대상으로 삼자고 생각했다.": Harry McCracken, "Echo and Alexa Are Two Years Old. Here's What Amazon Has Learned So Far," Fast Company, November 7, 2016, https://www.fastcompany.

참고 문헌

com/3065179/echo-and-alexa-are-two-years-old-heres-what-amazon-has-learned-so-far.

**153** 아마존은 알렉사를 통해 스포티파이, 아이튠즈, 판도라에 사용할 수 있는 음성 제어 기능을 발표했다: Todd Bishop, "Amazon Echo Adds Voice Controls for Spotify, iTunes, and Pandora, plus new 'Simon Says' Feature," GeekWire, January 13, 2015, https://www.geekwire.com/2015/amazon-echo-adds-voice-controls-spotify-itunes-pandora-plus-new-simon-says-feature/.

**154** "대단한 발전을 이룰 것": Mark Bergen, "Jeff Bezos Says More Than 1,000 People Are Working on Amazon Echo and Alexa," Recode, May 31, 2016, https://www.recode.net/2016/5/31/11825694/jeff-bezos-1000-people-amazon-echo-alexa.

**155** 요새는 고객을 위해 필요한 기능을 개발하고 싶어 하는 개발자나 제작자, 일반 애호가에게 ASK를 제공해: "Amazon Introduces the Alexa Skills Kit—A Free SDK for Developers," Amazon press release, June 25, 2015, https://www.businesswire.com/news/home/20150625005699/en/Amazon-Introduces-the-Alexa-Skills-Kit%E2%80%94A-Free-SDK-for-Developers.

**155** 알렉사에 적용된 기술 수는 2015년 130개: Bret Kinsella, "There Are Now 20,000 Amazon Alexa Skills in the U.S.," voicebot.ai, September 3, 2017, https://www.voicebot.ai/2017/09/03/now-20000-amazon-alexa-skills-u-s/.

**155** 2021년 8만 개 이상으로 증가했다: Bret Kinsella, "Alexa Skill Counts Surpass 80K in US, Spain Adds the Most Skills, New Skill Rate Falls Globally," voicebot.ai, January 14, 2021, https://voicebot.

ai/2021/01/14/alexa-skill-counts-surpass-80k-in-us-spain-adds-the-most-skills-new-skill-introduction rate continues-to-fall-across-countries/.

**155** 아마존은 기존 스피커 제조업체와 스마트 스피커 경쟁업체를 제치고 세계 최대 스피커 브랜드가 됐다: "Tech Giants Will Probably Dominate Speakers and Headphones," The Economist, December 2, 2017, https://www.economist.com/business/2017/12/02/tech-giants-will-probably-dominate-speakers-and-headphones.

**155** 2017년에는 5,000명을 넘을 것이다: Jonathan Vanian, "Amazon Has a Stunning Number of People Working on Alexa," Fortune, September 27, 2017, https://fortune.com/2017/09/27/amazon-alexa-employees/.

**156** "음성 연결은 가정에서뿐 아니라 사물 인터넷에서도 중요한 역할을 한다.": Liv VerSchure, vice president for GE Applicances, quoted in Teena Maddox, "Amazon Alexa Will Now Talk to GE's Connected Appliances in Smart Home Push," TechRepublic, September 13, 2016, https://www.techrepublic.com/article/amazon-alexa-will-now-talk-to-ges-connected-appliances-in-smart-home-push/.

**157** 알렉사의 생활환경 지능을 이용해 4,500개 이상의 기업에서 만든 2만 8,000개 이상의 장치를 제어할 수 있었다: Dieter Bohn, The Verge, January 4, 2019, https://www.theverge.com/2019/1/4/18168565/amazon-alexa-devices-how-many-sold-number-100-million-dave-limp.

**158** 개당 가격이 평균 7달러: Ben McInnis, "Use the Alexa Connect Kit, Now Available, to Build Alexa-connected Devices More Easily, Quickly, and Economically," Alexa Blogs, September 25, 2019, https://

developer.amazon.com/blogs/alexa/post/03376e48-f33a-4664-b668-a94d5025dd8e/use-the-alexa-connect-kit-now-available-to-build-alexa-connected-devices-more-easily-quickly-and-economically.

**158** "아마존은 알렉사를 플랫폼으로 재정립하는 작업을 아주 성공적으로 수행했다": Industry analyst Mark Vena, quoted in Parmy Olson, "At CES, Amazon Is Beating Google in the Smart Home Battle," Forbes, January 11, 2018, https://www.forbes.com/sites/parmyolson/2018/01/11/amazon-is-beating-google-in-the-smart-home-battle-for-now/#43e40a183f99.

**158** 앞으로 더 열심히 밀어붙일 생각이다: Jamie Grill-Goodman, "Amazon to 'Double Down' on Alexa Investment," RIS News, February 5, 2018, https://risnews.com/amazon-double-down-alexa-investment.

**158** 베이조스 본인도 이 중 많은 특허에 등재돼 있다: Amazon CEO Jeff Bezos is listed as inventor on a number of patents, including "Movement recognition as input mechanism"(Patent number 8,788,977, filed November 20, 2008); "Viewer-based device control"(Patent number 8,922,480, filed March 5, 2010); and "Utilizing phrase tokens in transactions"(Patent number 9,390,416, filed March 14, 2013).

**158** 거의 비합리적인 기대가 있었다: Unnamed developer, quoted in Joshua Brustein, "The Real Story of How Amazon Built the Echo," Bloomberg, April 19, 2016, https://www.bloomberg.com/features/2016-amazon-echo/.

**159** 추적을 시작한 구글이 괜찮은 성적으로 2위를 차지했고(28퍼센트) 애플은 한참 뒤처진 3위며(4퍼센트): Gene Munster and Will Thompson, "Smart Speaker Macro-Model Update," June 13, 2019, https://

loupventures.com/smart-speaker-market-share-update/.

**160** 마이크로소프트는 코타나에서 손을 떼고: Monica Nickelsburg, "Microsoft to Sunset Cortana on iOS and Android in Pivot to 'Productivity-focused' Assistant," GeekWire, July 31, 2020, https://www.geekwire.com/2020/microsoft-sunset-cortana-ios-android-pivot-productivity-focused-assistant/.

**160** 빅스비의 음성 기능 확대는: Samsung executive vice president Injong Rhee, quoted in Arjun Kharpal, "Samsung Bixby Expands to over 200 Countries in Battle with Amazon Alexa, Apple Siri," CNBC, August 22, 2017, https://www.cnbc.com/2017/08/22/samsung-bixby-expands-to-over-200-countries-in-battle-with-alexa-siri.html.

**166** 〈오프라 윈프리 쇼Oprah Winfrey Show〉를 시작해 그 후 25년 동안 계속 진행했다: "The Oprah Winfrey Show to End September 2011," Harpo Productions, Inc. press release, November 9, 2009, http://www.oprah.com/pressroom/oprah-announces-plans-to-end-the-oprah-winfrey-show-in-september-2011/all.

**166** 한창 전성기 때는 일일 시청자 수가 1,200만~1,300만 명이나 됐다: Brian Stelter, "Daytime TV's Empty Throne After 'Oprah,'" New York Times, June 10, 2012, https://www.nytimes.com/2012/06/11/business/media/end-of-oprahs-show-tightens-races-for-tv-ratings.html.

**167** 나는 미국에서 가장 부유한 흑인 여성이 될 작정이다: Virginia Postrel, "Oprah, American Girls and Other Binge Dreamers: Virginia Postrel," Bloomberg Opinion, May 26, 2011, https://www.bloomberg.com/opinion/articles/2011-05-26/oprah-american-girls-and-other-binge-dreamers-virginia-postrel.

참고 문헌

**167** 미국 최고의 주간 텔레비전 프로그램으로 확고하게 자리 잡았다: Zach Stafford, "The Oprah Winfrey Show: 'Hour-Long Life Lessons' That Changed TV Forever," The Guardian, September 8, 2016, https://www.theguardian.com/tv-and-radio/2016/sep/08/oprah-winfrey-show-30-year-anniversary-daytime-tv.

**168** 오프라는 청중의 일부가 됐다: Courtney Worthman, quoted in Chavie Lieber, "Oprah Is the Original Celebrity Influencer," Racked, March 6, 2018, https://www.racked.com/2018/3/6/17081942/oprah-celebrity-influencer.

**171** 편집 권한을 새로운 파트너에게 양도했다: Patricia Sellers and Noshua Watson, "The Business of Being Oprah. She talked her way to the top of her own media empire and amassed a $1 billion fortune. Now she's asking, 'What's next?,'" Fortune, April 1, 2002, https://archive.fortune.com/magazines/fortune/fortune_archive/2002/04/01/320634/index.htm.

**171** '독자 우선' 정책을 고집했다: Sellers and Watson, "The Business of Being Oprah."

**171** 여섯 번째 호에는 627페이지에 달하는 광고를 실었다: Mark Lacter, "The Case of the Ungrateful Heirs," Forbes, December 25, 2000, https://www.forbes.com/global/2000/1225/0326028a.html#511b00825407.

**171** 미국 역사상 가장 성공적인 신간 잡지: "Harpo, Inc.," Reference for Business, accessed October 22, 2020, https://www.referenceforbusiness.com/businesses/G-L/Harpo-Inc.html.

**172** 그는 나중에 이 결정을 후회했다: Sellers and Watson, "The Business of

Being Oprah."

**173** "그 채널은 내 목소리를 반영하지 않았다": David Lieberman, "Oprah Joins Discovery to Create Her OWN Cable Channel," ABC News, January 15, 2008, https://abcnews.go.com/Business/story?id=4137536&page=1.

**173** 이 채널은 NBC에 9억 달러에 매각됐다: Jill Disis, "How Oprah Built Oprah Inc.," CNN Money, January 9, 2018, https://money.cnn.com/2018/01/09/media/oprah-winfrey-career-history/index.html.

**173** "영적 의식을 각성시키는 채널로 만들겠다!": Jonathan Van Meter, "Oprah Winfrey Is on a Roll(Again)," Vogue, August 15, 2017, https://www.vogue.com/article/oprah-winfrey-vogue-september-issue-2017.

**173** 오프라의 부탁을 어떻게 거절할 수 있겠는가?": J. J. McCorvey, "The Key to Oprah Winfrey's Success: Radical Focus," Fast Company, December 8, 2015, https://www.fastcompany.com/3051589/the-key-to-oprah-winfreys-success-radical-focus.

**173** B2015년 OWN의 광고 수익은 전년보다 두 배나 증가했고: McCorvey, "The Key to Oprah Winfrey's Success."

**175** "우리는 체중 감량에만 주력하던 데서 벗어나 사람들이 더 건강하고 행복한 삶을 살 수 있도록 돕는 쪽으로 목표를 확대하고 있다.": "Oprah Winfrey and Weight Watchers Join Forces in Groundbreaking Partnership," Weight Watchers International press release, October 19, 2015, https://www.prnewswire.com/news-releases/oprah-winfrey-and-weight-watchers-join-forces-in-groundbreaking-partnership-300161712.html.

참고 문헌

**175** "우리는 이제 마른 체형이 아니라 건강한 체형을 추구한다": Paul Schrodt, "How Oprah Winfrey Rescued Weight Watchers—and Made $400 Million in the Process," Money, May 7, 2018, https://money.com/oprah-winfrey-weight-watchers-investment/#:~:text=Weight%20Watchers%20had%20an%20image,a%20seat%20on%20its%20board.

**176** '웰빙 분야의 유력 리더들: "How You Can Get Tickets for Oprah's '2020 Vision' Tour with WW," O, The Oprah Magazine, January 9, 2020, https://www.oprahmag.com/life/a28899378/oprah-ww-tour/.

**176** 티켓 가격은 69.50달러에서: "How You Can Get Tickets for Oprah's '2020 Vision' Tour with WW."

**176** 1,000달러까지 다양했다: Michelle Platt, "10 Things to Know About Oprah's 2020 Vision Tour: Your Life in Focus WW Wellness Event," My Purse Strings blog, January 24, 2020, https://www.mypursestrings.com/oprah-2020-vision-tour/.

**176** "이제 건강하고 튼튼하게 잘 지내는 게 그 어느 때보다 중요하다": Rachel George, "Oprah Winfrey Launches Free Virtual Wellness Tour to Help People Cope with COVID-19," Good Morning America, May 13, 2020, https://www.goodmorningamerica.com/culture/story/oprah-winfrey-launches-free-virtual-wellness-tour-people-70656111.

**177** 오프라 윈프리가 몇 십 년 동안 진행한 주간 토크쇼가 대부분 1위를 차지한 걸 보면: David Carr, "A Triumph of Avoiding the Traps," New York Times, November 22, 2009, https://www.nytimes.com/2009/11/23/business/media/23carr.html.

**179** "우리 비전은 세계 최고의 잠금장치 회사가 되는 것이다": ASSA ABLOY, 1996 Annual Report, 5, https://www.assaabloy.com/Global/

Investors/Annual-Report/1996/EN/Annual%20Report%201996.pdf.

**179** "출입 통제 솔루션의 글로벌 리더": ASSA ABLOY, 2018 Annual Report, 3, https://www.assaabloy.com/Global/Investors/Annual-Report/2018/EN/Annual%20Report%202018.pdf.

**181** 이 회사의 잠금장치와 열쇠는 여전히 글로벌 매출의 26퍼센트를 차지하고 있지만: ASSA ABLOY, 2018 Annual Report, 59.

**186** "휴대폰 사용은 모든 걸 볼 수 있고 모든 걸 제어할 수 있는 우리의 미래": Paul Ragusa, "ASSA ABLOY: An Innovation and Sustainability Leader," Security Systems News, December 20, 2017, http://www.securitysystemsnews.com/article/assa-abloy-innovation-and-sustainability-leader.

**186** 클렘슨대학 학생들은 SEOS를 지원하는 안드로이드 기기나 아이폰, 애플 워치를 사용해: "HID Global Announces Support for Student IDs in Apple Wallet," HID press release, August 13, 2019, https://www.hidglobal.com/press-releases/hid-global-announces-support-student-ids-in-apple-wallet.

**187** 2025년까지 34억 달러 규모로 성장할 것으로 예상: "Smart Lock Market Worth $3.4 billion by 2025," MarketsandMarkets press release, October 2017, https://www.marketsandmarkets.com/PressReleases/smart-lock.asp.

## 4장. 생태계 붕괴 타이밍: 너무 빠른 건 너무 늦는 것보다 나쁠 수 있다

**214** 경쟁력을 높이는 '역류 효과': See Nathan R. Furr and Daniel C. Snow,

"Intergenerational Hybrids: Spillbacks, Spillforwards, and Adapting to Technology Discontinuities," Organization Science 26, no. 2(2015): 475-493.

**215** 10년 후에 일어날 일은 과소평가한다: Bill Gates, The Road Ahead: Completely Revised and Up-to-Date(New York: Penguin Books, 1996), 316.

**226** 가끔은 이런 변화가 중단될 수도 있고: Curt Nickisch, "How One CEO Successfully Led a Digital Transformation," Harvard Business Review, April 8, 2020, https://hbr.org/podcast/2019/12/how-one-ceo-successfully-led-a-digital-transformation.

**226** 인쇄 시대에서 디지털 시대로 넘어가는 첫 번째 물결은 더 큰 수익 기반을 만들지 못했고: Curt Nickisch, "HBR's Curt Nickisch and Nancy McKinstry Talk Digital Transformation," Wolters Kluwer, January 17, 2020, https://www.wolterskluwer.com/en/expert-insights/curt-nickisch-and-nancy-mckinstry-talk-digital-transformation.

**227** 고객층이 새로운 형식을 "확실하게" 받아들이기까지 15년이 걸렸다: Nickisch, "HBR's Curt Nickisch and Nancy McKinstry Talk Digital Transformation."

**227** 따라서 자본 배분을 고민할 때는 우리가 한동안 플랫폼 두 개를 보유하고 있다는 사실을 명확히 해야 한다: Nickisch, "How One CEO Successfully Led a Digital Transformation."

**228** 볼터르스 클뤼버의 디지털 부문은 전체 매출의 35퍼센트를 차지: Wolters Kluwer, 2004 Annual Report, December 31, 2004, 13, https://www.wolterskluwer.com/en/investors/financials/annual-reports.

**228** 2019년에는 디지털 및 관련 서비스 부문이 전체 매출 41억 유로 가운데 89퍼센트를 차지: Wolters Kluwer, 2019 Annual Report, December 31,

2019, 6, https://www.wolters kluwer.com/en/investors/financials/annual-reports.

**229** 지브라는 여전히 열전사 바코드 프린터와 라벨 혁신에 주력: "Zebra Technologies Corporation" FundingUniverse, accessed October 21, 2020, http://www.fundinguniverse.com/company-histories/zebra-technologies-corporation-history/.

**229** 우리는 사물 인터넷 솔루션의 기본 요소를 제공할 수 있다: "Zebra Technologies Completes Acquisition of Motorola Solutions' Enterprise Business," Zebra Technologies Corporation press release, October 27, 2014, https://www.prnewswire.com/news-releases/zebra-technologies-completes-acquisition-of-motorola-solutions-enterprise-business-108625228.html.

**234** 이 회사는 "23앤드미 서비스는 질병이나 의학적 상태를 진단하기 위한 검사나 키트가 아니며 의학적 조언을 위한 것도 아니다"라고 부인했지만: David P. Hamilton, "23andMe Lets You Search and Share Your Genome—Today," VentureBeat, January 23, 2018, https://venturebeat.com/2007/11/17/23andme-lets-you-search-and-share-your-genome-today/.

**234** 23앤드미는 키트 비용을 999달러에서 99달러로 낮추고: Andrew Pollack, "F.D.A. Orders Genetic Testing Firm to Stop Selling DNA Analysis Service," New York Times, November 25, 2013, https://www.nytimes.com/2013/11/26/business/fda-demands-a-halt-to-a-dna-test-kits-marketing.html.

**234** "당신이 스스로를 돌보지 않는다면 아무도 돌봐주지 않을 것이다": Stephanie M. Lee, "Anne Wojcicki's Quest to Put People in Charge of

Their Own Health," San Francisco Chronicle, March 1, 2015, https://www.sfchronicle.com/news/article/Anne-Wojcicki-s-quest-to-put-people-in-charge-6108062.php.

**234** "빅 데이터는 우리를 더 건강하게 만들어 줄 것이다.": Elizabeth Murphy, "Inside 23andMe Founder Anne Wojcicki's $99 DNA Revolution," Fast Company, October 14, 2013, https://www.fastcompany.com/3018598/for-99-this-ceo-can-tell-you-what-might-kill-you-inside-23andme-founder-anne-wojcickis-dna-r.

**234** 그러나 미국 식품의약국은 상황을 다르게 봤다: Charles Seife, "23andMe Is Terrifying, But Not for the Reasons the FDA Thinks," Scientific American, November 27, 2013, https://www.scientificamerican.com/article/23andme-is-terrifying-but-not-for-the-reasons-the-fda-thinks/.

**235** 2018년 거대 제약 회사인 글락소 스미스클라인은 처음에 파킨슨병 치료를 위한 약물을 개발하려고 23앤드미 지분을 3억 달러어치 인수했다: Denise Roland, "How Drug Companies Are Using Your DNA to Make New Medicine," Wall Street Journal, July 22, 2019, https://www.wsj.com/articles/23andme-glaxo-mine-dna-data-in-hunt-for-new-drugs-11563879881.

**235** 1급 가족 구성원에게 무료 검사 세트를 제공: Barry Greene, "+MyFamily Program with 23andMe Aims to Increase Awareness of TTR-Related Hereditary Amyloidosis in Families," Alnylam Pharmaceuticals, September 17, 2019, https://news.alnylam.com/patient-focus/articles/myfamily-program-23andme-aims-increase-awareness-ttr-related-hereditary.

**235** 염증성 질환 치료를 위해 개발한 항체를 스페인 제약회사 알미
랄에 허가해 줬고: "23andMe Signs a Strategic Agreement with
Almirall," 23andMe press release, January 13, 2020, https://
mediacenter.23andme.com/press-releases/23andme-signs-a-strategic-
agreement-with-almirall/.

**236** 따라서 사용자는 차를 구입할 때 자동 조종 장치 비용으로 8,000달러
를 내거나: Anadiotis, "Why Autonomous Vehicles Will Rely on Edge
Computing and Not the Cloud."

**237** 테슬라 운전자들의 주행거리는 100억 마일에 이르렀고(그만큼의 데이터를
제공하면서): Fred Lambert, "Tesla Reaches 10 Billion Electric Miles with
a Global Fleet of Half a Million Cars," Electrek, November 16, 2018,
https://electrek.co/2018/11/16/tesla-fleet-10-billion-electric-miles/.

**239** 테슬라 보험은 자격을 갖춘 많은 소유주들이 보험료를 절감할 수 있게
해준다: Justin Bariso, "Tesla Just Made a Huge Announcement That
May Completely Change the Auto Industry. Here's Why It's Brilliant,"
Inc., September 3, 2019, https://www.inc.com/justin-bariso/tesla-
just-made-a-huge-announcement-that-may-completely-change-auto-
industry-heres-why-its-brilliant.html.

**239** "다른 어떤 보험보다 훨씬 설득력 있을 것": Kirsten Korosec,
"Tesla Plans to Launch an Insurance Product 'in about a Month,'"
TechCrunch, April 24, 2019, https://techcrunch.com/2019/04/24/
tesla-plans-to-launch-an-insurance-product-in-about-a-month/.

**239** 자동차 회사들이 보험 사업에 뛰어드는 건: Fred Imbert, "Buffett
Knocks Elon Musk's Plan for Tesla to Sell Insurance: 'It's Not an Easy
Business,'" CNBC, May 5, 2019, https://www.cnbc.com/2019/05/04/

참고 문헌

warren-buffett-on-tesla-id-bet-against-any-company-in-the-auto-business.html.

## 5장. 자아계의 함정

**252** "애플페이는 우리가 물건을 구입하는 방식을 영원히 바꿀 것": "Apple—September Event 2014," YouTube video, 55:00, posted by Apple, September 10, 2014, https://www.youtube.com/watch?v=38IqQpwPe7s.

**252** "애플페이가 모든 면에서 더 낫기 때문에 물리적 신용카드(그리고 더 나아가 지갑까지)를 없애는 해결책이 될 수 있다": Dave Smith, "This Might Be the Only Recent Apple Product Steve Jobs Would Have Loved," Business Insider, July 9, 2015, https://www.businessinsider.com/apple-pay-is-the-best-new-service-from-apple-2015-7.

**256** 오늘 전국에 출시된 아이시스 모바일 월렛: Stephanie Mlot, "Isis Mobile Wallet Finally Launches Nationwide," PC, November 14, 2013, https://www.pcmag.com/news/isis-mobile-wallet-finally-launches-nationwide.

**256** 이동통신 사업자들은 아이시스 계획에 수억 달러를 투자했다: Ingrid Lunden, "Google Is in Talks with Mobile Payments Company Softcard," TechCrunch, January 16, 2015, https://techcrunch.com/2015/01/16/softcard/.

**257** MCX 회원들은 고객의 쇼핑과 구매 경험에 관한 깊은 통찰력을 지닌 가맹점들이야말로 모바일 솔루션을 제공하기에 가장 좋은 위치에 있다

고 믿는다: Steve Kovach, "Retailers like Wal-Mart Have Started a War against Apple That They Have No Chance of Winning," Business Insider, October 28, 2014, https://www.businessinsider.com/merchant-customer-exchange-blocking-apple-pay-2014-10.

**257** MCX는 자체 개발 앱이 준비될 때까지 회원들이 다른 휴대폰 결제 시스템을 사용하지 못하도록 금지하는 규칙을 통과시켰다: Walt Mossberg, "What Are the Anti-Apple Pay Merchants Afraid Of?," Vox, November 4, 2014, https://www.vox.com/2014/11/4/11632560/what-are-the-anti-apple-pay-merchants-afraid-of.

**258** 계산대 직원은 고객에게 사과하고 현재 애플페이는 받지 않지만 내년이 되면 자체 모바일 지갑이 생길 예정이라고 설명하라는 지시를 받는다: Josh Constine, "CurrentC Is the Big Retailers' Clunky Attempt to Kill Apple Pay and Credit Card Fees," TechCrunch, October 25, 2014, https://techcrunch.com/2014/10/25/currentc/.

**258** 애플페이의 기본 설계안 중에는 소비자가 애플페이로 거래할 때 기본 카드인 '톱 카드'를 하나 지정해야 한다는 요건이 있었다: Cara Zambri, "At-a-Glance: JPMorgan Chase Joins Apple in Launch of Apple Pay," Media Logic, September 23, 2014, https://www.medialogic.com/blog/financial-services-marketing/glance-jpmorgan-chase-joins-apple-launch-apple-pay/.

**261** 홈팟은 "가정용 오디오를 재발명"할: Derek Staples, "Apple Reinvents Home Audio with the Homepod," DJ, June 9, 2017, https://djmag.com/news/apple-reinvents-home-audio-homepod.

**261** 애플의 교실용 교육 플랫폼은 "애플만이 할 수 있는 방식으로 학습과 창의성을 향상할 것": "Apple Unveils Everyone Can Create

Curriculum to Spark Student Creativity," Apple press release, March, 27, 2018, https://www.apple.com/newsroom/2018/03/apple-unveils-everyone-can-create-curriculum-to-spark-student-creativity/.

**261** 야심 찬 목표를 검토하기 위한 조사 과정: Apple's confident commentary on these various initiatives speaks to these bold ambitions. Its effort in healthcare was, according to CEO Tim Cook, to be its "greatest contribution to mankind." Lizzy Gurdus, "Tim Cook: Apple's Greatest Contribution Will Be 'About Health,'" cnbc.com, January 8, 2019, https://www.cnbc.com/2019/01/08/tim-cook-teases-new-apple-services-tied-to-health-care.html.

**262** 미국에 사는 7,200만 명의 아이폰 사용자 모두가 편리함을 요구하는 건 아니었다: S. O'Dea, "IPhone Users in the US 2012-2021," Statista, February 27, 2020, https://www.statista.com/statistics/232790/forecast-of-apple-users-in-the-us/.

**273** "GE는 10대 소프트웨어 회사가 될 것": Matt Rosoff, "Jeff Immelt: GE Is On Track to Become a 'Top 10 software Company," Business Insider, September 29, 2015, https://www.businessinsider.com/ge-ceo-jeff-immelt-top-10-software-company-2015-9.

**273** 이 거대 기업은 "산업 기업이 필요한 곳이라면 어디서든 더 빠르고 더 스마트하고 더 효율적으로 운영될 수 있도록" 하겠다는 비전: "GE Advances Digital Leadership with Launch of $1.2 Billion Industrial IoT Software Company," Business Wire, December 13, 2018, https://www.businesswire.com/news/home/20181213005339/en/GE-Advances-Digital-Leadership-Launch-1.2-Billion.

**273** 40억 달러 이상을 투자: James Blackman, "Regret, but No Surprise—

The Market Responds to the Demise of GE Digital," Enterprise IoT Insights, August 25, 2018, https://enterpriseiotinsights. com/20180821/channels/news/market-reacts-to-ge-digital-demise.

**273** 프레딕스 이전에는 각 비행에 유용한 제트 엔진 데이터 크기가 약 3.2 킬로바이트: John Hitch, "Can GE Innovate Innovation with Predix Platform?," New Equipment Digest, June 2, 2016, https://www. newequipment.com/technology-innovations/article/22058516/can-ge-innovate-innovation-with-predix-platform.

**274** 세계 각지의 기기를 최대한 많이 연결하고 모니터링하고 관리할수 록: "GE to Open Up Predix Industrial Internet Platform to All Users," Business Wire, October 9, 2014, https://www.businesswire. com/news/home/20141009005691/en/GE-Open-Predix-Industrial-Internet-Platform-Users.

**275** 우리는 플랫폼 측면과 데이터 통합 방법을 다룰 것이다: Jon Dunsdon, chief digital architect, quoted in Hitch, "Can GE Innovate Innovation with Predix Platform?"

**276** 지도부 교체, 여러 차례의 정리해고: Dylan Martin, "GE Digital Layoffs 'Driven by Commercial Demands,' Not Spin-Off Plans," CRN, April 11, 2019, https://www.crn.com/news/internet-of-things/ge-digital-layoffs-driven-by-commercial-demands-not-spin-off-plans.

**276** 매각 및 기업 분할 발표와 철회: Sonal Patel, "GE Shelves Plans to Spin-Off Digital Business," POWER, November 4, 2019, https://www. powermag.com/ge-shelves-plans-to-spin-off-digital-business/.

**282** "공인된 EHR 시스템을 유의미하게 사용": David Blumenthal, "Stimulating the Adoption of Healthcare Information Technology,"

New England Journal of Medicine 360, no. 15(April 2009): 1477-1479.

**282** 이 보조금 당근이 지급금을 삭감하는 채찍으로 바뀌었다: Blumenthal, "Stimulating the Adoption of Healthcare Information Technology."

**283** 상호 운용성에 대한 진지한 움직임이 관심을 끌 기회가 다시 생기 기까지: Heather Landi, "HIMSS19: ONC, CMS Officials Outline the Framework for Interoperability, the Use of APIs, FHIR," FierceHealthcare, February 13, 2009, accessed November 1, 2020, https://www.fiercehealthcare.com/tech/onc-cms-officials-lay-out-framework-for-data-sharing-use-apis-fhir.

**286** "컴퓨터 업계의 교훈은 사람들이 시간이 지나면 호환 가능한 기계를 만 든다는 것": Jeremy Reimer, "Half an Operating System: The Triumph and Tragedy of OS/2"(referencing an interview in the 1996 PBS documentary Triumph of the Nerds), Ars Technica, November 29, 2019, https://arstechnica.com/information-technology/2019/11/half-an-operating-system-the-triumph-and-tragedy-of-os2/.

**286** 결국 모든 건 상용화된다: Robert A. Burgelman, Strategy Is Destiny: How Strategy-Making Shapes a Company's Future(New York: Free Press, 2002), 234.

# 6장. 사고방식의 중요성: 리더십 확립과 리더십 발휘는 다르다

**302** 발머가 마이크로소프트와 그 직원, 개발자, 광범위한 생태계에 보여 준 헌신: Bill Rigby, "Steve Ballmer Ends Run as Microsoft's Relentless Salesman," Reuters, August 23, 2013, https://www.reuters.com/

article/us-microsoft-ballmer-newsmaker/steve-ballmer-ends-run-as-microsofts-relentless-salesman-idUSBRE97M0YV20130823.

**302** "내 모든 삶은 가족과 마이크로소프트를 위한 것이었다": Mary Jo Foley, "Microsoft's Ballmer on His Biggest Regret, the Next CEO and More," ZDNet, August 23, 2013, https://www.zdnet.com/article/microsofts-ballmer-on-his-biggest-regret-the-next-ceo-and-more/.

**303** 그의 퇴임 소식에 마이크로소프트 주가는 7.5퍼센트나 급등했다: Timothy Green, "Why Steve Ballmer Is Not a Failure," The Motley Fool, August 30, 2013, https://www.fool.com/investing/general/2013/08/30/why-steve-ballmer-was-not-a-failure.aspx.

**303** 언론은 발머가 "실패했다"고 호통을 쳤다: Nicholas Thompson, "Why Steve Ballmer Failed," New Yorker, June 18, 2017, https://www.newyorker.com/business/currency/why-steve-ballmer-failed.

**303** "우리에게는 인터넷 사용자 경험을 혁신할 수 있는 놀라운 기회가 있다": "Microsoft Promotes Ballmer," CNNMoney, January 13, 2000, https://money.cnn.com/2000/01/13/technology/microsoft/.

**304** 클라우드는 마이크로소프트에 연료를 공급하고 마이크로소프트는 클라우드에 연료를 공급한다: Denise Dubie, "Microsoft's Ballmer: 'For the Cloud, We're All in,'" Network World, March 4, 2010, https://www.networkworld.com/article/2203672/microsoft-s-ballmer---for-the-cloud--we-re-all-in-.html.

**306** 경쟁사 웹 브라우저보다 자체 웹 브라우저를 선호하는: For discussion, see Shane Greenstein, How the Internet Became Commercial: Innovation, Privatization, and the Birth of a New Network(Princeton, NJ: Princeton University Press, 2015).

참고 문헌

**306** 지배적인 플랫폼에 새로운 기능을 번들로 끼워 넣어: For discussion, see Thomas Eisenmann, Geoffrey Parker, and Marshall Van Alstyne, "Platform Envelopment," Strategic Management Journal 32, no. 12(2011): 1270-1285.

**307** 마이크로소프트가 엑스박스 콘솔 제품군을 최고의 경쟁자로 만들기 위해 엑스박스 출시 후 4년 동안 37억 달러 이상을 투자했다는 소문이 돌았다: Dean Takahashi, "What Microsoft CEO Steve Ballmer Did for Xbox—and What His Retirement Means for Its Future," VentureBeat, December 12, 2018, https://venturebeat.com/2013/08/23/what-ballmer-did-for-xbox-and-what-his-retirement-means-for-its-future/2/.

**309** 윈도우 폰 사업에 2류 단말기업체만 유치한 데 실망한: Jason Ward, "Former and Current Microsoft Staffers Talk about Why Windows Phones Failed," Windows Central, April 11, 2018, https://www.windowscentral.com/microsofts-terry-myerson-and-others-why-windows-phone-failed-thats-fixed-now.

**310** 우리는 앱 개발을 장려하기 위해 아주 열심히 노력했다: Mayank Parmar, "Windows Phone Market Share Collapses to 0.15%, According to NetMarketShare," Windows Latest, January 3, 2018, https://www.windowslatest.com/2018/01/04/windows-phone-market-share-collapses-0-15-according-netmarketshare/.

**310** 앞으로 우리 전략은 전 세계 사람들이 집이나 직장 혹은 이동 중 자신에게 가장 중요한 활동을 할 수 있도록 개인과 기업을 위한 다양한 기기와 서비스를 만드는 데 주력하는 것이다: Tom Warren, "Steve Ballmer's Reorganization Memo," The Verge, July 11, 2013, https://www.

theverge.com/2013/7/11/4514160/steve-ballmers-reorganization-memo.

311 우리 임무는 지구상의 모든 사람과 모든 조직이 더 많은 일을 성취할 수 있도록 힘을 실어주는 것이다: Eugene Kim, "Microsoft Has a Strange New Mission Statement," Business Insider, June 25, 2015, https://www.businessinsider.com/microsoft-ceo-satya-nadella-new-company-mission-internal-email-2015-6.

311 우리에겐 빙, 오피스, 코타나 같은 훌륭한 제품이 있지만: Satya Nadella, Greg Shaw, and Jill Tracie Nichols, Hit Refresh: The Quest to Rediscover Microsoft's Soul and Imagine a Better Future for Everyone(New York: Harper Collins, 2017), 125.

312 마이크로소프트의 다이나믹스 CRM은 발머 시절 사내에서 '적'으로 간주했던 세일즈포스와 직접 경쟁하기 위해 출시한 제품이다: Jessi Hempel, "Restart: Microsoft in the Age of Satya Nadella," Wired, December 17, 2015, https://www.wired.com/2015/01/microsoft-nadella/.

312 이는 새로운 파트너십 시대에 대한 그의 주장이 행동으로 뒷받침될 것이라는 명백한 증거였다: Jacob Demmitt, "New Era: Microsoft CEO Satya Nadella Speaks at Salesforce Conference, Gives iPhone Demo," GeekWire, September 17, 2015, https://www.geekwire.com/2015/microsoft-ceo-satya-nadella-keeps-playing-nice-with-bay-area-tech-scene-at-salesforce-conference/.

312 전에는 마이크로소프트와 협력할 수 없었다: Hempel, "Restart."

313 나는 새로운 얼굴, 새로운 피라는 단순한 사실에 도움을 받았다: Nadella, Shaw, and Nichols, Hit Refresh, 131.

참고 문헌

**313** 슬랙이 마이크로소프트가 팀즈 앱에 여러 가지 기능을 끼워 파는 것에 제기한 독점 금지 소송: Sam Schechner, "Slack Files EU Antitrust Complaint against Microsoft," Wall Street Journal, July 22, 2020, accessed November 1, 2020, www.wsj.com/articles/slack-files-eu-antitrust-complaint-against-microsoft-11595423056.

**316** "[마이크로소프트는] 건강관리 사업에 참여하려는 게 아니라 이 분야를 더 좋게 만들려고 노력하고 있기 때문": Jackie Kimmell, "The 4 Big Ways Microsoft Wants to Change Health Care," Daily Briefing, Advisory Board, November 20, 2019, https://www.advisory.com/daily-briefing/2019/11/20/microsoft.

**327** 그러려면 우리 조직 내에서 편한 일만 하는 게 아니라: Nadella, Shaw, and Nichols, Hit Refresh, 102.

**328** 이를 위해 나델라의 지휘 아래 마이크로소프트의 IT 그룹을 재구성하고 핵심 서비스 엔지니어링 및 운영으로 이름을 변경했으며: "Inside the Transformation of IT and Operations at Microsoft," IT Showcase, October 30, 2019, https://www.microsoft.com/en-us/itshowcase/inside-the-transformation-of-it-and-operations-at-microsoft.

**182** 새로운 절차, 우선순위, 예산 책정 관계를 통해 조직의 다른 부분과 상호작용하게 했다: Marco Iansiti and Karim R. Lakhani, Competing in the Age of AI: Strategy and Leadership When Algorithms and Networks Run the World(Boston: Harvard Business Review Press, 2020).

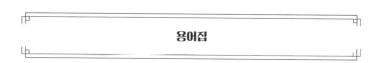

# 용어집

**가치 반전**

보완/보완재의 지속적 개선이 특정 지점을 넘어 핵심 제품/기업과 그 보완/보완재 사이의 시너지 관계를 역전시키는 역학 관계. 경쟁자가 '만족스러운' 수준에 도달하는 고전적 교란과 다르게 여기서는 보완재가 '지나치게 훌륭한' 수준이 돼버린다.

**가치 아키텍처**

가치 제안을 생성하기 위해 결합된 요소

**가치 요소**

가치 제안이 [가치 아키텍처를 통해] 최종 소비자에게 제공하는 이익에 대한 기업 자체적 인식의 기초

**가치 제안**
최종 소비자가 기업의 노력을 통해 얻게 될 이익

**고전적 교란**
'아래로부터 공격하는' 경쟁 모델로 대체 위협, 특히 저렴한 비용과 가격이 무기인 만족스러운 제품을 발판 삼아 시장점유율을 확보하기 위해 기존과 다른 기술을 사용하는 진입업체가 제기하는 위협을 강조한다.

**관련성 반감기**
자원이 배치된 후 그 가치가 하락하는 속도. 시간 압축 비경제와 비교.

**단계적 확장**
최소한의 실행 가능한 생태계MVE를 넘어 다른 파트너나 활동을 추가해야 하는 순서. 단계적 확장은 파트너 B를 세 번째가 아닌 두 번째에 추가하는 데 대한 논리적 근거다. 파트너 B가 있으면 파트너 C를 유치하는 데 도움이 되기 때문일 것이다.

**생태계**
파트너가 최종 소비자에게 가치 제안을 제공하기 위해 상호작용하는 구조

**생태계 붕괴**
새로운 가치 제안의 도입이 경계를 지우고 구조를 뒤집으면서 산업 간 경쟁에 영향을 미칠 때 발생하는 상호작용

**생태계 이관**
하나의 생태계를 구축할 때 개발된 요소를 활용해 두 번째 생태계를 구축하는 과정

**시간 압축 비경제**
작업 과정을 서두를수록 비용이 증가하는(효율성이 떨어지는) 정도. 관련성 반감기와 비교.

**알려지지 않은 기지의 사실**

전략 프로세스를 시작할 때 입수할 수는 있지만 더 큰 맥락 안에서 부적절하게 구성된 정보

**자아계**

파트너들이 상호작용하는 상호의존적 구조. 그 구조는 핵심 가치 제안보다는 핵심 행위자를 중심으로 한다. 생태계와 비교.

**자아계 함정**

자아계를 생태계와 혼동할 때 발생. 핵심 행위자가 자신을 중심 존재라고 간주하면서 협력 관계에 발생한 문제를 깨닫지 못하면 생태계 전략을 구상하는 능력이 훼손된다.

**최소 기능 제품MVP**

기업이 상업용 제품의 '실제 제작'에 착수하기 전 의미 있는 소비자 피드백을 얻고 그런 피드백을 반복할 수 있는 가장 엉성하고 저렴한 프로토타입. 최소한의 실행 가능한 생태계MVE와 비교.

**최소한의 실행 가능한 생태계MVE**

새로운 파트너를 유치하기에 충분한 가치 창출 증거를 만들 수 있는 최소한의 활동 형태(및 파트너). MVE의 목적은 파트너를 유치하는 것이기 때문에 MVE 단계에서 고객의 가장 중요한 기여는 이윤 창출이 아니라 파트너의 헌신을 유도하기 위한 증거를 만드는 것이다. 최소 기능 제품MVP과 비교.

**협력 구조**

가치 제안을 만드는 일에 참여하는 파트너들의 역할과 지위, 업무 흐름을 협력적으로 조정하는 것